企业管理基础

张智海　高立明　主编

中国铁道出版社

2010年·北京

内 容 简 介

本书紧密联系我国企业管理的实践，结合企业管理的新法规和新成果，吸收借鉴了国外的先进经验，将企业管理的理论和实践总结在这本系统、完整的教学用书中。

全书共分五篇，分别阐述了企业管理概述、企业生产管理、企业经营管理、矛盾与发展过程管理等方面内容，最后通过具体案例对前述理论进行应用。本书体系完整，结构严谨，内容深入浅出，可操作性和实用性强。

本书既可作为中等专业学校技工学校等企业管理教材，亦可用作广大企业管理人员的自学或培训读物。

图书在版编目(CIP)数据

企业管理基础/张智海，高立明主编 .—北京：中国铁道出版社，2001.3 (2010.11 重印)
ISBN 978-7-113-04089-5

Ⅰ.企… Ⅱ.①张…②高… Ⅲ.①企业管理-专业学校-教材②企业管理-技工学校-教材
Ⅳ.F270

中国版本图书馆 CIP 数据核字(2001)第 06085 号

书　　名：企业管理基础
作　　者：张智海　高立明
出版发行：中国铁道出版社（100054，北京市宣武区右安门西街 8 号）
责任编辑：陈若伟
封面设计：李艳阳
印　　刷：北京鑫正大印刷有限公司
开　　本：787×1092　1/16　印张：13.5　字数：344 千
版　　本：2001 年 3 月第 1 版　2010 年 11 月第 6 次印刷
印　　数：18 001 ~ 20 000 册
书　　号：ISBN 978-7-113-04089-5/F · 333
定　　价：17.00 元

前　言

现代企业正处于科学技术飞速发展和竞争十分激烈的环境中。企业要想在市场竞争中立于不败之地，必须面对市场用户，重视经营决策，以技术创新、开发新产品、创建品牌为核心，广泛运用运筹学、系统工程、电子计算机等现代科技成果，实行以人为中心的管理。

随着社会主义市场经济步伐的加快，我国国有企业已经真正成为自主经营、自负盈亏、自我发展、自我约束的商品生产者和经营者，成为市场运行的主体。面对WTO的日益临近，只有继续深化改革，建立比较完善的现代企业制度，不断提高企业管理现代化水平，才是广大国有企业走向世界的根本途径。

针对目前多数中专、技校企业管理教程结构单一、内容老化、可操作性欠缺等情况，本书紧密联系我国企业管理的实践，在编写过程中，结合企业管理的新法规和新成果，吸收和借鉴了国外的先进经验，尽可能地把企业管理的理论和实践总结成为比较系统、完整、切实可用的教学用书。

全书分五篇共二十五章。第一篇企业管理概述，主要阐述了企业管理基本知识及企业管理现代化的主要内容；第二篇企业生产管理，主要阐述了生产过程及生产要素的管理；第三篇企业经营管理，主要阐述了企业经营活动及其过程的管理；第四篇矛盾与发展过程管理，主要阐述了企业发展过程中各种矛盾的处理以及如何进行风险管理；第五篇案例，通过具体实例阐明了企业管理的思想、方法及其应用。

本书体系完整，结构严谨，内容新颖，深入浅出，可操作性和实用性强，力求"新、全、浅"，既可作为中等专业学校、技工学校企业管理课程教材，亦可用作广大企业管理人员自学和培训读物。

本书主编为张智海、高立明；副主编为金升、崔志；参加编写的还有赵枭凌、韩军峰、张永红；主审为张永红、赵枭凌。

本书由高级讲师王英杰负责拟定编写提纲和统稿。第一、二、三、六、七章由太原铁路机械学校张智海编写；第四、五章由金华铁路司机学校金升编写；第八、九、十、十一、十三、十五、十六章由太原铁路机械学校崔志编写；第十二、十四章由太原铁路机械学校韩军峰编写；第十七、十八、十九、二十、二十一、二十二章由太原铁路机械学校高立明编写；第二十三、二十四、二十五章由太原铁路机械学校赵枭凌编写；案例由太原铁路机械学校张永红编写。最后本书由《企业管理基础》编写组审定通过。

我国的经济体制和企业管理体制改革还在深入发展，加之编写时间及编者的水平有限，所以书中难免有错误和不妥之处，恳请广大读者批评指正。同时，本书在编写过程中参考了大量的文献资料，在此向文献资料的作者致以诚挚的谢意。

张智海
2000年12月

《企业管理基础》

编 委 会

目　录

第一篇　企业管理概述

第二篇 企业生产管理

第三篇 企业经营管理

第四篇 矛盾与发展过程管理

第五篇 案 例

第一篇　企业管理概述

第一章　企业概述

第一节　企业的概念与特征

一、企业的概念

企业是从事生产、流通和服务等经济活动，以盈利为目的，向社会提供产品或劳务，依法自主经营、自负盈亏、自我发展、自我约束，必须依照法定程序成立的经济组织。

企业是生产力和商品经济发展到一定水平的产物，是随着资本主义的发展而形成的，经历了简单协作、工场手工业和机器大工业三个发展阶段，才逐步发展成为高度社会化的企业。企业一开始就同比较发达的社会分工和商品经济联系在一起，并随着社会分工和商品经济的普遍化，成为社会基本的经济组织。

二、企业的特征

1. 企业是一个经济组织

这是区别企业与国家机构和行政机关的重要标志。企业是直接从事经济活动的经济组织，如从事生产活动的是生产企业，从事流通活动的是商业企业等。而国家机构和行政机关虽然也要管理经济，如制定经济政策、经济法规，进行经济规划等，但它们不直接从事经济活动。

2. 企业是以盈利为目标的

这是区别企业与事业单位的主要依据。企业从事经济活动的直接目的是追求利润，创造利润是其生存的条件。

3. 企业实行自主经营和自负盈亏

以盈利为目的决定了企业必须具有独立性，即实行独立核算，力争以尽可能少的人力、物力、财力和时间的投入，获得尽可能多的利润。但盈利的结果，取决于企业经营管理水平。企业在经济活动中可能盈利，也可能亏损。如果企业盈利，企业就将得到发展；如果出现亏损，企业必须扭亏为盈，否则将会倒闭、破产。

4. 企业必须承担社会责任

企业对社会承担责任目的在于满足社会需要，并获取利润。满足社会需要不仅要满足顾客和用户的需要，而且要满足股东、员工、供应商、经销商、银行、同行业竞争者的需要，以及满足政府机关、社区、媒体及一切与之相关社会团体的需要。这就决定了企业不能只为自身谋取利益，而要肩负兼顾各方面利益的社会责任。企业必须根据社会的需要，组织生产经营活动，时时、事事、处处为顾客和用户着想，注重社会效益，这样才能在竞争中求生存，谋发展。

5. 企业必须依照法定程序成立

企业的设立必须依法向国家工商行政管理部门注册备案，完成登记手续，取得相应的营业执照。个人独资企业和合伙企业属于自然人企业，不具有法人地位，领取“营业执照”；公司制企业属于法人企业，具有法人地位，领取“企业法人营业执照”。

三、企业的分类

按不同标志对企业进行分类，一方面是为了便于进行分类指导和分类统计，另一方面有助于人们根据不同企业的特点组织生产和流通，并进行科学的经营管理。

1. 按产权特点不同分类

按产权特点的不同，企业可分为国有企业和非国有企业。

国有企业是指国家全部投资兴办的或拥有控股权的企业。此类企业包括国有独资企业和国家拥有控股权的企业。

非国有企业是指部分劳动者合资或个人出资兴办的，国家没有控股权的企业。此类企业包括集体所有制企业、个人所有制企业、外商独资企业、国家没有控股权的中外合资企业。

2. 按组织形式不同分类

按组织形式的不同，企业可分为个人独资企业、合伙企业和公司制企业。

个人独资企业，是业主个人出资兴办，由业主自己直接经营和管理的企业。业主享有企业的全部经营所得，同时对企业的债务负有完全责任，如果经营失败，出现资不抵债的情况，业主要用自己的财产来抵偿，如私营企业和个体户。

合伙企业是由两个或两个以上的个人联合经营的企业，合伙人按契约规定的比例分享企业所得，并对营业亏损共同承担责任。如律师事务所、会计师事务所、诊疗所等。

公司制企业，简称公司，是按照法定程序设立，以盈利为目的的社团法人。公司以其全部法人财产，依法自主经营，自负盈亏。

3. 按生产要素结构不同分类

按生产要素结构的不同，企业可分为劳动密集型企业、技术密集型企业、资本密集型企业和知识密集型企业。

劳动密集型企业是指技术装备程度低，用人多，产品中活劳动消耗所占比重大的企业。此类企业投资少、见效快、收益大，一般能源消耗低，原材料消耗也较少。这类企业有利于扩大劳动就业，有利于扩大出口创汇，如工艺美术、服装加工、日用五金等企业。

技术密集型企业是指技术密集程度与企业的机械化、自动化水平成正比，与企业所用劳动力成反比的企业。

资本密集型企业是指单位产品所需投资多，技术装备程度较高，用人少的企业。此类企业通常具有劳动生产率高、物资消耗和产品成本相对较低、技术装备复杂等特点。

知识密集型企业是指能够综合运用先进的、现代的科学技术成就于生产经营活动的企业。此类企业集中了较多的中高级科研技术人员，技术装备先进复杂，投资费用大，使用劳动力和原材料都较少，能以最新的高、精、尖的科学技术开发新产品。如电子计算机制造、飞机制造、航空航天工业、超导材料工业、生物遗传工程、原子能应用、电脑芯片制造等企业。

4. 按生产经营规模不同分类

按生产经营规模的不同，企业可分为大型企业、中型企业和小型企业。

按规模划分企业是国际上通用的方法。企业生产经营规模的大小，主要体现在企业的生产经营能力、固定资产原值、设备数量和职工人数等方面。一般情况下，应按投入资源的数量（如固定资产投资额）与产出能力（如销售额）来综合划分。

5. 按经营范围不同分类

按经营范围的不同,企业可分为工业企业、农业企业、商业企业、建筑企业、运输企业、金融保险企业、邮电企业、服务企业等。

第二节　企业素质

一、企业素质的概念

企业素质是指企业在一定社会经济条件下所具备的各种内在要素及其组合所体现出来的整体水平。它综合反映了一个企业自我生存与自我发展的能力,同时也反映了企业向社会提供产品或劳务以满足社会需求的实力。正确理解企业素质的概念,应从以下几点予以分析。

1. 企业素质是企业人格化的描述

人,为了生存与发展,不仅需要各个内部组织健康,而且还必须各个器官、系统相互协调。企业,要在激烈的市场竞争中求生存、谋发展,满足社会需求,也必须具备生产发展所必需的各个要素,并使之优化组合。

2. 企业素质是企业各要素的整体反映

企业在提供产品或劳务以满足社会需求的过程中,其内部各要素决不是孤立存在的,它们之间互相依存,互相制约,形成了一个有机的整体。很难想像,一个技术设备先进、配套,但缺乏相应的人才或管理不善的企业,会在激烈的市场竞争中有所作为。因此,只有企业各要素的整体所产生的综合效应,才能切实反映企业的素质。

3. 企业素质不仅取决于各要素的完备,还取决于各要素的结合

企业素质是由众多要素有机构成的,但并非是各要素的简单相加,而是所有这些要素的有机结合。企业管理者的艺术就在于根据企业内部条件和外部环境,使各生产经营要素有机结合而处于优化状态。只有这样,才能真正发挥有效的作用。

4. 企业素质具有动态性

企业素质总是处于不断运动变化之中,这是因为构成企业诸要素本身处于运动变化之中,企业环境也在不断变化之中。所以,无论企业素质"先天"状况如何,只要经过不断改进与优化,其素质是可以达到较好水平的。相反,即使企业素质"先天"状况很好,若不按照企业环境及企业素质变化的运动规律不断地进行改造与优化,也会使其退化,以至在激烈竞争的市场上惨遭淘汰。逆水行舟,不进则退。面对瞬息万变的市场,企业必须具有强烈的危机意识和进取精神,不断提高自身素质,以适应生存与发展的客观要求。

二、企业素质的构成

1. 人员的素质

人是生产力中最积极最活跃的因素,是企业的主体,是最宝贵的资源和财富。企业的所有生产经营活动一时一刻都离不开员工的分工与协作。人员素质是企业素质的核心,是企业生产经营管理活动有效的原动力。企业人员的素质,大体包括政治思想素质、文化知识素质、业务技术素质和身体素质。其中,政治思想素质是人员素质的灵魂,是构成并优化其他相关素质的前提。

2. 业务技术素质

企业最基本的实践活动是综合运用现代科学技术成果向社会提供适销对路的产品或劳

务,其业务技术素质的高低直接关系到产品或劳务的质量。企业的业务技术素质主要包括:生产经营业务人员的设计、采购、工艺、检测、销售等方面的技术水平;生产经营所用设备、仪器、工具的先进程度及管理水平;科研和创新能力。

3. 经营管理素质

经营管理素质由计划、组织、指挥和控制等方面的素质构成。其中,计划素质是反映企业管理的整体性和动态性的,贯穿于整个生产经营过程,是经营管理素质中的关键。

三、影响企业素质的主要因素

(一)内部因素

1. 企业"先天"的优劣程度

2. 领导层的结构、超前思维能力和经营管理艺术

3. 员工队伍的创新意识、进取精神、风险意识、成就欲望、凝聚力、应变力、心理承受能力

4. 国际交流与合作

(二)外部因素

1. 社会制度与政策

它决定着企业的经营目标和生产力的发展程度。

2. 企业所处的地理、经济、人文环境

地理位置优越、经济发达、文化教育水平较高的环境是企业良好的外部条件,有利于企业的生存和发展。

3. 历史原因

比如,有的区域少战事,和平环境好;政府采取了一系列发展生产力的较开明的措施;历史上经济交流和社会文化交往频繁等。

四、企业素质的表现形式——企业活力

(一)企业活力的概念

企业活力是企业所拥有各生产经营要素形成的生存与发展能力的人格化,是企业素质的外在表现形式。

企业活力是企业在整个社会经济活动中的一种生存、发育及发展的能力。增强企业活力,是建立社会主义市场经济体制的需要,是发展生产力的需要,也是增加国家财政收入的需要。

(二)企业活力的外在表现

1. 生产经营力

即企业生产经营要素的优化程度,计划编制能力,工艺设备和工具的开发能力,劳动组织能力,商流、物流、信息流的管理能力,质量检测能力等。

2. 产品竞争力

即产品的性能、结构、工艺造型、质地、价格、组合、包装装潢及销售服务能力等。

3. 市场应变力

即企业捕捉市场信息,灵敏反应,不断改进工艺,积极开发新产品,改变营销策略,开辟新市场等方面的能力。

4. 科技开发力

即企业科研技术队伍的优化程度,科技试验设备、仪器的先进性和配套化,引进、吸收、消

化、创新的能力。

5. 资产增值与盈利能力

即企业扩大再生产和不断获取利润的能力。这是一个综合指标,贯穿于企业管理的全过程。

6. 企业的凝聚力

即思想政治工作的巨大威力,企业领导层的胆识、风范、领导艺术所产生的感召力,名优产品所激发的自豪感,社会大众的认同和信赖等。

(三)提高企业素质,增强企业活力

1. 提高人员素质

企业要切实加大智力投资,加强全员培训,尤其要重视提高领导人员的素质。通过提高全体人员的政治、文化和业务技术素质,使之适应现代化大生产和科学管理的需要,进而推进企业各项管理工作水平的提高。

2. 提高科学技术应用水平

现代科学技术最新成果的应用是衡量企业业务技术水平高低的一个重要依据。企业要积极推进技术更新和创新工作,大胆引进新原理、新工艺、新设备、新材料、新能源,从而使企业始终保持充足的发展动力。

3. 提高经营管理决策水平

决策是企业生产经营管理的基本职能和关键环节,它不仅是整个企业管理工作的前提,也是企业管理的其他各项职能的基础。只有经营管理的决策正确,企业才能按照市场经济的规律健康地发展,从而在市场竞争中立于不败之地。

此外,企业还必须创造良好的外部条件,处理好各种复杂的社会关系。只有这样,才能提高企业素质,增强企业活力。

第三节 现代企业制度

一、现代企业制度的概念

现代企业制度是指关于企业组织、运营、管理等一系列行为的规范和模式。它包括产权制度、组织制度、管理制度、会计制度、稽查特派员制度、运行规则,以及所有者、经营者、生产者之间的关系,国家对企业的关系,企业和社会的关系等方面的内涵。其中,产权制度是核心和基础。

现代企业制度是现代市场经济的产物,是市场经济条件下企业内外关系及发展规律的法律反映。建立现代企业制度,是加快社会主义市场经济的需要,是搞活国有经济的需要,是适应政府转变职能、改革国有资产产权管理体制的需要,也是实现企业制度与国际惯例接轨的需要。

二、现代企业制度的基本特征

1. 产权明晰

产权明晰是指财产所有权、产权、法人财产权各自的主体明确,三权关系明晰。它是现代企业制度的首要特征。

财产所有权,是从财产的法律归属意义上讲的,具有绝对性和排他性,它的主体是财产的法定所有者。产权,是一种与所有权有关的财产权,是出资者对其投入资本金的企业法人财产所拥有的财产权利,它的主体是投资者,即谁投资,谁就具有产权。所有权的主体和产权的主体一般是一致的,但国有资产的所有权和产权是可以分离的。法人财产权,是依法使企业拥有的包括国家在内的投资者投资形成的财产权,即企业依法对其拥有占有、使用、收益和处分的权利,法人财产权的主体是企业。

具体来说,企业中的国有资产所有权属于国家,出资者(国家授权的投资部门或组织)拥有产权,企业拥有包括国家在内投资者所形成的法人财产权。出资者一旦把资本金投入企业而具有产权,就不能再直接支配这一部分财产,并且除依法可与其他产权主体进行转让外,不能直接从企业中抽回,企业才能保证有稳定的法人财产权而成为享有民事权利、承担民事责任的法人实体。理顺国有企业产权关系,使产权明晰,就是要理顺国家(所有者)、出资者(投资部门或组织)和企业法人之间的关系,财产边界清楚。只有理顺产权关系,才能明确各自的责权,规范各自行为,使企业健康地运作。

上述三权均属于财产权,但在现代市场经济条件下将其细分,是理论上的重大突破,且具有重要意义。产权关系明晰既不改变财产的所有权归属,又有利于有效实行分级管理与监督,同时使企业因拥有法人财产权而真正实现"自主经营、自负盈亏、自我发展、自我约束",也因产权关系明晰,企业间的财产边界清楚,为进行公平的市场竞争创造了必要的条件。

2. 权责明确

现代企业制度有效地实现了权责关系的辩证统一。出资者一旦投资于企业,其投资就成为企业法人财产,企业法人财产权也随之确定。企业以其全部法人财产,依法自主经营,自负盈亏,照章纳税,同时企业要对出资者负责,承担资产保值增值的责任。这就改变了企业不具有法人财产权,只是上级行政机关的附属物,责与权不相对称,往往权利小责任大,而无人真正对国有资产负责的局面。因此,法人权责明确是在企业内部建立制约和激励机制,主动依法维护所有者权益,实现国有资产不断增值的一条良好途径。

3. 政企分开

政企分开包括两层含义:①政资职能分开。即政府的行政职能和资产管理的职能分开。其中,政指政府的行政,资指国有资产所有权。行政职能属于政府行政权力,而所有权职能是一种财产权力,所以两者范围不同,性质不同,遵循的法律也不一样。政府行政职能由行政法来调整,而所有权职能由民法来协调。在资产关系上,企业与政府行使所有权职能的机构处于平等的民事主体地位,适用民法去协调,而行政法所适用的范围是服从与被服从的关系。如果这两种职能不分开,政府与企业就很难处于一种平等的民事主体的地位。②政企职责分开。即政府不能直接干预企业的生产经营活动,而只能通过宏观调控来影响和引导企业的生产经营活动。明确企业是经济组织,不应承担政府的行政职能,取消企业与政府的行政隶属关系和附属关系,并将承担的社会职能逐步移交给政府和社会。

具体来说,实行政企分开,就是承担国有资产管理职能的政府机构将资产管理与资产经营分开,组建多种形式的资产经营公司。这些公司同国有企业的关系应以资产为纽带,以控股、参股方式按投入企业的资本额享受股东权益,不直接干预企业的生产经营活动;若企业破产,只以投入企业的资本额对企业债务负有限责任。

4. 管理科学

现代企业制度是一种组织管理科学的企业制度,它由两部分构成:①科学的组织制度。现代企业制度有一套科学、完整的组织机构,它通过规范的组织制度,使企业的权力机构、监督机构、决策和执行机构之间职责明确,相互制约。②科学的管理制度。现代企业管理制度是一种高效率的科学管理制度,它包括人、财、物、供、产、销以及安全、质量等全方位的管理。从提高企业经济效益出发,克服原有企业机构设置、用工制度、工资制度和财务会计制度等方面的弊端,建立严格的责任体系,同时注重调节所有者、经营者和员工之间的关系,形成激励和约束相结合的经营机制。

三、现代企业制度的组织形式

现代企业的组织形式是以出资者的主体来划分的,国际上通常分类为:独资企业、合伙企业和公司制企业。前两者属于自然人企业,出资者承担无限责任;而公司制企业属于法人企业,是现代企业制度的主要组织形式,主要包括有限责任公司和股份有限公司。

1. 有限责任公司

有限责任公司,西方称为封闭公司或私人公司,是指不通过发行股票,而由达到法律规定的一定人数的股东,以其出资额为限对公司债务负有有限责任的企业法人。

有限责任公司具有以下特点:①股东所负责任仅以出资额为限,对公司债权人不负直接责任。②股东人数较少,一般都有最高人数的限制。③公司不发行股票,股东的出资额可以有多有少,交款后公司出具股权证书,即股单,股单只能作为股东在公司中应享有权益的凭证,不能自由买卖。股东在出让股权时,须征得其他股东的同意,并要优先转让给公司其他原有股东。④公司成立、歇业、解散的程序比较简单,内部机构设置比较灵活。⑤公司账目无须向公众公开披露。

有限责任公司这种形式一般适合于中小型企业,其数目大大超过股份有限公司。

2. 股份有限公司

股份有限公司,又称股份公司,西方称为公开公司或公众公司,是指通过发行股票(或股权证)筹集资金,注册资本由等额股份构成,以其全部资产对公司债务承担有限责任的企业法人。

股份有限公司具有以下特点:①股东只以其认购股份金额为限对公司承担责任,而公司则以其全部资产对公司债务承担责任。②股东必须达到法定人数。③公司向内部或公开向社会发行股票,其资本划分为均等的股份,股份可以自由转让,任何合法持有股票的人,都是公司的股东。股东不能要求退股,但可以通过自由买卖股票而随时出让股份。④公司开办和歇业的法定程序较为复杂,组织机构完备,具有完全独立的财产及其责任,是最典型的法人组织。⑤公司必须向公众公开披露财务状况,在每个财务年度终了时公布公司的年度报告,其中包括董事会的年度报告、公司损益表和资产负债表。

股份有限公司这种形式一般适合于大中型企业,尽管此类公司在企业总数中的比例并不大,但它们的营业额、利润和使用的劳动力却占有很大比例,从而在国民经济中占据了主导地位。

思 考 题

1. 谈谈你对企业的认识。
2. 企业应如何提高自身素质?
3. 建立现代企业制度的重大意义是什么?

第二章 管理概述

第一节 管理的概念

一、管理的概念

管理是为了实现预定目标，组织和使用各种资源的过程，是一种有意识、有目的的活动。可见，管理是一项目的性很强的，具有实践性和创造性的活动。管理作为一个过程，必须通过计划、组织、指挥、控制等职能来加以实现。管理的对象是各项业务性活动及其所使用的资源，包括人力、财力、物力、信息、时间等。

管理因领域和内容的不同，可分为社会管理、经济管理、政治管理、军事管理、文化艺术管理、科学技术管理、教育管理等，以上我们称之为宏观管理。管理用于人类社会的单体组织，称为微观管理，诸如企业管理、学校管理、社团管理等。

凡是有共同劳动的地方，就必须有管理。管理是人类共同劳动的产物，并随着劳动分工协作的发展而不断发展，人们共同劳动规模越大，劳动分工越细，协作越密切，管理也就越复杂、越重要。随着科学技术和市场经济全球化的不断发展，生产社会化程度日益提高。因此，加强管理、提高科学管理水平，已经成为我们提高经济效益和社会效益的有效手段和重要途径。

二、管理的性质

管理作为一种极其广泛的社会活动，所涉及的内容既有生产力、生产关系，也有上层建筑。就其性质而言，管理具有二重性，即管理的自然属性和社会属性。

1. 管理的自然属性

它是作为社会生产力运动规律所体现的管理的一般属性，是任何社会制度下所具有的共同属性。它是由共同劳动的社会化性质决定的，是进行社会化大生产的一般要求和组织劳动协作过程的必要条件。它表现为合理组织生产力的一般职能，主要体现为：①根据经济活动的需要，把分散的、独立的劳动者通过一定的组织形式（工厂、商店）的生产经营目标联系起来；②组织某一机构内部分工协作，把生产经营过程划分为不同的阶段，如工段、工序、工种、岗位（或进、销、运、存）等，并按其不同要求分配劳动者，调配物质技术设备和生产资料；③协调生产经营过程中人与人之间、人与物之间、各组织机构与其外部自然环境之间的相互关系，以保证生产经营活动顺利、高效地运行。

2. 管理的社会属性

它与社会生产关系直接相联系，由共同劳动所采取的社会结合方式的性质决定，是维护一定的生产关系和一定的生产目的的重要手段，具有维护特定的生产关系的特殊职能。管理中有关维护生产关系的原则、制度和规定，是生产资料所有者通过管理来保护和巩固其既得利益和统治地位的，因此，它具有历史的暂时性。我们通常所说的管理性质的变化和区别，主要是指管理的社会属性的变化和区别。所以，又把管理的社会属性称为管理的个性或特性。

管理的二重性是指同一管理活动的相互关系的两个方面，它反映着生产关系一定要适应生产力发展的规律和上层建筑要适应经济基础的要求。按照管理的自然属性和社会属性,区分为合理组织生产力和维护生产关系两种基本职能,也是为了认识管理的本质特点在理论上所做的抽象分析,切不可把管理的二重性理解为两种性质不同的管理活动,以为一种是自然属性的管理活动,另一种是社会属性的管理活动,这种理解是错误的。管理的二重性贯穿于整个管理活动过程中。

三、管理的任务

(一)合理组织和发展生产力

这是管理的自然属性的直接体现。为此,必须做到以下几点。

1. 保证社会经济活动的整体统一性

现代社会生产经营活动分工细密,协作关系十分复杂。而其构成要素又多,如劳动者、资金、原材料、物质技术设备和信息等,只有按照客观要求,将其组成统一完整的有机整体,才能有效地运转,发挥应有的促进社会生产力发展的效能。同时使各生产经营要素所具备的潜在生产力转化为现实的生产力,从而促使社会的稳定和经济的发展。

2. 保证社会经济活动的各部门、各地区和各不同环节的协调性与适应性

在发达的商品经济条件下,社会生产具有高度的连续性,各部门、各地区以及社会再生产各环节必须保持一定的比例,以协调行动,紧密配合,相互适应,防止脱节,否则社会经济活动将难以为继。此外,社会经济活动的适应性,还包括对社会生态环境的适应。

3. 保证社会生产的经济效益

社会生产的终极目标是社会财富的极大丰富,也就是社会经济效益的提高,从而使人们得到真正的实惠,以提高其物质文化生活水平。为此,管理活动必须做到高效率、低消耗,防止产生经济发展的高速度、低效益。

只要真正做到以上三点,才能保证社会生产力稳定而有效地发展。

(二)维护和完善社会生产关系和上层建筑

维护和完善社会生产关系和上层建筑是管理的社会属性的直接体现。为此,必须做到以下几点。

1. 正确处理社会生产活动中的各种关系

社会生产活动中的各种关系,如国家、集体、个人之间的关系:工农、工商、农商以及商商之间的关系;生产与消费之间的关系等,上述关系归根结底表现为生产资料所有者与劳动者之间的经济利益关系。在处理这些经济利益关系时,不同的社会制度有着不同的出发点。资本主义管理是以维护资本家的利益为出发点,一切关系的处理也是以此为核心的;而社会主义管理则是以保证人民利益为出发点,在保证生产发展的基础上,兼顾劳动者的利益。

2. 在保证生产发展的前提下,完善必要的规章制度

现代社会生产活动没有必要的规章制度是不能有效地按一定程序运转的,生产活动无序,就无法取得预期的效果。无论是生产活动中各种要素的运转顺序与相互间的配合,还是人们经济利益的正确处理,都有赖于规范化、制度化的确定,这样才能确保社会经济的正常运行。

3. 保证劳动者的民主管理权力

生产资料的劳动群众公有制,确保了劳动者的主人翁地位,也就确保了他们的民主管理权力。私有制下的管理权则是业主及其雇佣者的事情。

第二节 管理的职能

一、管理职能的概念

一般来说,职能是人、事物、机构应有的功能或作用。所以,管理职能是管理在完成管理任务中达到的功能或者发挥的作用。

管理的职能是由管理的二重性决定的,二重性又通过管理职能体现出来,即合理组织、发展社会生产力和维护、完善现有生产关系。前一职能是任何社会制度都适用的,后者在不同社会制度下,其作用是不同的。这两种职能在同一管理过程中不可分割地结合在一起,任何管理工作都要按照生产力和生产关系两个方面的要求来进行,否则,管理工作就不会取得应有的成效。

管理任务是通过管理职能实现的,管理职能的实施过程就是管理任务的完成过程。作为管理者,不仅要重视做好实施管理职能的工作,而且要做好各管理职能之间的衔接和协调工作。只有这样,各项管理活动才能按照预定的目标顺利进行。

二、管理职能的内容

在具体的管理活动中,管理职能可以概括为若干具体方面。尽管管理学者对管理的职能划分说法不一,但一般认为有以下四种基本职能。

(一)计划职能

1. 计划职能的概念

计划职能是指制定和选择决策方案,编制反映和执行决策方案的计划,并监督和检查计划实施等一系列的管理活动。它是管理的首要职能。

2. 计划职能的内容

(1)分析和预测未来情况的变化。一是分析研究社会政治环境,预测市场需求变化趋势;二是分析组织所具备的条件及其变化。

(2)确定计划目标。目标是管理活动的出发点和落脚点,应包括发展任务、工作方针、政策以及实现目标的战略步骤和途径等。确定的计划目标应可以计量,要规定达到目标的具体时间,要明确执行者的职责。

(3)拟定实施计划目标的方案,作出最优选择。根据各种分析研究资料,制定多种可行性方案,并进行论证,对比各种方案的利弊,以选择最优方案。当然,也可以在多种方案中各取所长,综合形成一个最佳方案。

(4)编制综合性的计划和专业性的具体计划。这是实施决策的行动规划,各种具体计划必须以最优方案为依据,通过计划对实施最优方案做好管理活动的具体安排,并付诸行动。

3. 实施计划职能的要求

(1)要有预见性。优秀的管理者必须是一个战略家,能够立足当前,放眼未来,正确预测社会经济发展趋势以及今后可能发生的各种情况,事前认真规划,并做好相应的应变对策。

(2)要有统一性。管理者要能总揽全局,使各部门、各环节、各层次以及全体人员在总目标下,统一行动,协同作战,切忌各自为政和偏离目标的分散行为。

(3)要有可行性。管理者要实事求是,一切从实际出发。确定目标,做出决策,制定切实可行的实施方案等,要进行可行性研究,使计划建立在扎实可靠的基础上。

(4)要有持续性。一方面,对一些中长期项目,要瞻前顾后;另一方面,制定的方针、政策、策略也应前后连贯,防止因人而异,变化无常。

(5)要有灵活性。管理者既要有实现目标的坚定信念,又要有在计划实施过程中的一定灵活性。在保证实现目标的前提下,允许结合本单位的实际情况以及随各种条件的变化对计划做适当的调整。

(二)组织职能

1. 组织职能的概念

组织职能是指为保证决策目标的实现,合理组织分工与协作,合理配置和使用各种资源,正确处理部门与部门、人与人之间关系的管理活动。它是实现计划的保证。

组织职能主要担负两方面的任务:一是合理组织组织的社会结构,即组织活动中的分工协作和相互关系;二是合理组织组织的物质结构,即合理配置和使用组织的各种财力、物力。管理组织的优劣是管理现代化水平的重要标志,是组织活动成败的关键。

2. 组织职能的内容

(1)合理组织有形要素,形成有机的组织结构系统

工作、人员、职权、信息及其所需的设施、物资等都是组织管理的有形要素。组织应遵循分工协作、统一指挥、责权对等、高效精干等原则,研究这些要素在不同时期和不同条件下的配合形式及其作用。

(2)合理组织无形要素,产生有效的组织行为

组织文化、共同目标、自觉自愿、协作配合、开拓创新精神等都是组织管理的无形要素。这些无形要素实际上表现为组织成员的各种心理要素和精神状态。合理组织无形要素,就是组织应利用管理组织的影响使全体员工在组织文化的激励下,为实现共同目标自觉自愿,协调配合,以开拓创新精神进行劳动,从而形成高效率的管理组织行为。

3. 实施组织职能的要求

(1)组织机构要力求精简、统一、有效、责权结合,从而保证组织的各项活动能够富有节奏地高效运转。

(2)要有利于发挥行政领导在组织活动中的统一指挥作用。

(3)要保持相对的稳定性和适应性。既要防止随意撤并机构,打乱正常工作秩序,又要适应市场形势变化,及时做出必要的合理调整。

(4)正确处理组织与国家主管部门的关系,使组织的组织结构系统与国家经济管理体制相协调。

(三)指挥职能

1. 指挥职能的概念

指挥职能是指组织领导人借助指示、命令等手段,有效地指导下属机构和人员履行自己的职责,实现组织目标和完成计划任务的活动。它是保证组织正常运转并实现计划的重要条件。

2. 指挥职能的内容

(1)通过行政指挥系统下达各项指示或命令,指挥下属执行各项工作任务,使组织各部门和全体工作人员在统一指挥下,集中力量为实现组织目标和完成计划指标而努力工作。

(2)对在执行过程中出现的新问题和新情况,及时研究并提出解决办法,给有关下属指示,以便排除困难,保证组织计划的顺利进行。

(3)深入管理现场,实行面对面的指导,具体帮助下属人员提高管理能力,解决工作中的疑

难问题，协调好横向联系，加速运转，提高工作效率。

3. 实施指挥职能的要求

(1)指挥的统一性与权威性。为了使组织活动协调一致，达到预期目标，指挥必须高度集中统一，绝不允许多头指挥，使下级工作人员无所适从；同时，指挥要有权威性，上层领导者的命令、指示，下属必须无条件服从，不得各行其是，否则组织就会瘫痪。

(2)指挥的民主性与科学性。正确的指挥必须建立在发扬民主和调查研究的基础上，充分吸取群众智慧，占有大量实际资料，以便科学决策，切忌独断专行，脱离实际，脱离群众的"瞎指挥"。

(3)指挥的具体性和明确性。指挥的艺术，就在于具体和明确地交代任务和完成任务的方法。切忌教条式的原则指示或模棱两可、含糊其辞的指示，要摒弃照抄照搬上级指示、对具体问题不表态的指挥。但同时也要防止走向另一个极端，即过多地干预下属细节的行为，越俎代庖。

(4)指挥的强制性和自觉性。指挥不仅要靠下达指示和命令强制执行，即所谓"军令如山倒"或"执法如山"，同时还要通过教育和激励等手段，充分调动下级的自觉性、积极性和创造性。只有这样，才能更出色地完成任务。

(5)指挥的例外性。对于组织中的经常性工作或例行工作，应当将权力下放给下属，以减少不必要的指挥，从而确保指挥者能够集中精力处理例外性工作，极大地提高指挥的效率。

(四)控制职能

1. 控制职能的概念

控制职能是指根据组织内外有关信息，对照决策目标和各类标准，通过监督、检查系统对指挥、执行系统的偏差及时进行纠正，调整计划，以保证实现组织目标的管理活动的顺利进行。其实质是在一定条件下随机地处理问题。

2. 控制职能的内容

(1)对计划的控制。这是其首要内容。首先，要对计划的编制进行控制，使之符合发展目标，切实可行，不致使决策失误；其次，要对业务中各环节的活动进行监督检查，使之不偏离计划目标，如发现计划不切合实际，应根据实际情况进行调整。

(2)对信息的控制。一是控制信息的数量和质量，使之达到及时、准确、适用和经济的要求；二是控制信息的传输线路，这主要是根据其时效性和经济性来选择适当的传递方式，如语言、电话、电传、计算机网络等。

(3)对组织机构的控制。首先，要控制组织机构的变动性，使之保持相对稳定和适应新情况变化的必要调整；其次，要控制组织机构之间的协调性，防止扯皮、摩擦和相互抵消力量的行为；最后，要控制各管理层集权与分权的范围和程度。

(4)对财务、计量及质量的控制。要使之不违反有关制度，保证工作或产品及服务的质量，切实维护服务对象的利益。

3. 实施控制职能的前提条件

(1)决策目标。控制必须围绕组织目标的实现来进行。没有明确的工作目标就不能进行有效地控制，对目标错误的理解也会导致控制的失误。当原有决策目标不能实现时必须进行新的决策，新的决策目标仍然是管理控制的前提条件。

(2)计划标准。管理控制是以计划指标作为具体考核、评价标准的。没有计划，管理控制便失去了依据，控制也就无从下手。计划是控制的标准和依据，控制又是计划落实的保证和手段。

(3)控制对象。管理控制要求对组织的各项业务和管理活动进行控制。而组织的整体活动总是随机地出现问题或偏差,这种情况很难预见。所以,组织活动如出现问题,一般具有例外性,这就要求控制者具体地分析影响管理对象的各种客观因素。显然,离开了对这种例外性变化及其因素的分析,管理控制就会失去具体对象。例如,产品质量问题是由于低价购进不符合要求的原材料造成的,如果仅仅去控制产品的加工过程,必然不能从根本上解决质量问题。

(4)组织机构。组织机构是控制工作顺利进行的组织保证。组织机构要明确规定哪个部门承担纠正某种偏差的责任。因此,组织应明确规定不同层级、不同部门的控制责任,并授予相应的控制职权,从而形成完整的控制系统。

此外,随着社会生产力水平的提高和科学技术的进步,管理的职能也在不断地拓展和延伸。除了上述四项职能以外,还有预测职能、决策职能、教育职能、激励职能、挖潜职能、创新职能等。

总之,管理的各个职能,即计划、组织、指挥和控制职能是相互联系、相互依存、相互促进的。在具体的管理过程中,只有同时发挥它们的职能作用,才能收到良好的管理效果。

第三节 管理理论的发展

人类文明、进步的历史也就是管理的发展史,因为一旦出现了组织性的活动便产生了管理的需要。纵观人类文明发展的过程,从公元前 5000 年至今,每一重要阶段都留下了管理实践的印迹和思想遗产。但是,形成系统的管理理论,则公认为是在 19 世纪末 20 世纪初。由此开始,从其发展的历史和内容来看,管理理论的发展大体上可分为 3 个阶段,即古典管理理论阶段、行为科学管理理论阶段和现代管理理论阶段。

一、古典管理理论阶段

古典管理理论是在 19 世纪末 20 世纪初形成的。这一时期,随着资本主义生产力的迅速发展,管理工作日趋复杂而逐渐发展成为一种专门职业,人们在管理活动中也积累了不少经验。为了适应生产力的发展和管理实践的要求,一些人开始专门研究管理问题,把经验上升为理论,据以指导管理实践,从而促进了管理科学的形成与发展。这一阶段的代表人物主要有美国的泰罗、法国的法约尔、德国的韦伯等人。

(一)泰罗的科学管理理论

泰罗的科学管理理论主要包括以下内容。

1.科学管理的中心是提高劳动生产率

为此要制定出有科学依据的劳动定额,要进行动作与时间研究。

2.为了提高劳动生产率,必须挑选“第一流的工人”

所谓第一流的工人就是从智力与体力方面来看适合某项工作又有进取心的人。根据需要选择工人,然后对他们进行科学地训练,使其达到工作要求。

3.标准化原理

即对工人使用的工具、机械、材料以及作业环境实行标准化。

4.实行有差别的计件工资制

以此鼓励工人努力工作,完成定额。

5. 工人和雇主两方面都需要进行一次“精神革命”

泰罗认为工人和雇主都必须意识到提高劳动生产率对双方都有利。

6. 把计划职能(管理职能)与执行职能(实际操作)分开

管理者承担计划职能,工人依照计划承担执行职能,从而通过把管理与实际操作分开来提高劳动生产率。

7. 实行例外原则

即组织领导者把一般的日常事务授权给下级管理人员处理,自己主要去处理那些没有规范的例外工作,并保留监督下属人员工作的权力。

由于泰罗对管理理论所做的开创性研究,因此他在西方管理理论发展史上被誉为“科学管理之父”。

(二)法约尔的“一般管理”理论

法约尔的“一般管理”理论主要包括以下内容。

1. 经营与管理是两个不同的概念

经营是指导或引导一个整体趋向一个目标,它包括技术、商业、财务、安全、会计和管理六项职能活动,管理是经营的职能活动之一。

2. 管理的5项职能说

管理就是进行计划、组织、指挥、协调和控制。法约尔是第一个较全面而系统地提出管理5项职能的人。

3. 管理的14项原则

即:①劳动分工:②权力与责任;③纪律;④统一指挥;⑤统一领导;⑥个别利益服从整体利益;⑦合理的报酬;⑧适当的集权与分权;⑨等级链与跳板原则:⑩秩序;⑪公平;⑫保持人员稳定;⑬首创精神;⑭集体精神。

(三)韦伯的行政组织体系理论

韦伯的行政组织体系理论主要包括以下内容。

1. 理想的行政组织是通过职务或职位而不是通过世袭制进行管理的

任何组织应具有明确的权力等级和工作分工以及严格的权责规章制度和完善的工作程序;人与人之间的关系要完全以理性为指导,不受感情的影响;人员的选用和提升要依据人的才能,有严格的选择标准。

2. 任何一个组织都是以某种形式的权力为基础的

权力才能消除混乱,使组织有秩序,否则就不能实现组织的目标。

3. 管理意味着要以知识为依据进行控制

特别是领导者要在能力上胜任领导职务,必须根据事实进行领导。

泰罗的科学管理原理、法约尔的一般管理理论和韦伯的行政组织体系理论,共同构成了古典管理理论,为管理学的建立和之后的蓬勃发展做出了重大贡献。

二、行为科学管理理论阶段

行为科学管理理论是从20世纪20年代开始形成的。随着科学技术和资本主义经济的发展,社会生产规模进一步扩大,科学技术的运用愈加广泛,经营管理更加复杂,劳资矛盾日趋尖税,管理学家们深感不考虑管理中人的因素和处理好人际关系就难以实行有效的管理。在这种历史条件下,行为科学管理理论就应运而生,并逐步得到发展。这一阶段的代表人物主要有美国人梅奥、马斯洛、赫茨伯格、麦格雷戈、利克特、布莱克与穆顿等人。

(一)梅奥的人际关系理论

梅奥的人际关系理论主要包括以下内容。

1. 员工是“社会人”,而不是单纯的“经济人”

他们不只是单纯追求金钱收入,还有安全感、友情、归属感和受人尊重等社会与心理方面的需要。因此,组织必须从社会与心理方面来鼓励员工提高生产率,而不是单纯地从经济收入和技术条件出发。

2. 组织中存在着“非正式组织”

非正式组织是组织成员在共同工作过程中,由于思想、感情、爱好等相通或相近而形成的非正式团体,它有利有弊,与正式组织相互依存,共同对劳动生产率的提高发生作用。

3. 员工生产效率主要取决于工作态度与人际关系

员工生产效率的高低主要取决于员工的工作态度以及与他周围人的关系。员工的工作态度是由其背景决定的,如家庭、经历、学历等。

(二)马斯洛的人类需要层次理论

美国心理学家马斯洛 1943 年出版的《人类动机的理论》一书提出了人类需要层次理论。他把人的需要按照其重要性和发生的先后次序排列成五个层次:第一层,生理的需要;第二层,安全的需要;第三层,社交的需要;第四层,尊重的需要;第五层,自我实现的需要。他认为,人们一般是按照这个次序来追求各项需要的满足的,只有排在前面的需要得到满足,才能产生更高一级的需要,据此可以解释人的行为动机。

(三)赫茨伯格的双因素理论

美国心理学家赫茨伯格提出的双因素理论认为,影响人们工作行为的因素有两种,一种是“保健因素”,如组织的政策与管理、督导、工资、地位、同事关系、生活福利、工作环境等,它们不能直接起到激励员工的作用,但能预防员工产生不满情绪;另一种是“激励因素”,如成就感、上级赏识、工作责任、发展机会等,它们能使员工产生满意感,从而激发员工的积极性。

(四)麦格雷戈的 X 理论 - Y 理论

美国学者麦格雷戈 1960 年出版的《企业的人性方面》一书提出了 X 理论 - Y 理论。X 理论是把人性建立在片面假设基础上的传统管理观点,它将劳动效率不高归结为人的本性不诚实、懒惰、愚蠢、好逸恶劳、不负责任等,必须进行强制监督,并以惩罚作为主要管束手段,迫使员工付出足够的努力去实现组织的目标。Y 理论对人性作出相反的假设,它认为人性并非生来就是懒惰的,要求工作是人的本能,只要给予一定的外界条件,就能激励和诱发人的能动性去努力工作,达到组织设定的目标。如果员工的工作没有干好,应从管理者本身去找妨碍劳动者发挥积极性的因素,主张以“诱导与信任”代替“强制与管束”,鼓励员工发挥主动性与积极性。麦格雷戈认为,只有运用“Y 理论”,才能在管理上取得成功。

(五)利克特的支持关系理论

美国学者利克特提出的支持关系理论认为,有效能的领导者是注重面向下属的,他们依靠信息沟通使所有部门像一个整体那样行事。整体中的所有成员(包括领导者在内)建立一种相互支持的关系,在各种关系中他们感到在需要、价值、愿望、目标与期望方面存在真正共同的利益。利克特认为这是最有效的领导方法。

(六)布莱克与穆顿的管理方格理论

美国学者布莱克与穆顿提出的管理方格理论认为,领导者不仅要关心生产而且要关心人,关心生产的程度和关心人的程度相互结合就形成了各种不同的领导方式。他们设计了一张管理方格图,管理方格以对生产的关心程度为横轴,对员工的关心程度为纵轴,各轴线均分为9等份,形成81个小方格,用来表示不同结合的领导方式。他们认为,把对生产的高度关心同对人的高度关心结合起来的领导方式是最有效率的。

行为科学管理理论是从人的行为的本质中激发出动力,不断提高劳动生产率的理论,也就是从人际关系和人的行为上去激发动力的管理理论。

三、现代管理理论阶段

现代管理理论阶段是从20世纪40年代开始形成的。第二次世界大战以后,世界政治形势基本稳定,资本主义国家的经济发展出现了许多新的变化,科学技术的进步使许多现代自然科学技术的新成果和运筹学、数理统计等新方法应运而生,特别是以电子计算机技术为主要手段的信息技术和网络技术的出现和应用,使生产过程的自动化、连续化程度空前提高,企业的技术更新和产品更新大大加快,大型工程和复杂产品相继诞生,企业规模不断扩大,生产社会化程度更加提高,市场竞争空前激烈,阶级矛盾进一步激化。所有这些都对管理提出了新的要求,促使其发展成为以经营战略为重点,并在管理思想、内容、方法、手段等方面有着新特点的现代管理。

这一阶段管理的研究日臻深入,呈现出了百家争鸣的繁荣局面,出现了许多学派。这些学派的形成,是建立在基本现论观点、基本分析方法和主要管理措施相一致的基础上的,各个学派的理论都有自己的独到之处,而且都曾解决或说明过一些实际问题,现在同样也都在经历着实践的检验。其中主要的学派有以下几种。

1. 社会系统学派

该学派以巴纳德为代表,注重从社会学的角度进行研究,认为组织是一个社会系统和协作系统,只有在内部均衡和与外部相适应的条件下,组织才能存在和发展。

2. 决策理论学派

该学派以西蒙为代表,吸收了行为科学、系统理论、运筹学和计算机技术等学科的内容,认为"管理就是决策",组织必须采用一整套决策的新技术,以找到最佳的决策方案。

3. 系统管理学派

该学派以卡斯特为代表,以系统理论为理论基础,强调应用系统的观点和方法全面分析和研究管理问题。

4. 经验主义学派

该学派以德鲁克和戴尔为代表,十分注重通过分析组织或管理者的成功经验,为各级管理人员提供在类似情况下进行管理活动的策略和技能,从而尽快达到组织的目标。

5. 权变理论学派

该学派以伍德沃德为代表,强调要根据组织所处环境的变化随机应变,针对不同的情况,探求不同的最合适的管理方法与模式,不承认有普遍适用的一成不变的最好的管理理论。

6. 管理过程学派

该学派以孔茨和奥唐奈为代表,认为管理是由一些基本职能(如计划、组织、控制等)所组成的一个特殊过程,这些职能之间相互联系,交错运转,形成了管理过程的整体运动。

7. 管理科学学派

该学派以伯法为代表,强调管理要尽量减少个人的艺术成分,要以数量方法进行客观描述，尽量使用数理方法与计算机技术。

8. 企业战略学派

该学派以安索夫为代表，认为企业经营之魂在于正确的战略，战略是一种指导思想与行为准则，是一个协调环境与自身能力的全局性决策过程。

现代管理理论学派林立，观点和方法不尽相同，但它们并非相互对立，而是相互补充。它们体现了人们多角度、多层次、多方法和在不同社会环境下进行管理的成果。正是这些研究成果共同丰富了现代管理理论。

虽然管理学未来发展的细节研究难以预料，但可以肯定的是，管理学界将会不断探讨新的管理课题，提出新的理论和新的方法，同时，在产生新观点的过程中，各种理论观点相互融合、综合发展的趋势将继续存在并长期发展。

思 考 题

1. 企业应怎样认识管理？
2. 企业应如何充分发挥管理的职能？
3. 西方科学管理理论对我国企业有哪些借鉴？
4. 现代管理理论的发展趋势如何？

第三章　企业管理现代化

第一节　企业管理现代化的概念与内容

一、企业管理现代化的概念

1. 企业管理

企业管理就是按照客观规律,运用各种科学方法,充分利用各种资源,对企业的整个生产经营活动进行计划、组织、指挥和控制,以适应外部环境变化,实现企业经营目标的一系列工作的总称。

企业管理作为一种社会分工,是协作劳动的需要。共同劳动的分工越细,技术越复杂,规模越大,管理也就越重要。管理是一种资源,也是一种财富。一个企业经营的成败三分靠技术,七分靠有效管理。在生产技术大体相同的企业,其经济效益的高低,主要取决于是否重视和加强管理。

随着市场经济的发展,企业的活动从组织生产扩展到组织经营,使企业的管理从生产过程扩展到流通领域。由于组织经营促使企业直接进入市场,参与市场竞争,更加注重经济效益,从而使企业进行运筹决策、营销谋略等管理问题变得更为重要。因此,科学的经营管理艺术,已经成为企业生存和发展的重要手段。

2. 企业管理现代化

企业管理现代化是依据社会主义市场经济发展规律,为适应现代化生产力发展的客观要求,运用科学的思想、组织、方法和手段,对企业的生产经营活动进行有效地管理,使之达到或接近国际先进水平,创造最佳经济效益的过程。

可见,企业管理现代化是同社会生产力的发展水平,以及采用的生产技术及其先进程度相适应的。比如,工业发达国家有高度发达的工业,有先进的生产技术,也有与之相适应的先进的管理组织、管理方法和管理手段,这就是现代化管理。首先,企业管理现代化必须用国际先进的管理水平来衡量,而不能以是否适合本国的生产力发展水平,或者是否能取得良好的经济效益来衡量。其次,企业管理现代化应当从企业管理的总体来观察,而不能从管理的某个方面是否达到先进的水平来衡量。企业管理现代化应是在整个企业普遍地采用先进的管理组织和管理方法,管理工作效益很高。管理作为一种资源得到比较充分地开发,对提高生产经营活动的经济效果发挥了显著的作用。再次,企业管理现代化必须从动态上加以观察。这就是说企业管理现代化是相对于一定时间阶段而言的。例如泰罗所倡导的科学管理,在20世纪初期是现代化的,尽管泰罗的某些科学管理原则现在还继续发挥作用,但已经不是当今所说的现代化管理了。

企业管理现代化要求在管理中应用切合实际的现代化理论、方法,并广泛采用运筹学、系统工程、电子计算机、现代通讯以及其他先进技术手段和方法。实现企业管理现代化,是提高企业素质和经济效益的重要途径,又是迎接世界性的新技术革命挑战、加快技术进步和技术创新的需要。管理现代化与技术现代化处于同等重要的地位,必须相互促进以加快现代化的进程。因此,实现企业管理现代化是所有企业发展的方向。

二、企业管理现代化的内容

企业管理现代化主要包括以下内容。

1．管理思想现代化

即要求管理思想要适应现代化、社会化大生产和现代技术、经济发展的要求。这是企业管理现代化的灵魂,也是现代企业经营活动的指导思想。在社会主义市场经济体制下,企业不仅是商品的生产者,而且要从事流通活动,更要不断地提高经济效益。因此,现代企业必须彻底摆脱小生产经营、封闭模式等传统思想的束缚,树立市场观念、效益观念、竞争观念、系统观念、战略观念、质量观念、服务观念、创新观念、信息观念、时间观念等,在强化内部管理的同时,不断地适应市场的变化。

2．管理组织现代化

即要求根据企业具体情况,从提高企业的生产经营效率出发,按照职责分工明确、指挥灵活统一、信息灵敏准确和精兵简政的要求,建立和完善管理体制和管理机构,合理配备人员,并建立健全以责任制为中心的科学、严格的规章制度,确定灵活的生产组织和劳动组织形式等,不断提高工作效率和生产效率,并能随着环境的变化而自行调节。这是企业管理现代化的基础。

3．管理方法现代化

即要求在管理工作中综合运用经济的、行政的、法律的、数学的、教育的一般方法,运用系统论、控制论、信息论的原理与方法,依靠充分而准确的数据和信息,把定性分析与定量计算结合起来,积极推广先进的管理方法,如目标管理、滚动计划、市场预测、决策技术、价值工程、网络计划技术、统筹法、看板管理、优选法、ABC 管理法、量本利分析等。这是企业管理现代化的表现形式。企业应结合自己的实际,有针对性地选用行之有效的管理方法,从而不断提高管理方法现代化的水平。

4．管理手段现代化

即要求在企业管理中广泛采用包括电子计算机、通讯设备、监测和显示仪器、办公自动化等各种设备。这是企业管理现代化的主要工具。随着社会主义市场经济的发展,科学技术的进步,企业的信息量急剧增加,对信息处理的速度和准确性也提出了很高的要求,于是电子计算机、现代通讯设备等先进工具的应用就成为企业管理迈向现代化的必然。企业管理手段的现代化,不仅可以节约劳动,而且也能及时有效地对生产经营活动实现最优控制。

5．管理人才现代化

即要求管理人才必须具备系统的专业知识和过硬的专业技能,掌握企业管理的基本知识和基本规律,不断学习和吸收国内外先进的科学技术成果和管理经验,有能力组织企业高效率地工作,使企业的经济效益不断提高。这是企业管理现代化的保证和条件。因此,企业在人才培养和员工培训上,必须肯下功夫,舍得投资。管理人才现代化一般包括:管理人才的知识、能力、素质、观念、培训、开发等方面。

企业管理现代化是一个系统的、整体的概念,上述各项内容密切联系,相互促进,缺一不可。孤立地看待任何一方面,都不能算是实现了企业管理现代化。

第二节 现代管理原理

管理原理是以丰富的管理实践为基础,以科学的理论为指导,对管理活动的基本规律所作的科学抽象和概括。它反映了管理系统和管理过程的客观要求,是人们进行管理活动必须遵守的行动准则,是实现有效管理的基础。现代管理原理有:系统原理、整分合原理、反馈原理、封闭原理、能级原理、弹性原理、动力原理。

一、系统原理

系统原理是指为了达到管理的优化目的,必须运用系统的观点、理论和方法来分析和解决管理中的各种问题。这是管理活动的基本原理。

系统是指若干个相互作用、相互依赖的要素有机地结合在一起,并执行特定的功能以达到特定目标的集合体。现代企业是一个高度复杂的开放系统,而管理的主体和客体都是系统,管理本身也是一个系统。所以,现代企业管理是一个系统,它具有目标性、整体性、集合性、相关性、层次性、适应性等系统特征。因此,我们必须运用系统的思想和方法来管理企业。

在管理中运用系统原理,就是要把企业作为一个系统进行设计和研究,使企业的各个要素按照系统的要求进行组织和运行。首先,在管理中要树立整体观念,企业内部各子系统要服从企业整体利益;其次,要充分发挥各个子系统的功能和作用,提高各个子系统的效益,以促进整个系统效益的提高;再次,要提高整个系统适应环境变化的能力,保持内外环境的动态平衡。

二、整分合原理

整分合原理是指要实现有效的管理,必须在整体规划下进行科学分工,在分工基础上进行有效地协作和综合。这是系统原理的延伸。

系统是由相互区别的若干要素组成的有机整体,因而是可以分解的,系统各要素又是相互联系的,因而是可以综合的。

整分合原理主要包括以下三个要点。

1. 整体观念是大前提

高效率的管理必须从企业整体出发,充分了解企业整体全貌及运动规律。

2. 分工是关键

企业内部必须有明确的分工,即明确企业系统和管理系统诸要素各自的功能。

3. 必须组织综合

即在明确系统诸要素各自功能的基础上,按照客观规律对其进行科学的组织协调,使之实现最佳效益的综合协作。

三、反馈原理

反馈原理是指管理系统通过指令性计划发出各种信息,又根据指令或执行情况作出分析和判断,再发出新的指令或调整计划,以保证管理系统做合乎目标的运行。

企业系统是为实现一定的经营目标而建立的可控系统,企业管理实质上就是一种控制,而反馈是系统控制的要求。企业系统本身及其所处的环境在不断地发展变化,有效的管理必须能对这种发展变化作出及时地反应,这就需要建立有效的信息反馈。

有效的信息反馈的基本要求是:灵敏,即能够及时地反映管理活动客观实际与管理目标之间的差距;准确,即所提供的反馈信息是真实可靠的;适用,即能够根据管理的实际需要提供各种有用的信息。

四、封闭原理

封闭原理是指企业系统及其管理系统的各种要素、各种管理机构、制度和手段之间必须形成相互补充、相互制约的关系,即形成一个连续封闭的回路,才能形成有效的管理。

在管理系统中,决策机构、执行机构、监督机构和反馈机构形成了一个封闭的回路。封闭是为了使整个管理过程形成一个严密的系统,防止出现漏洞,一旦出现漏洞,能够及时补救。

在管理中运用封闭原理,首先,应建立各种管理机构之间的相互制约机制,不应该有不受一定制约的机制或个人;其次,各种规章制度和管理方法应该互相配套完善;再次,要用目标作为标准来评价和约束后果,防止出现偏离目标的后果。

五、能级原理

能级原理是指在管理系统中,要根据管理层次和工作岗位的能级要求配置具有相应能力的人员,即做到"事得其人,人尽其才",形成最佳的人事结构。这是系统原理在企业人事工作中的具体应用。

企业管理系统是由不同管理层次和不同工作岗位组成的复杂系统,各个层次和各个岗位由于其功能和重要性不同是可以分级的,这就形成了管理工作的能级。

在管理中运用能级原理,应做到以下几点。

1. 管理能级的划分必须保证管理组织结构具有最大的稳定性

稳定的管理组织结构就是正三角形,一般分为3个层次:最上一层是最高决策层,人数最少;中间是日常管理层;最下面是执行层,人数最多。而倒三角形或橄榄形结构都是非稳定状态,是不合理的管理组织机构。

2. 要确定各能级相应的责、权、利,使能、位、责、权、利五者相适应

在企业内部各级管理岗位的任务不同,对管理的要求也不相同。管理者的能力必须同他们达到各自的管理级别相对应,使其在其位,谋其政,尽其职,获其荣。负多少责,给多少权,获多少利。要体现不同能级之间权力责任、物质利益、精神荣誉等方面的差别。有效的管理不是拉平这种差别,而是使这种差别合理化。只有这样,才能调动各级管理人员的积极性,最大限度地发挥各级管理人员的潜能。

3. 各类能级必须动态对应

各类管理岗位有不同的能级,人也有各种不同的才能,每个岗位上的人不是固定不变的。随着人员的变化,管理的变化,各能级也应相应地变化,进而做到人尽其才,各尽所能,使管理始终处于最佳状态。

六、弹性原理

弹性原理是指管理必须保持应有的伸缩性,在坚持原则的基础上,保持充分的灵活性和很强的应变能力,及时适应客观事物各种可能的不断变化,有效地实现动态管理。

管理弹性按其范围的不同,可分为局部弹性和整体弹性。所谓局部弹性是指某个管理环

节、某个职能部门工作所具有的弹性,特别是在某些关键环节上应保留足够的余地。所谓整体弹性是指整个管理活动对客观环境变化的适应性,它标志着系统的可塑性或适应能力。

管理弹性按其性质的不同,可分为积极弹性和消极弹性。所谓积极弹性是指为确保计划目标的实现,不仅在关键环节上保持弹性,而且事先预备好可供选用的多种调节方案,充分分析事态的多种发展趋势及防备措施。所谓消极弹性是指把留有余地当作"留一手",即把计划定得松一些,指标压得低一些,资金要得多一些。

在管理中运用弹性原理,一方面,要求在做规划、想问题时,需要事先对客观事物的变化趋势和可能性进行科学预测,考虑各种应变方案,从而留有充分的回旋余地,以适应客观情况可能的变化,使管理活动始终保持主动地位;另一方面,要划清积极弹性和消极弹性的界限,防止以消极弹性为由的管理活动发生。

七、动力原理

动力原理是指管理必须采取各种有效手段,为员工注入强大的动力,充分调动他们的积极性和创造性,进而推动各项管理活动持续而有效地进行下去。

现代管理把动力分为物质动力、精神动力和信息动力三种。其中,物质动力是基础,是促使社会生产力不断发展的根本动力,它一般包括提拔、晋升、加薪等物质鼓励;精神动力是支柱,其核心是促进人们追求理想、信念和目标的实现,它一般包括信仰、荣誉、榜样、教育等精神鼓励;信息动力是指一个人掌握的信息和知识越多时,往往越感到自己的不足,前进的方向越明确,工作的动力也就越大。

在管理中运用动力原理,必须注意正确认识以下几个问题。

1. 正确认识三种动力的相互关系

三种动力既相互补充,相互制约,又相互促进,只有综合运用,才能形成强大的合力。

2. 正确认识个体动力和集体动力的关系

个体和集体都有它们各自的三种动力,相互之间并不完全一致,必须正确处理个体和集体之间的矛盾,因势利导,综合平衡。

3. 正确认识眼前动力和长远动力的关系

个体一般容易看重眼前动力,而集体与长远动力又紧密相联,切不可只顾眼前动力而忽视了长远动力。

以上七条原理是企业实现有效管理的基本原理。其中,系统原理是核心原理,对其他原理具有统帅作用,而其他原理则是系统原理的延伸和展开。整分合原理是系统原理的进一步扩展;反馈原理和封闭原理是系统管理的要求;能级原理是系统原理在人事管理中的具体应用;弹性原理是系统动态管理的客观要求;动力原理是保证系统持续而有效发展的必要条件。因此,在企业管理中,要以系统原理为核心,综合运用七条基本原理,形成科学的系统管理,从而提高管理的功效和水平。

第三节　现代管理思想

一、现代管理思想的概念

现代管理思想是指贯穿在整个现代管理活动全过程的指导思想和经营观念。它是企业管理现代化的主要内容之一。

管理思想总是随着客观事物的发展变化而变化,自古以来,一成不变、凝固僵化的管理思想是不存在的。在市场经济条件下,面对瞬息万变的市场环境,作为一个现代企业管理者,必须要清除头脑中那些陈腐僵化的管理意识,依据不断变化的客观形势,及时调整自己的观念,合理确立自己的管理方式和方法,进行有效的管理活动。只有具备了现代管理思想的企业管理者,才能正确地领导企业向前发展。

二、现代管理思想的内容

现代管理思想在现代企业的生产经营体系中处于首要的位置,一个成功的现代企业背后必然有一整套现代化的经营管理思想。现代企业经营思想由一系列重要的经营观念组成,这里仅提出几种现代企业管理者必须具备的新观念。

1. 市场观念

市场观念是指以市场为导向,以市场需求为中心开展各项生产经营管理活动的观念。社会主义市场经济条件下,市场将成为企业生产经营的舞台,因此,企业要走向市场并成为市场的主体,现代企业管理者必须强化市场意识,树立市场观念。

面对市场,现代企业管理者必须学会按市场经济法则来思考和处理问题,加强市场信息的搜集与分析,主动研究市场,深入了解市场,预测未来市场。制定以市场为轴心的企业经营发展战略,使企业的决策、投入、产出、销售、分配等立足于市场。提高决策水平,加速新产品开发,提高产品质量,根据市场需求组织生产、销售和售后服务,从而掌握市场的主动权。

2. 效益观念

效益观念是指生产经营管理活动必须讲究效益,不断提高效益的观念。办企业必须要盈利,这是商品经济的要求。效益包括经济效益和社会效益,经济效益是保证企业扩大再生产和全社会发展进步的源泉,所以提高经济效益是企业生产经营活动的中心任务;市场经济条件下,良好的社会效益又是企业长久获得经济效益的强大推动力。因此,现代企业管理者必须树立效益观念,处理好当前效益与长远效益的关系,做到经济效益与社会效益的协调统一。

树立效益观念,就要根据社会需要和用户的利益,采用最有效的技术,达到最适用的质量,以比较合理的成本取得较满意的盈利,使得企业生产经营过程的每个环节都达到产出大于投入,从而使社会得到更多的使用价值,国家得到更多的积累,企业得到更多的利益。

3. 竞争观念

竞争观念是指企业为争取生产经营的有利地位而进行不懈斗争的观念。市场经济的存在,价值规律起决定作用,竞争就不可避免。面对日益竞争激烈的市场,适者生存兴旺,逆者淘汰衰亡。因此,现代企业管理者必须树立竞争观念,强化与其他企业平等竞争的意识,敢于竞争,善于竞争,在市场竞争中求生存、谋发展。

市场竞争的实质是科学技术水平的竞争、经营管理水平的竞争、人才的竞争。影响竞争能力的主要因素有:品种、质量、价格、交货期、销售方式、配件供应、用户服务等。企业要扬长避短,发挥优势,努力开拓和占领市场,不断提高自身竞争能力。

4. 质量观念

质量观念是指以质量求生存、谋发展的观念。质量是提高国民经济整体效益的关键,是一个国家、一个民族的科技水平、管理水平和其他各项工作的综合反映,更是企业的生命。质量就是经济实用、适销对路、用户满意,在国内外市场上有竞争能力。

树立质量观念,企业必须推行全面质量管理,加快技术创新与进步,采用先进的工艺技术,不断提高产品质量,降低活劳动和物化劳动的消耗,增强国内外市场竞争能力,从而达到不断提高经济效益的目的。

5. 服务观念

服务观念是指为用户提供全面、优质服务的观念。为用户服务、对用户负责是企业经营管理思想的宗旨。在竞争激烈的市场经济条件下,服务质量的高低直接影响着企业产品(或劳务)的销售,乃至经济效益的获得。企业只有提供全面、优质的服务才能消除用户的后顾之忧,才能在竞争中取得优势,占领市场。

树立服务观念,就要通过接近用户,主动听取用户的意见,积极改进服务思路和服务方式,不断提高服务水平。

6. 系统观念

系统观念是指为了实现企业的预定目标及整体功能,按照系统的规律设计与运行企业系统的观念。现代企业作为一个开放的系统,由决策子系统、指挥子系统、运营子系统、监督子系统等组成,并且不断与外界许多系统发生关系。现代企业管理者要树立系统观念,学会运用系统的观点来分析和解决管理中的问题。

现代企业管理者在运用系统观点进行管理时,必须统筹兼顾,合理规划企业系统的目标,采用系统分析技术和系统工程技术,不断进行系统的综合优化,从而使企业系统结构合理,协调发展。

7. 战略观念

战略观念是指从全局利益出发,谋求企业长期稳定发展的观念。在技术经济迅速发展的今天,强化现代企业管理者的战略观念,制定正确的经营发展战略,已经成为保证企业长期稳定繁荣发展的关键。

树立战略观念,现代企业管理者必须统观全局,高瞻远瞩,深谋远虑,审时度势,面向未来,认清方向,善于用长远眼光分析问题,站在高层次上思考问题、解决问题。

8. 创新观念

创新观念是指不断开拓,不断进取,勇于创新的观念。随着科学技术日新月异的发展,企业在自主经营条件下,要独立适应日益复杂的市场环境变化,决不能安于现状,必须树立不断创新的观念。只有这样,企业才能提高应变能力,适应外部环境变化,充分挖掘和利用内在的潜力,创造出第一流的技术,培养出第一流的人才,生产出第一流的产品。

树立创新观念,企业就必须着眼于未来,加强产品、技术、人才、管理、市场等各方面的开发,大胆探索,不断创新,以满足社会需要,促使企业发展壮大。

9. 信息观念

信息观念是指认为信息是一种资源,是无形财富的观念。简单地说,信息就是具有新内容的消息、情报、资料、知识的统称。及时掌握准确、有效、系统、实用的信息,对现代企业管理者进行科学的决策具有突出的意义。信息作为一种资源、财富,任何企业都离不了。善于开发、利用信息资源是促进企业发展的重要手段。

树立信息观念,现代企业管理者就一定要重视管理活动过程中的超前信息、反馈信息、突发信息等,努力建立畅通的信息渠道和完善的信息网络,及时收集、整理、分析、存储和利用信息。

10. 法制观念

法制观念是指用法律形式规范和调整经济关系的观念。市场经济在一定意义上可以说就是法制经济,没有完备的市场经济法律,市场经济无所遵循,就必然出现混乱。企业作为市场的主体,生产经营管理活动中的各种关系必须有相关的法律予以规范和调整,才能顺利地向前发展。

现代企业管理者必须树立法制观念,努力学法、知法、守法和用法,尤为重要的是善于运用法律手段来保护本企业的合法权益。

第四节 企业文化建设

企业文化是在20世纪80年代初期对管理科学、行为科学、文化学等当代管理理论的研究和探索中逐渐形成的。其核心内容是吸取了传统文化的精华,应用先进的管理思想,为企业提出明确的价值观念和行为规范。

一、企业文化的含义

企业文化是指企业在长期的经营管理活动中,逐渐形成并为全体员工共同认可,共同信奉,共同遵循,具有企业个性的价值观念、行为规范、道德伦理、习俗习惯、规章制度、精神风貌等的总称。

企业文化是企业适应外部环境和社会存在的一种形式,其核心与实质是企业价值观。它作为一种企业范围的意识,即一种群体意识,要靠企业及其全体员工经过长期的经营管理实践进行创造和培育,具有鲜明的企业特色。

企业文化的含义通常也可分为广义和狭义两种。广义的企业文化是指企业所创造的独具特色的外显文化和内隐文化,其中,外显文化主要包括企业的厂容厂貌、建筑设施、机器设备、工艺技术、产品造型、文化设施、组织形式、规章制度、经营作风、售后服务等方面;内隐文化主要包括价值标准、行为准则、理想信念、道德规范、意识形态等方面。狭义的企业文化则仅指企业的内隐文化。

企业文化就其结构层次来看,可分为三个层次:第一层次是物质文化,它指的是企业环境和企业文化建设的“硬件”设施等,是企业文化结构中的最外层;第二层次是制度文化,它指的是企业领导体制、组织结构、规章制度中所反映出来的组织特色、管理特色、生产经营特色等;第三层次是精神文化,它指的是企业员工共同的意识活动,包括生产经营哲学、以人为本的价值观念、美学意识、管理思维方式等,它是企业文化的最深层,是企业文化的核心,是企业文化的源泉。企业的物质文化、制度文化、精神文化是密不可分的,它们相互影响,相互作用,共同构成企业文化的完整体系。

二、企业文化的内容

企业文化的内容十分丰富,几乎无所不包,无所不有。一般来说,主要包括以下几方面。

1. 企业哲学

即企业特有的管理生产经营活动,处理意识形态、人际关系和思想问题等全部工作的方法论。因此,一个企业在倡导、培育、制定目标、价值标准、企业精神、道德规范时,都应以企业哲学为理论基础。

2. 企业价值观

即人们对社会现象、状况和事物在思想、感情、意识及信念上的取向准则,是人们评价社会现象、社会状况和事物重要性及好、优、正确的标准。优秀的企业价值观，为企业生存和发展提供了基本的方向和行动指南，为员工形成共同的行为准则奠定了基础。

3．企业精神

即企业员工在长期的生产经营活动中，逐步建立起来的共同价值观念、心理趋势、文化定势，并为企业全体员工共同认可的一种群体意识。例如，大庆的“铁人精神”，鞍钢的“孟泰精神”等。它体现着企业的性质、任务、宗旨和目标。

4．企业道德

即在一定的社会制度下，调整企业之间、企业与员工之间以及员工之间关系的行为规范的总和。其表现形式有职业道德、领导道德和员工道德。它与企业规章制度相配合，共同调节人们的行为。

5．企业目标

即企业要达到的目的和标准，是企业广大员工努力争取的期望值，代表着企业的强烈追求和前进方向，是激发员工奋发向上的精神力量。

6．企业制度

即企业要求全员遵守的办事规程和行动准则，是完成各种任务，实现企业目标的重要手段。作为企业文化建设的重要内容之一，企业制度可以规定员工的责权利，制约员工的个人行为，从而达到全员步调一致，稳定企业的秩序。

7．企业标志

即企业与其他企业的区别，是本企业的企业文化特色，如厂牌、商标及有标志性的建筑等。这些标志明显而形象地概括了企业的特色，有利于激发员工的自豪感和责任感，进一步自觉维护本企业形象。

8．企业环境

即企业的工作环境。优美、舒适的工作环境能够激发员工工作的自觉性，也是企业文明生产的表现。

三、企业文化的建设

企业文化建设是提高员工文化素质和树立正确价值观的需要，也是企业参与市场竞争的需要。企业文化建设要坚持以人为本、紧密联系企业实际、继承与创新相统一的原则。企业文化建设的主要方法有以下几种。

1．舆论宣传

通过企业报刊、墙报、广播、闭路电视、计算机网络、演讲会、座谈会等各种形式的宣传教育，大力宣传企业文化建设的必要性、迫切性和可能性，强化企业员工的文化意识，为塑造优秀企业文化、培养良好的企业精神创造有利的舆论环境。

2．领导示范

企业领导者本身是企业价值观的化身，他的模范行为是一种无声的号召，对下属成员起着重要的示范作用。企业领导者在建设企业文化的过程中，必须身先士卒，身体力行，既要充当崭新的企业文化的积极倡导者，又要扮演企业文化最忠实的执行者。

3．典型启迪

企业文化建设，要特别注意发现各种代表和象征企业新的价值观念的典型人物和典型案例，用具体的形象启迪员工，提高他们对新的企业文化的接受程度与信任程度。例如，开展评选劳动模范、先进生产者、最佳管理者、技术标兵、三八红旗手等活动，并通过各种形式大力宣传他们的先进事迹，树立企业的先进典型。

4. 目标激励

在建设企业文化的过程中，企业可以把建设企业文化同企业发展的战略目标有机地结合起来。当企业员工充分认识到新的企业文化有助于实现企业发展的战略目标时，就会激发动力，坚定意志，并为建设崭新的企业文化做出积极的贡献。

5. 情感投资

优秀的企业文化本身就包含着尊重员工的价值和民主权利等内容。因此，在建设企业文化的过程中，必须重视情感投资，通过不断地交流思想，沟通情感，关心员工的切身利益，使员工能够自觉地把自已的命运同企业的命运紧紧结合起来，从而消除企业文化建设过程中的各种心理障碍，积极地配合，坚定地支持。

6. 兼容并蓄

企业文化建设，虽然不能照搬照抄西方已有的文化建设模式，但在原则、方法、内容、经验等方面，还是应该去粗取精，为我所用的。同时，要处理好古代文化与现代文化、外来文化与本国文化的关系，充分吸收国内外优秀文化建设的经验，继承和发扬传统文化的优秀遗产，兼容并蓄，以加快企业文化建设的步伐。

7. 建立网络

在建设企业文化的过程中，企业必须建立培育和发展企业文化信息交流和沟通的系统。它包括企业外部交流渠道和企业内部交流渠道。企业内部交流渠道又分为正式沟通系统和非正式沟通系统，其中以情感沟通为主的企业内部非正式沟通系统最重要。建立这种渠道，一方面要使企业内部形成双向沟通、和谐融洽的人际关系环境；另一方面，还要重视沟通渠道的硬件建设，如文化娱乐中心、俱乐部、阅览室、广播、闭路电视、计算机网络、教育培训中心等，使企业内部形成一个文化信息传播与交流的网络，以促进企业文化的发展。

思 考 题

1. 企业应怎样努力实现管理现代化？
2. 企业应如何科学而有效地应用现代管理原理？
3. 企业应具备怎样的现代管理思想？
4. 企业文化如何大力建设？

第四章 企业组织管理

任何企业都是依靠在市场交换关系中获得的盈利生存和发展的。这种盈利的获得与企业内部各种经营资源密切相关。人、财、物、信息等是企业主要的经营资源,而这些资源只有按照经营战略的要求组织起来,形成力量,才能在与市场环境的交换过程中带来盈利。未组织化的、未形成整体力量的资源,是起不到这样的作用的。

传统上,人们往往更多地注重业务管理和财务管理。但是,无论是物也好,财也好,都要通过人,依靠人,才能发挥作用。离开人,再好的设备、技术,再充足的资金,也发挥不了作用。因而,内部管理更具有本质意义的是人的问题,是人的组织化问题。企业组织管理的基本问题,就是如何调动和发挥人的力量,如何通过人把各种经营资源结合起来,形成一种特殊的系统力量,通过组织管理达到经营的目标。

第一节 企业组织管理原则

企业组织管理的原则主要有:统一指挥与分级管理原则、管理幅度与管理层次原则、合理分工与密切协作原则、职权与职责对等原则、精干与高效原则、相对稳定与灵活适应原则等。

一、统一指挥与分级管理原则

统一指挥是指凡是关系到企业全局的重要权力,统一集中在企业最高管理机构里,以保证整个企业的生产经营和管理活动协调一致。

分级管理是指在统一指挥的前提下,根据企业的具体情况,给下属各级管理机构与其职责相适应的管理权力,以发挥下属机构工作的主动性和创造性,并能按企业整体要求和具体情况搞好本机构的管理工作。

在贯彻统一指挥与分级管理原则时,一是要处理好集权与分权的关系。集权与分权的程度一般由企业规模、生产技术特点、市场特点、管理水平、人员素质等决定。二是要避免多头指挥、政出多门。任何下级只能有一个上级领导,上级不允许越过直属下级进行指挥。

二、管理幅度与管理层次原则

管理幅度是指一个上级管理者能够直接而有效地管理其下属的可能人数,即管理的广度。任何一个主管人员,其精力、知识、经验、能力等条件总是有限的,超过一定限度,就不能做到具体、高效、正确的领导。据研究,高层管理幅度为 5~8 人,中层管理幅度为 8~15 人,基层管理幅度为 15 人以上。

管理层次是指一个企业高层的决策、指令贯彻到基层所经过的环节,即管理的深度。设置管理组织机构,应尽量减少层次。层次多了,一般要增加行政事务管理费用,增加通讯联系,延缓信息传递速度,也容易产生失真现象,客观上助长了官僚主义。

管理幅度与管理层次是相互联系,相互制约的,二者成反比例关系。即管理幅度越大,则管理的层次越少；反之，管理幅度越小，则管理的层次越多。一般来说，管理幅度和管理层次都不宜过宽过多。

在贯彻管理幅度与管理层次原则时，要二者兼顾，综合考虑企业规模的大小、管理工作量的多少、管理人员能力的高低，相应采取诸如健全组织机构、实行管理业务标准化、提高管理人员的能力等措施，在实行有效管理的前提下，扩大管理幅度，减少管理层次。

三、合理分工与密切协作原则

合理分工是指将企业的生产经营和管理活动适当地分类分配，以确定各个部门和成员的业务活动的类型、范围、职责。分工是管理的前提，但分工的粗细一定要适当。分工过细，尽管专业化水平更高，责任更明确，效率更高，但是也会造成机构庞大，协作困难加大；分工过粗，机构少了，协调的工作量小了，但是专业化水平下降，工作效率降低，甚至还会出现推诿的现象。

密切协作是指在合理分工的基础上，建立良好的信息传递和沟通渠道，使上情下达，下情上传，外情内达，加强横向联系和综合管理。

在贯彻合理分工与密切协作原则时，一方面，要从各项管理职能的业务性质出发，在职能机构之间进行合理地分工，划清职责范围，提高管理专业化程度，以达到提高工作效率的目的；另一方面，在搞好分工的基础上明确协作关系和制约的因素与程度，使各职能机构、各项专业管理工作能够协调一致，实现企业经营目标的管理。

四、职权与职责对等原则

职权是指人员在一定职位上拥有的权力，主要是指执行任务的决定权。职责是指完成任务的义务。

职权和职责既是指某个职位上的同一个人，又是指同一项任务。职权与职责相对应是逻辑的必然结果。责权对等是发挥组织成员积极性和能力的重要条件，也是实现企业目标的保证。

在贯彻职权与职责对等原则时，一定要使权和责相适应，有什么权就要负什么责，要负什么责，就应有什么权。责任到人，就要权力到人，不能有权无责或有责无权。有权无责，会导致工作松懈，不负责任，甚至助长滥用权力的官僚主义；有责无权，会束缚管理人员的积极性和主动性，实际上不可能负起应有的责任。

五、精干与高效原则

精干是指管理组织机构的建立、调整、增设、撤消或合并，以及各种机构的联合方式，必须从实际需要出发，以是否对实现目标有利作为取舍标准。要在服从生产经营和管理活动需要的前提下，因事设机构、设职位，因职用人，尽量减少不必要的机构或人员，力求精简节约，提高工作效率。

高效是指管理工作的效能要高，它包括工作效率，也包括工作质量。

在贯彻精干与高效原则时，一方面，要求部门设置和人员配备合理，事事有人管，人人有事干，坚决消灭机构重叠，人浮于事的现象；另一方面，要注意精干不等于精简，不是一味地减少部门和人员工作效率就会提高，管理组织机构的繁简粗细关键在于要满足生产经营和管理活动的实际需要。

六、相对稳定与灵活适应原则

相对稳定是指企业要尽可能通过正确的决策和管理,在产品质量、成本、价格、信誉等各方面保持特色,求得主动,从而能够保持管理组织机构的长期稳定性。

灵活适应是指企业处于社会大系统中,要能够经常随着市场等情况主动作出反应和调整,始终保持管理组织机构的高效能。

贯彻相对稳定与灵活适应原则时,企业要着眼于未来,既要重视产品更新换代,改进技术,能够使其管理组织机构保持相对稳定,又要在外部环境突变、生产转向等不利条件下,能够作出迅速的反应。

第二节 企业组织机构

企业组织机构是企业组织内部各级层次之间授权关系的基本框架。随着生产力的发展和科学技术的进步,企业组织机构的形式多种多样,并在不断地发展变化。其基本形式主要有:直线制、职能制、直线职能制、事业部制、矩阵制等。

一、直 线 制

直线制,又称军队式组织,是指企业内部各部门按垂直系统直线排列,自上而下地发布命令,自下而上地负责,各级管理人员和直属的下级人员之间,有一个惟一的直线权责关系,没有设置专门的职能机构,如图 4-1 所示。

直线制是一种最简单的集权式组织机构形式,其优点是:结构简单,指挥系统清晰、统一;责权关系明确;横向联系少,内部协调容易;信息沟通迅速,解决问题及时,管理效率比较高。其缺点是:缺乏专业化的管理分工,经营管理事务依赖少数几个人,这在客观上要求企业领导人必须是经营管理全才,但这是很难做到的,尤其是在企业规模扩大时,管理工作量就会超过个人能力所能承受的限度,不利于集中精力研究企业管理的重大问题。

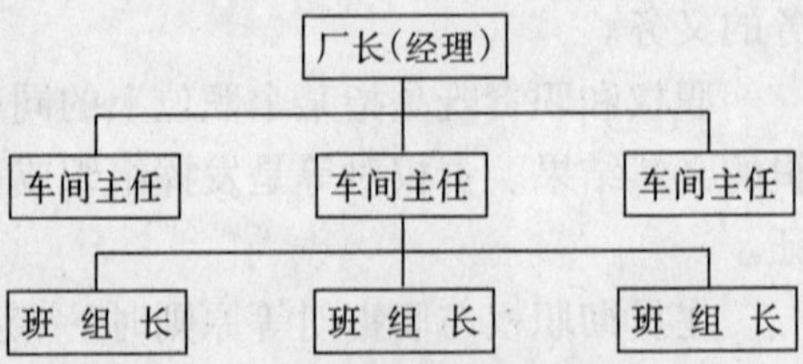

图 4-1 直线制组织机构示意图

直线制的适用范围有限,一般只适合于那些规模较小或业务活动简单、稳定的企业。

二、职 能 制

职能制,又称多线制,是指企业内部各级行政部门除主管负责人负责外,还相应地设立一些职能机构,这些职能机构有权在自己业务范围内,向下级行政单位下达命令和指示,有直接的指挥权,如图 4-2 所示。

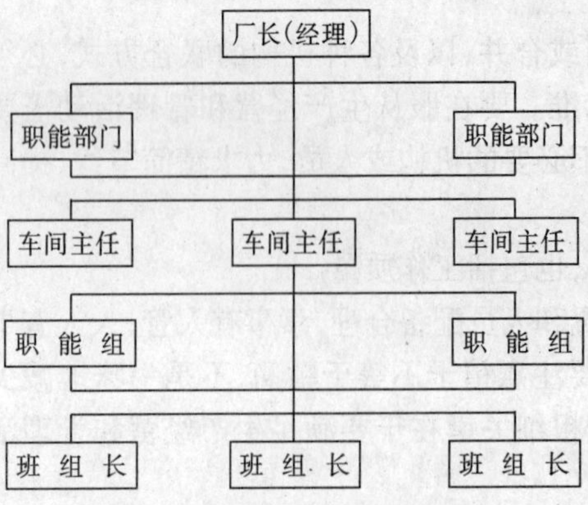

图 4-2 职能制组织机构示意图

职能制是在直线制基础上为各级行政领导设置职能机构的一种形式,其优点是:可以减轻企业行政领导人员的管理事务,充分发挥职能管理人员的作用,有效利用专业管理人员的专长,提高了企业管理的专业化程度,同日益大型化、复杂化的企业在管理上的需要是相适应的。其缺点是:行政系统和职能机构都能指挥下属,容易造成多头领导,妨碍企业的统一指挥和管理,不利于建立和健全各级行政负责人和职能机构的责任制。

职能制仅适合于产品生产和技术极为稳定的中小企业,现代企业中采用较少。

三、直线职能制

直线职能制,又称直线参谋制,是指既按集中统一原则设置直线行政部门,又按分工管理原则设置各级职能机构,各级职能机构服从上级和同级行政领导的指挥,充当他们的参谋和助手,对下属部门仅行使服务和参谋职能,无权进行指挥,如图4-3所示。

直线职能制是直线制和职能制相结合的一种组织形式,其优点是:能够适应现代企业管理比较复杂和细致的特点,保持了直线制权力集中、命令统一的优点,克服了职能制多头领导和指挥命令不统一的缺点,各级直线行政领导都有相应的专业人员做助手,有利于发挥职能专家的作用,提高企业领导人的管理水平。其缺点是:许多部门因各自分管专业不同,横向联系较弱,不易协调配合,有些问题各部门要向直线领导人员请示报告,然后才能处理,往往使高层领导人员陷入日常事务之中,不能集中精力考虑和研究企业的重大问题,同时也会造成生产经营决策迟缓,工作效率不高。

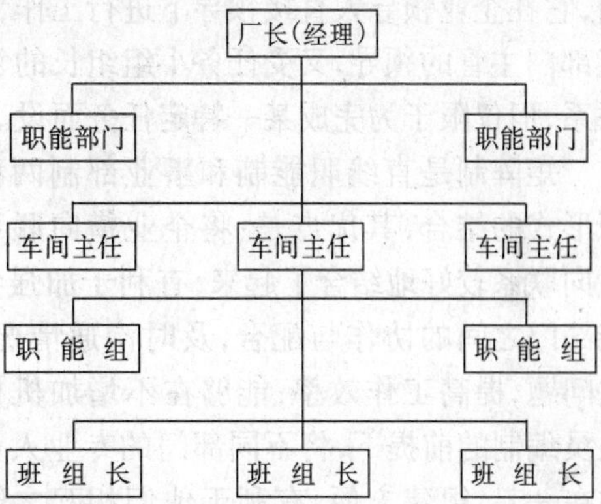

图4-3　直线职能制组织机构示意图

直线职能制采用较为普遍,一般适合于那些产品品种比较简单,工艺比较稳定,市场销售情况比较容易掌握的中小型企业。

四、事业部制

事业部制,又称部门化组织结构,是指将企业的生产经营活动,按产品或地区加以划分,成立各个经营事业部,每一个事业部都是一个利润中心,在总公司领导下自主经营,独立核算,自负盈亏。事业部与总公司的关系,按照“政策制定和行政管理分开”的原则来处理。总公司主要负责研究和制定公司的各项政策(如投资方向的确定,产品结构的调整等),各个事业部则负责本部门的日常经营,如图4-4所示。

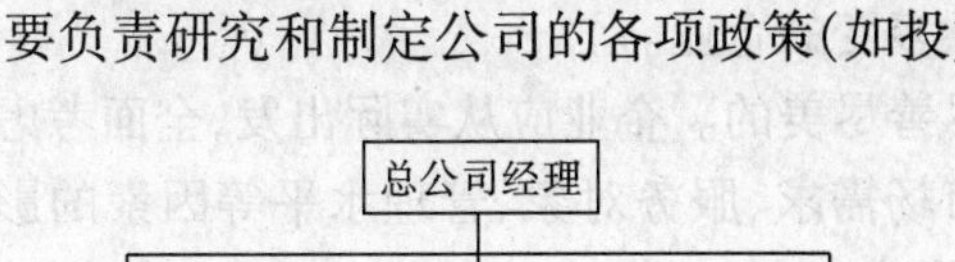

图4-4　事业部制组织机构示意图

事业部制是一种集中决策、分散经营的组织形式,其优点是:以事业部组成一个比较完整的经营管理系统,事业部经理可以在总公司政策允许范围内对生产过程统一管理,独立经营,提高了管理的灵活性和对市场的适应性;总公司能够从具体的管理事务中解脱出来,有利于做好战略决策和长远规划;事业部宜于发展产品专业化;有利于事业部之间展开竞争,发挥主动性和积极性;有利于培养高层次、全面型的经营管理人才。其缺点是:各事业部容易产生本位主义和短期行为,协调相对困难,特别是容易给人才和技术交流带来障碍;各事业部设置职能部门,造成管理机构重叠,管理人员和管理费用的浪费;总公司职权下放过大,容易造成指挥不灵。

事业部制一般适合于规模较大,产品种类较多,各种产品之间工艺差别较大,技术比较复杂,市场广阔多变的企业。

五、矩 阵 制

矩阵制,又称规划—目标结构,是指由纵横两套管理系统组成矩形的组织结构,一套是由企业的职能部门组成的纵向的管理系统,另一套是为完成某一任务而由企业各有关职能部门派人参加组成的多个任务小组,形成横向管理系统。横向系统是按产品或服务项目组成的小组,它在企业领导人直接领导下进行工作,参加任务小组的人员接受双重领导,既受原所在职能部门主管的领导,又受任务小组组长的领导。它既同直线机构发生联系,又同职能机构发生联系,但仅限于为完成某一特定任务而设。一旦规定任务完成,即行撤消,如图 4-5 所示。

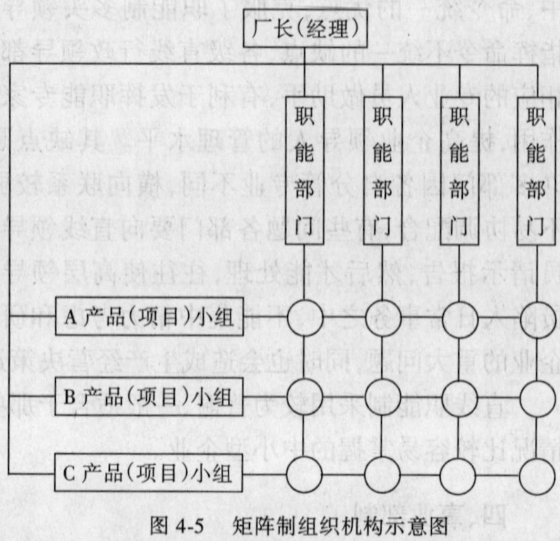

图 4-5　矩阵制组织机构示意图

矩阵制是直线职能制和事业部制两种组织形式的结合,其优点是:将企业横向联系与纵向联系较好地结合了起来,有利于加强各职能部门之间的协作与配合,及时沟通情况,解决问题,提高工作效率;能够在不增加机构和人员编制的前提下,将不同部门的专业人员集中在一起,组建方便,有利于他们相互之间接受新观念、新方法,培养和发挥他们的工作能力,提高技术和管理水平;能够较好地解决组织结构相对稳定和管理任务多变之间的矛盾,使一些临时性的、跨部门的工作的执行变得不再困难,有利于技术革新,开发新产品;为企业综合管理和专业管理的结合提供了组织结构形式。其缺点是:小组成员来自各个职能部门,当任务完成后,仍然要回到原工作部门,因而容易产生临时观念,对工作有一定影响;小组成员要接受双重领导,既隶属于任务小组,又隶属于职能部门,这样往往会发生一些矛盾,造成工作无所适从。

矩阵制一般适合于创新任务较多,生产经营复杂多变的企业。

上述各种组织结构形式各有利弊,没有一种是尽善尽美的。企业应从实际出发,全面考虑行业特点、企业规模、技术复杂程度、专业化水平、市场需求、服务对象、管理水平等因素的影响,选择有利于生产力发展的、科学的管理组织结构形式。

不同的企业有不同的组织结构,即使同一企业,在不同时期,随着内部和外部条件的变化,也可能有不同的组织结构形式,也可以把几种组织结构形式在同一企业结合运用,形成多种形式的组织结构,以满足企业发展的需要。

第三节　企业领导制度

一、企业领导制度的含义

企业领导制度是指企业领导层中各个方面、各个环节的职责分工、相互关系、权力划分和工作机构的设置。作为整个经济管理体制的一部分,企业领导制度主要解决企业党、政、工组织的相互关系,明确它们之间的职责、权限和分工协作关系。

在社会主义市场经济条件下,依照有关法律规定,企业不再隶属于政府,企业中的行政组织是企业整个生产经营活动的统一指挥中心。企业中的党组织作为一个政治组织,它在企业中的任务是要发挥政治核心作用,保证党和国家方针政策的贯彻执行,领导企业的思想政治工作和精神文明建设,参与企业重大问题的决策讨论;工会与职工代表大会作为员工行使民主管理的权力机构,它在企业中的任务是组织员工积极参加企业的民主管理,审议企业的重大决策,维护员工的合法权益,加强监督机制,更好地体现员工的主人翁地位。

科学合理的企业领导制度是能够有效地履行管理职能,贯彻方针政策,实现经营目标的一种组织形式,是能够有效地开展生产经营活动,取得良好效益的根本保证。企业领导制度从制度上保证了科学的领导分工、正确的领导方法和领导作风,对于改善和加强企业管理,提高企业素质,调动广大员工的积极性,增强企业的活力,具有重要意义。管理一个现代化企业,不仅要求领导者自身具备一定的素质、能力和知识,而且要求从制度上提供保障,这样才能实现有效的领导。

二、企业领导制度的形式

我国企业的领导制度,经过了一个创立、发展、改革和逐步完善的过程。建国初期,我国实行的厂长(经理)负责制,至少在当时的企业领导制度中已具备了厂长(经理)负责制的雏形;在建国以后至改革前的几十年中,企业领导制度实行党委领导下的厂长(经理)负责制和职工代表大会制是历史的必然;改革开放以来,厂长(经理)负责制在我国的经济体制中发挥了重要的作用;1993 年通过的《中华人民共和国公司法》又为我们建立现代企业制度指明了公司制企业实行董事会领导下的总经理负责制。

为了适应现代社会化大生产,适应市场经济体制的建立与运行,企业必须实行厂长(经理)负责制和董事会领导下的总经理负责制。

(一)厂长(经理)负责制

1. 厂长(经理)负责制的含义

厂长(经理)负责制是一种专责制,就是企业厂长(经理)对企业的生产、经营、行政实行统一领导,全面负责的一种领导制度。

《企业法》规定,企业要建立起以厂长(经理)为首的生产经营管理系统,厂长(经理)在企业的生产经营活动中处于核心地位,对企业的物质文明建设和精神文明建设负有全面责任。厂长(经理)是企业的法定代表人,他的产生,应根据现代企业制度要求的选人用人新机制,把组织考核推荐和公开向社会招聘结合起来。

2. 厂长(经理)的职权和责任

厂长(经理)的职权主要包括:企业行政机构设置、副厂长(经理)任免提名、中层干部任免、提出劳动工资人事制度、经营决策等权力。

厂长(经理)又必须承担相应的责任:①对国家负责。认真贯彻党的路线、方针、政策,遵守国家的法律、法规和纪律;按规定缴纳税金;确保国有资产保值增值等。②对社会负责。严格履行经济合同,保证和提高产品质量,遵守价格政策,保护生态环境和自然资源等。③对企业负责。努力发展生产,提高企业经济效益,不断提升企业自我改造和自我发展能力,使企业不断发展壮大。④对员工负责。改善员工的工作和劳动条件,搞好安全生产和文明生产,并在发展生产、不断提高经济效益的基础上逐步增加员工收入,改善集体福利,提高员工生活水平。

厂长(经理)在履行自己的职权和责任过程中,应当充分理解和尊重党组织在企业中的政治核心地位,自觉接受党组织的监督,主动向党组织汇报工作和听取意见,从各方面支持党组织开展政治思想工作。同时,切实发挥工会和职工代表大会参与民主管理的积极作用,保障全体员工充分行使管理企业的权利,尊重员工的主人翁地位,全心全意依靠企业全体员工办好企业。

3. 厂长(经理)负责制的优缺点

厂长(经理)负责制实行的是首脑负责制,或称一长负责制,其优点是:建立了厂长(经理)的权威,强化了生产经营管理工作的统一领导,决策迅速,指挥灵敏,工作效率大大提高;厂长(经理)有了"组阁"权和行政干部的任免权,有利于起用专家、内行强化经营管理;厂长(经理)作为企业法人代表,责权一致,出了问题有人负责,有利于加强法制和开展横向经济联系。其缺点是:厂长(经理)将经营决策权和指挥权高度集中于个人,容易因个人决策失误给企业带来重大损失。

因此,在社会主义市场经济条件下,厂长(经理)负责制一般只适合于那些没有或缺少自主权的生产型管理的小型企业以及公司制企业中的工厂。

(二)董事会领导下的总经理负责制

1. 董事会领导下的总经理负责制的含义

董事会领导下的总经理负责制是董事会授权总经理,由总经理全面负责公司的日常生产、经营、行政管理工作的制度。这种领导制度是现代公司制企业普遍采用的一种领导制度。

随着社会主义市场经济的发展,建立现代企业制度的进程大大加快,鉴于厂长(经理)负责制这种企业领导制度逐渐显露出来的弊端,国有大中型企业应按照市场经济的要求,建立按照财产的组织形式和所承担的法律权力和责任来确立现代企业领导制度,即董事会领导下的总经理负责制,这是公司制企业规范化运作的最基本的要求。

2. 公司制企业的治理机构

公司制是现代大中型企业最成熟最典型的组织形式,其治理机构包括股东会、董事会、总经理和监事会。

股东会依法由出资人或股东代表选举产生,是公司的最高权力机构,有权选举和罢免董事会和监事会成员,制定和修改公司章程,审议和批准公司的财务预算、决算、投资,以及收益分配等重大事项。

董事会通常由公司董事奇数组成,是公司的经营决策机构,其职责是执行股东会的决议,决定公司的生产经营决策和任免公司总经理,并对股东会负责。董事长由董事会选举产生,一般为公司法定代表人。董事会实行集体决策,采取每人一票和简单多数通过的原则,董事会成员对其投票要签字在案并承担责任。这样,有利于决策的民主化和科学化,同时对董事的决策能力进行检验。

总经理由董事会聘任或解聘,是公司法定代表人(董事长)的代理人及公司行政工作的主持者,依照公司章程和董事会的授权行使职权,对公司一切业务工作和行政工作进行全权经营管理,处理日常对内对外的各种业务活动,并对董事会负责。

监事会由股东会和公司员工民主选举产生的股东代表和一定比例员工代表组成,是公司的监督机构,依法和依照公司章程对董事会和总经理行使职权的活动进行监督,有权审核公司的财务状况,保障公司利益及公司业务活动合法性,可对董事会成员、总经理的任免及奖惩提出建议,并对股东会负责。为了保障监督的独立性,监事不得兼任公司的经营管理职务。

3. 总经理的行政工作系统

以总经理为首的行政领导班子一般包括:总经理、副总经理、各部门经理、总经济师、总会计师、总工程师、公司秘书等。其中,副总经理是总经理的助手,协助总经理总揽公司业务工作,在总经理缺席或失去行为能力时,代行总经理的职务;各部门经理主管一个部门或一项工作的某一方面的工作;总经济师、总会计师、总工程师是协助总经理分管整个公司的总体效益、财务、技术等方面的负责人;公司秘书由总经理提名,报请董事会批准,只从事行政工作,不承担管理职能。

4. 总经理的职权

《公司法》规定,总经理行使的主要职权有:①主持公司的生产经营管理工作,组织实施董事会决议;②组织实施公司年度经营计划和投资方案;③拟定公司内部管理机构设置方案;④拟定公司的基本管理制度;⑤制订公司的具体规章;⑥提请聘任或者解聘公司副总经理、财务负责人等;⑦聘任或者解聘除了应由董事会聘任或者解聘以外的负责管理人员;⑧公司章程和董事会授予的其他职权。总经理应列席董事会会议。总经理在行使以上职权时,不得变更股东大会和董事会的决议或超越授权范围。

在董事会领导下的总经理负责制运行过程中,公司必须从实际出发抓好党建工作,以增强党委参与企业重大问题决策,发挥政治核心作用的力度。同时,还要积极发挥工会和职工代表大会组织员工参政、议政、咨询、监督的作用。

在社会主义市场经济条件下,随着企业的组织形式和经营方式的不断变化,对企业领导制度提出了不同的要求。因此,出现了多种形式的领导制度。但是,无论实行哪种企业领导制度,都必须体现制度的高能性、领导的惟一性、决策的集体性、实施的专责性等原则,以推动我国企业领导制度的不断完善。

思考题

1. 企业在组织管理过程中应注意哪些问题?

2. 企业如何根据自身情况合理选择组织结构形式?

3. 谈谈你对当前企业领导制度的认识。

第五章　企业管理人员

第一节　企业管理人员的含义

一、企业管理人员的含义

企业管理人员是指企业各组织机构中，根据一定的权力职位，围绕企业经营目标的制定与实施，而针对人、财、物、信息等要素进行决策、计划、组织、指挥、协调、控制等工作的人员。

在企业管理活动中，企业各种要素之间形成各种管理关系。在这些管理关系中起主导作用的就是企业管理人员。

首先，企业管理人员是企业生产经营管理活动的决策者，决策的正确与否直接决定着企业的兴衰成败；其次，企业管理人员是调动企业员工主观能动性的重要组织者，其本身的素质以及运用正确的管理方法是调动员工主观能动性的重要条件；再次，企业管理人员是正确处理国家、企业和个人利益的代表，是正确处理三者关系的关键。

二、企业管理人员的特征

1. 具有权力职位以及相应的责任

企业管理人员的权力职位是企业根据工作的需要以及个人的素质而赋予的，是其开展管理活动的重要凭借。谁居于某一层级职位，具有某一层级所应有的权力，谁就是相应层级的管理人员。任何人只要离开了一定的职位权力，他就不是一位管理者了。可见，一定的管理权力和其所具有的职位，绝不是某一管理人员的私有财产，更不能以权谋私。责任是权力的共生物，是权力的当然结果和必要补充。凡行使权力的地方就有责任，只行使职权而不负任何责任，那不是管理人员。

2. 具有必要的管理科学知识以及把知识应用于管理实践的能力

企业管理人员要做好管理工作，没有必须具备的相应的管理科学知识，是不可想像的。这是作为一名企业管理人员开展各项生产经营管理活动的基本条件。但管理科学知识又是静止的，如果企业管理人员缺乏将它灵活用于指导管理实践的能力，管理任务也难以完成，管理活动也不会取得预期的效果。因此，企业管理人员不仅应具有必要的管理科学知识，而且必须具备把这些知识灵活运用于管理实践的能力。

3. 不断地进行决策

管理就是决策，决策是管理的先导，一切管理活动和管理过程都离不开决策。凡是管理人员必然在企业管理活动中不断地进行着各种各样的决策。在当今企业生产经营竞争日趋激烈的复杂环境中，企业管理人员对市场的预测，新产品的开发，市场的开拓，信息的处理，对新技术、新设备的引进，以及对人才的培养和使用等，无不关系着企业生产经营效果的好坏，进而关系到企业经济效益的高低。而要做好这些管理工作，企业管理人员必须围绕企业总体目标，按照科学化、最优化原则，首先作出正确的决策。面对新技术革命浪潮的冲击，信息量大幅度增长以及瞬息万变的市场形势，企业管理人员作为企业决策者的地位日益显得重要了。

4. 维护企业经济效益与社会效益的协调统一

在社会主义市场经济条件下，企业管理人员通过决策、计划、组织、指挥、协调、控制等工作，不仅要对企业生产经营活动实施有效地管理，以取得良好的经济效益，而且必须运用系统的观点，谋求企业的社会效益，实现二者的协调统一。只有这样，企业才能在日益竞争激烈的市场中长久地发展。

三、企业管理人员的类型

企业管理人员的划分，是管理职能专业化与管理科学化的要求，是管理人员专业化分工的要求，也是企业管理人员结构合理化的要求。

对企业管理人员进行分类，其目的在于如何使其职责分明，从而更有效地发挥其对管理工作的创造性与积极性。

1. 按企业管理人员所处管理阶段的不同，可分为咨询管理人员、决策管理人员、执行管理人员和职能管理人员。

咨询管理人员是从事预测工作的管理人员，是企业的"智囊团"或"思想库"。他们一般由企业内各方面的骨干人才，或是聘用企业外专家、名流所组成。其职责是：根据来自企业外部环境的信息，对企业未来的发展趋势作出科学预测，为决策者提供咨询；根据企业内外部信息，研究企业发展的某一方面的课题，提出在众多备选方案中选择最佳方案的咨询意见。当前企业面临着复杂多变的市场环境，管理活动所涉及的科学又是多种多样，企业决策人员若不依靠众多的咨询管理人员，是很难做出科学而又正确的决策的。

决策管理人员是从事决策工作的管理人员，是处于企业管理活动高层的人员，如企业中的厂长或经理。其职责是：根据咨询管理人员提出的决策备选方案和咨询意见，以及职能管理人员的专业系统性咨询意见，运用其智慧、经验做出战略性决策，指导企业的长远发展。

执行管理人员是从事组织工作的管理人员，如企业中各个车间、班组的负责人。其职责是：根据企业决策管理人员的决策，结合本部门的实际，做出本部门的执行决策。尽管这是战术性的决策，只在本部门范围内有效，但其执行的后果，不仅影响到本部门的经济效益，也会影响到整个企业以致于全社会的经济效益。

职能管理人员是从事协调工作的管理人员，如企业中的财务会计、劳动人事、生产经营计划等科室的负责人。其职责是：根据企业决策管理人员的决策，通过本专业系统做出自己的决策。尽管这是战术性的决策，但涉及的范围是企业的所有的经营部门或所有的车间，起着非常重要的协调作用。

2. 按企业管理人员所处地位的不同，可分为高层管理人员、中层管理人员和基层管理人员。

高层管理人员处于企业管理活动的高层，要求具有高瞻远瞩的战略眼光，出众的组织才干，善于识人用人，果敢决断，不谋私利，勇于创新，不断进取。其主要任务是根据企业内外的全面情况分析，制订企业的长远的目标及政策。

中层管理人员处于企业管理的中层，要求思想敏锐，知识面广，兴趣广泛，吸收新鲜事物快，综合分析能力强，敢于坚持真理，实事求是。其主要任务是根据高层管理人员确定的总目标，具体安排企业所拥有的各种资源，制订出资源分配计划及进度表，组织基层单位来完成计划。

基层管理人员处于企业管理的基层，要求忠诚坚定，作风正派，为人正直，办事公道，克己奉公,熟悉业务。其主要任务是按照中层管理人员制定的计划,具体组织人力去完成。

3. 按企业管理人员工作内容的不同,可分为业务管理人员、职能管理人员和执行管理人员。

业务管理人员是从事企业生产经营业务活动的管理人员,如计划管理人员、采购管理人员、销售管理人员等。

职能管理人员是协调各个生产经营部门工作的管理人员。如财务、人事等部门的负责人。

执行管理人员是具体完成各项生产经营工作的管理人员。如各个车间、班组负责人。

第二节 企业管理人员的素质

一、企业管理人员素质的含义

企业管理人员为了实现企业管理目标,必然要对其所管辖的对象、范围、环境发生一定的影响,这种影响力所具有的内在因素,就是企业管理人员的素质。

素质是一个质的概念,其含义是极其广泛的。例如,人的素质一般包括人的政治思想、道德品质、文化知识、工作能力、气质性格、身体健康状况等等。

企业管理人员的素质是管理人员与企业其他要素,特别是管理客体之间关系的概括。其根本点是管理人员本身内在的、可以影响企业和其他环境要素和按照企业目标行动的各种要素的综合。

二、企业管理人员素质的内容

企业管理人员素质虽然主要是指其内在因素,但又是相对于客体对象,即企业管理的客体而言的。它一般包括企业管理人员的政治思想素质、文化知识素质、管理能力素质和身体素质。

(一)政治思想素质

政治思想素质是指企业管理人员的政治方向、政治立场、政治品德和思想作风的综合。它是决定其世界观、人生观、价值观、幸福观、荣辱观、事业心、责任心等思想观念的内在基础。一般来说,企业管理人员的政治思想素质主要包括以下内容。

1. 热爱祖国,热爱社会主义,具有坚定的共产主义信念和全心全意为人民服务的精神,能够正确处理好国家、企业、个人三者之间的利益关系。

2. 具有强烈的事业心和高度的责任感,勤勤恳恳,扎扎实实,尽职尽责,不怕困难,不畏挫折,大胆探索,锐意改革,勇往直前。

3. 思想解放,实事求是,密切联系群众,敢于批评与自我批评

4. 具有良好的道德品质,谦虚勤奋,团结互助,艰苦奋斗,诚实正派,不谋私利,不循私情,公正坦率,廉洁奉公,爱护公物,遵纪守法。

(二)文化知识素质

文化知识素质是指企业管理人员通过学习和积累而具有的文化修养和知识容量,以及由此而形成的文化知识结构体系。它是政治素质的基础,也是管理能力素质的前提条件,没有一定的文化知识素质,就很难有较高的政治素质和管理能力素质。一般来说,企业管理人员的文化知识素质主要包括以下几方面。

1. 企业管理基本理论知识

主要包括:企业管理的概念、性质、任务,管理思想、管理组织、管理人员、管理方法、管理手段的现代化,经营管理、计划管理、生产管理、劳动人事管理、财务管理、物资管理、设备管理、信息管理、全面质量管理等内容。

2. 与企业管理密切相关的学科知识

主要包括:经济学、市场学、营销学、广告学、统计学、会计学、金融学、信息学、社会心理学、行为科学、人际关系学、国际贸易学、外语知识、计算机知识等。

3. 与企业生产经营有关专业知识

主要包括:生产技术、制造工艺、产品结构、促销与服务等。

(三)管理能力素质

管理能力素质是指企业管理人员的管理能力,即从事企业管理活动的本领,包括进行企业管理活动的具体方式。

企业管理人员的管理能力素质是在企业管理人员生理素质的基础上,经过教育培养,并在管理实践中吸取集体的智慧和经验而形成和发展起来的,是企业管理人员所具备的其他素质的综合反映。一般来说,企业管理人员的管理能力素质主要包括8个方面。

1. 决策能力

即针对不同类型的决策,根据相关的决策原则,依照决策的程序和步骤,最终选出一个最优方案的能力。企业管理人员要做好决策工作,必须具有决策科学知识,善于判断,善于分析,善于创造,从而敏锐选择最佳方案。

2. 计划能力

即通过分析和预测未来情况,确定计划目标,计算并筹划人力、财力、物力,进而拟定实施方案与相应策略的能力。企业管理人员要做好计划工作,必须既要总揽全局,统一筹划,又要分清主次,抓住关键;既要有科学的预见性,又要实事求是。

3. 组织能力

即为了保证决策目标的实现,合理组织分工与协作,合理配置和使用各种资源,正确处理部门与部门、人与人之间的关系,进而有效地执行计划的能力。企业管理人员要做好组织工作,必须根据本企业的条件,建立一套高效能的组织机构,并运用组织的力量综合协调人力、财力、物力,做到精心组织,合理安排。

4. 指挥能力

即借助指示、命令等手段,有效地指导下属机构和人员履行自己的职责,实现企业目标和完成生产经营计划任务的能力。企业管理人员要做好指挥工作,必须树立指挥的权威性与统一性,深入现场,科学决策,正确指挥,切忌独断专行,脱离实际而瞎指挥。

5. 控制能力

即根据企业内外有关信息,对照决策目标和各类标准,通过监督、检查系统对指挥、执行系统的偏差及时进行纠正,调整计划,以保证实现企业目标的管理活动顺利进行的能力。企业管理人员要做好控制工作,必须确保信息反馈渠道畅通无阻,从而保证对计划、信息、组织机构、财务、计量及质量进行有效地控制。

6. 协调能力

即妥善处理企业与上级、同级、下级之间关系的能力。企业管理人员要做好协调工作,必须要将人和事最优地结合起来,使之形成一个互相配合,协调一致,运转灵活的有机整体。

7. 社交能力

即善于运用谈话、书信、电话、计算机网络等手段进行交流的能力。企业管理人员的社交能力主要表现为:态度热情、诚恳、谦虚、随和;言谈得当,举止优雅;待人尊重、友好,平易近人,不卑不亢;遇事沉着冷静,触变不惊。

8.创新能力

即对某种刺激产生许多独特认识的能力。企业管理人员在生产经营过程中,要感觉敏锐,思路开阔,富于想像力,善于听取不同意见,敢于提出新颖的设想和方案,不墨守成规,刻意求新,勇于改革。

(四)身体素质

身体素质是指企业管理人员的体格健康状况,其对外界环境的适应程度,以及对各种侵害人体疾病的防御抵抗能力。它是企业管理人员所有其他素质的基础,没有健康的身体,什么事也做不好,更谈不上艰巨而繁重的企业管理工作。一般来说,企业管理人员的身体素质主要包括两点。

1.体力充沛,体魄健壮,能够胜任繁重的业务工作负担;

2.精力旺盛,思维敏捷,记忆力强。

第三节 企业管理人员的选任与培养

一、企业管理人员的选任

只有无能的管理,没有无用的人才。企业管理,实际上就是要合理安排企业内的各种生产经营要素,以激发潜力,特别是激发人的潜能,从而提高整个企业管理工作的效率,达到既定的企业目标。由此可见,人是决定管理效能达到目标的关键要素。

在今天的现代企业管理中,企业管理人员的选任已经成为一项极其重要的工作。按照管理职能的要求,选贤任能,必将振兴企业。

(一)企业管理人员选任的原则

企业管理人员的选拔任用一般遵循以下原则。

1.因事择人的原则

选任管理人员要解决的核心问题是人与事要达到有效的组合。企业在生产经营岗位分类的前提下,要明确各个不同岗位及其工作内容的繁简和职责范围所需要的学识智能等不同的条件,以此作为选任管理人员的依据。当前,在企业管理工作中所强调的岗位责任制和规范化管理,以及岗位职务培训,就是为了达到因事择人的目的。

2.德才兼备的原则

"德"是指政治标准和道德规范。"才"是指文化知识水平、专业特长和解决实际工作问题的能力。德才兼备并不是二者并重,也不是德才各半,而应当把德看成是一个管理人员能否选任的前提,是主导方面。选任企业管理人员时,应当德才兼备,以德为帅。如果无德或缺德而有才,作为企业管理人员,将会造成管理工作的混乱、被动,甚至会将企业引向邪路,离开健康发展的正道。当然,如果无才,德就失去了存在的意义,在企业管理工作中就会无所作为。

3.量才任用的原则

量才任用就是按照一定的岗位职责标准,把具有不同管理才能的人,安排到适合其才能发挥的岗位上,以实现管理人员的最佳配合。不同的管理人员在学识水平、专业特长、工作经历、体能、性格等方面存在较大的差异,要使每一个管理人员都能够最大限度地发挥其所长,以便对实现整个企业管理目标起到积极作用,就必须遵守量才任用的原则。

4. 坚持选优的原则

任何事物都是有比较才有鉴别。如果决策目标是选任一个管理人员,而实际上又只有一个对象,那就不存在选任了。凡进行管理人员的选任,必须准备多个可供选择的对象,坚持择优的原则。只有这样,才能保证优秀的人才被选拔任用。

(二)企业管理人员选任的方法

为了选好管理人员,必须运用科学的选任方法。随着时代的进步和社会经济的不断发展,选任管理人员的方法也在不断地变化和更新。不同的选任方法具有不同的特点和适用范围。当前选任企业管理人员一般采用以下几种方法。

1. 委任方法

即由有任免权的上级领导机关按照管理权限,直接指定下属管理人员的方法。这种方法目前仍然是我国选任主要管理人员的主要方法。其特点是:权力相对集中统一,程序简单明了,但极易带有主观片面性。随着现代企业制度的建立,委任方法的弊端已日渐突出,今后其应用的领域将逐步缩小。

2. 逐级选任方法

即由企业管理机构各级负责人自主选任直接下属管理人员,俗称“组阁”。近年来我国企业管理制度改革中常用此方法选任管理人员。这种方法简单易行,有助于提高管理工作效能,但一定要防止任人惟亲或滥竽充数的情况出现。

3. 培养选聘综合方法

即采用有目的地培养与选聘相结合的方法。其步骤是:①公布最终目的,从具有一定工作资历的应聘者中挑选出较佳人选参加综合考试和专业考试;②在考试合格者中,再选出较好的到基层单位担任主要管理人员工作几年;③选送其中最好的到高级党校或有关高等院校的相关系科进修;④从中选任好的人员到大中型企业或综合管理部门担负主要管理工作。这种方法程序繁杂,时间也较长,但具有较强的科学性和可行性,选任出来的管理人员素质较高,基本可以胜任所担负的管理工作。因此,它是我国当前选任高层次管理人员比较常用的方法之一。

4. 实践锻炼方法

即通过实践锻炼来培养与提高管理人员智能,从而选任出称职的管理人员的方法。管理实践可以丰富管理人员知识,增强其管理能力,同时也是培养与选任管理人才的方法。因此,这种方法是我国当前选任管理人员的有效方法之一。

5. 公开招聘方法

即用人单位运用合同形式公开聘任管理人员的方法。其步骤是:①利用大众传媒向社会各界公布要招聘人员的条件、职务、责任、待遇等,敬请有志者报名应聘;②仔细审阅应聘者的申请表以深入了解应聘者各方面的情况;③通过笔试考察应聘者在政治、经济、社会、科技以及管理方面的基本知识;④采取进行相关专业论文答辩的面试形式考查应聘者的学识水平和实际管理能力;⑤采取模拟仿真形式测试应聘者在应聘岗位上的工作表现;⑥由考评委员会提出人选名单,报批待用;⑦上级审核批准人选后,即可签订聘任合同。上述步骤以淘汰制对应聘者进行筛选,这样使得评选范围逐步缩小更趋集中。这种方法尽管工作量较大,但它可以保证双方工作的稳定性,更有助于人才的合理流动。因此,它已经是我国企业普遍采用的一种方法。可以相信,随着我国人事制度改革步伐的加快,这种方法将成为未来选任企业管理人员的主要方法。

二、企业管理人员的培养

企业管理人员的培养就是对其从政治思想、文化知识、管理知识以及业务技术等方面进行教育。对企业管理人员进行培养教育，有利于企业管理人员更新知识，及时学习现代管理科学的新内容，提高企业经营管理水平，最大限度地调动企业管理人员的积极性和创造性，从而适应企业内外部条件不断变化的新局面，满足企业长远发展的需要。

(一)企业管理人员培养的内容

1. 政治思想教育

主要包括：马克思列宁主义、毛泽东思想、邓小平理论基本知识教育；爱国主义思想教育；党和国家的路线、方针、政策教育；国际国内形势教育；法制教育；职业道德教育等。

2. 文化知识教育

主要包括：语言运用能力教育；一般数学运算教育；物理、化学、生物基本常识教育；外语知识教育；计算机知识教育等。

3. 企业管理知识教育

主要包括：企业管理基础理论知识教育、经济学知识教育、市场学知识教育；财务会计知识教育；行为科学知识教育等。

4. 业务技术教育

主要包括：生产工艺流程教育、物资消耗常识教育、产品系列知识教育、用户服务知识教育等。

(二)企业管理人员培养的主要途径

1. 学校教育

即通过各大中专院校、各级党校干校举办学历教育和就某专业内容进行的短期培训教育。这种培养方式因其师资力量雄厚、教材系统、设备齐全而具有一定的优越性，不仅可以通过社会招生进行较长时间的系统教学，培训出有一定管理理论水平的专业管理人才，还可以通过对现有管理人员的调配学习，使其将在实践中摸索与锻炼的感性认识上升到理论阶段，充实其管理知识，提高其管理水平。所以，学校教育是我国目前培养企业管理人员的一条重要渠道。

2. 企事业单位自办培训

即对在职管理人员进行定期或不定期在岗培训教育。这种培养方式机动灵活，因地制宜，因人施教，投资少，见效快，便于理论联系实际，见效迅速。因此，它是对在职管理人员进行培养的一种有效途径。

3. 利用社会力量办学培训

即通过成人教育、函授、夜大、电大、网络远程教育等形式进行的培训教育。实践证明，这些灵活多样的教学培训，可以有效地为各级各类管理人员以及有志于从事管理工作的一些人提供良好的学习机会。

4. 轮　训

即通过多种形式的工作轮换对管理人员进行培训教育。这种培养方式不同于职务上的调升，而是在同一等级的横向轮换，以此培养管理人员的协作精神，变专才为通才，从而造就“多能化”的管理人员。

5. 自我培养

即通过自学，结合管理实践来提高管理才能。管理人员的成长，固然要有良好的客观条件,但是其主观努力也是极为重要的。管理科学是一门实践性极强的应用学科,书本知识确实重要,需要刻苦钻研,持之以恒,把知识真正学到手。在实践中学习也是极其重要的,同样可以把知识学到手。当然,自我培养是一条艰苦的成才之路,需要有坚强的意志和毅力。

第四节　企业领导者

一、企业领导者的概念

企业领导者是指具有法定权力,能够带领其部属达到企业设定目标的高层管理人员。

企业领导者与企业管理者不同。一般来说,企业领导者应当是企业管理者,但企业管理者不一定是领导者,因为企业管理者是一个比企业领导者更为广泛的概念。企业管理人员中的一部分人,如厂长、经理以及负责某一管理系统实施总领导的人员都是企业领导者。

对于企业领导者,首要的应当是权力。这里说的权力不是一般意义上的权力,而是职权,即履行职务的法定权力。职权具有三个特性:①具有明确的权力范围;②职位不同,权力也不同,职位与职权是相当的;③职权与领导者个人因素无关,不论谁担任某一职务,其权力都一样,不会因个人学识、能力、级别不同而有所差别。

责任也是企业领导者的重要特性,较之职权来说更是领导者的本质属性。职权只是领导者尽责的手段,责任才是其根本的职能。职权与责任是不可分离的,有职无权,或是有权无责,都无法实现企业制定的目标。

随着社会主义市场经济的深入发展,企业领导活动的范围与内容以及对领导者的研究方法在不断发展变化。所以,企业领导者是一个发展的概念。

二、企业领导者的能力

企业领导者的能力是指企业领导者顺利完成企业某种活动任务的心理特征。它是一个企业领导者需要具备的基本条件,在一定意义上,也是一个人知识和智慧的综合体现。

人各不同,能各有异。企业领导者不同于一般的专业人才,他们除了必须具备通晓本职工作的专业才能之外,还必须具备政治家的政治胆略和指挥家的指挥才能。一般地说,企业领导者应属于"通才"人物,他们应该具有多方面的才能,尤其应该具备以下三个方面的能力,即:企业领导者的基本能力、自我完善能力和组织指挥能力。

(一)企业领导者的基本能力

企业领导者的基本能力,主要是指企业领导者的观察力、记忆力、想像力和思维力。这些基本能力是发挥领导能力的基础,企业领导者的创造能力就是在这些能力上的综合应用。它们各自相对独立,又相互依存,相互促进。

1. 观 察 力

即人们通过感觉和知觉直接认识世界的能力。凡是富有创造性的人,无不对周围环境具有敏锐的洞察力,尤其对所要探索的问题极为敏感,有时要把全部精力集中在研究对象上。

2. 记 忆 力

即把感知过的材料,思考过的问题,体验过的事物,保留在头脑里,必要时能够再现出来的能力。它是构成创造能力必不可少的部分。任何一种创造性的活动,都必须是头脑中原有信息的加工整理和重新联结,这就是所说的联想。

3. 想 像 力

即在记忆的基础上，把过去感知过的事物或知识，进行纵向和横向的各种联想，从而产生感知当前和过去从未感知过的事物的能力。它在创造性活动中具有加速器的作用，能够推动人们的创造性思维，使人们产生新的观点和方法。

4. 思 维 力

即将已有的知识，经过分析、综合、抽象、概括以及判断和推理活动作出新结论的能力。它能够帮助人们揭示事物的本质和规律，预见和推断事物发展的方向和结果。因此，思维力不仅是构成创造能力的基本要素，也是企业领导者各种能力的基础。

(二)企业领导者的自我完善能力

企业领导者的自我完善能力，主要是指企业领导者的科学思维能力、自我表达能力、人际交往能力、自我控制能力和改革创新能力。现代企业领导者需要不断加强自我修养，完善自我能力，决不可玩忽职守，忽视对自己的严格要求。

1. 科学思维能力

即企业领导者思维敏捷，善于开动脑筋的能力。一个领导者遇到问题，既不能孤立、片面地苦思冥想，也不能钻牛角尖，走死胡同，而应能够将纵横交错的客观事物，进行全方位地类比，从中辨别是非，把握其规律性。

2. 自我表达能力

即企业领导者的语言、文字表达才能和谈话、演讲中的说服技巧及鼓动能力。

(1)语言表达能力是指口头表达清楚流利，语言生动简洁，重点突出，逻辑性强，富于号召力，能够控制听众的情绪。

(2)文字表达能力是指能够亲自动手撰写文件、报告，文字严谨，语言流畅，简洁生动。

(3)说服技巧是指在谈话或讲演中能够言语恳切，抓住重点，循循善诱，给人以亲切感，能够使长期积压的矛盾迎刃而解。

作为领导者，如果具备这些能力，不仅可以提高自己的威信，而且有助于发挥其领导活动中的潜能，提高工作效率。

3. 人际交往能力

即企业领导者在企业的社会活动中善于同人交往的能力。一个身负众望的企业领导者，在社会交往中，应该态度诚恳，言行自然，不修饰，不矫揉造作；与人相处随和大方，平易近人；为人正派，态度谦虚、友好。

4. 自我控制能力

即善于用理智控制自己的感情，即所谓胜不骄、败不馁，喜不失态、怒不更容的能力。一个企业领导者要善于用理智自觉、灵活地控制自己的情绪，约束自己的行为，做到喜怒不形于色，进退有度。切忌取得成功得意忘形，遇到挫折灰心丧气。

5. 改革创新能力

即企业领导者思想解放，思路开阔，勇于探索的能力。它是人们智力水平高度发展的表现。随着时代的发展和社会的进步，新鲜事物层出不穷，企业领导者为了适应环境的变化，提高领导活动的质量，必须善于捕捉信息，觉察不足，大胆提出新思想、新观念、新方法和新方案。

(三)企业领导者的组织指挥能力

企业领导者的组织指挥能力，主要是指企业领导者的统御能力、决策能力、组织能力、协调能力和应变能力。在现代企业活动中，企业领导者必须善于运筹帷幄、当机立断，利用组织权限，将领导活动中的各种因素、各个环节、纵横交错的各种关系，从时间和空间上，有效地组织协调,并通过命令的下达对下属施以有效的领导。

1. 统御能力

即企业领导者统帅和驾驭全局的能力。作为一个企业领导者,必须能够做到高瞻远瞩,运筹帷幄,具有对部署统辖和率领的本领,善于组织、协调、指挥、监督和控制部署的活动。

2. 决策能力

即企业领导者勤于观察思考,善于分析判断,能够在错综复杂的情况下判别事物的本质,具有从众多可行方案中选出最佳方案的能力。决策能力是一种复合能力,是一个企业领导者的智慧、勇气、胆略等各种能力的综合表现。

3. 组织能力

即企业领导者精于决策规划和善于用人的能力。组织能力体现在以下方面。

(1)善于出主意、想办法、拍板定案;

(2)从员工的切身利益出发,能够全面、系统、发展地观察问题和思考问题;

(3)善于调动下属的积极性。

4. 协调能力

即企业领导者在领导活动中善于解决各种矛盾,使全体员工为实现企业目标,密切配合、统一行动的能力。它主要是协调人际关系的能力。企业领导者要自觉地把自己置于广大员工之中,从而使企业形成一个和谐的整体。

5. 应变能力

即企业领导者适应情景变迁的能力。它决定着企业领导者在领导活动中,能否根据主客观情况的变化审时度势,随机应变,适时地作出决策,以解燃眉之急。当然,这种随机决断,决非是草率行事或随意武断,而是建立在客观规律的基础上。

三、企业领导者群体的合理结构

企业领导者群体是指企业中掌管企业的大政方针,决定企业的经营战略,维系着企业的兴衰和前途命运的最高管理者群体。

企业领导者群体是由一定数量的素质不同的高层管理人员组成的,为达到企业目标的一个完整的共同体。因此,这个群体必然需要具有一个合理的结构,只有这样,企业管理的高效能才能发挥,整个企业的发展才能推动。

企业领导者的合理结构是一个多层次、多要素的动态综合体。一般来说,它至少应包括以下四个方面:知识结构、能力结构、气质结构和年龄结构。

1. 知识结构

即企业领导者群体应由专业知识不同的人按一定比例组合形成。随着社会生产和科学技术的不断发展,各类专业划分日益细密,科学知识迅猛增长,浩如烟海的各类科学技术和专业知识绝不是一个人所能尽力掌握的。因此,企业领导者群体必然要讲究知识结构,按其所担负的任务和职能,形成合理的专业知识比例。企业领导者群体的知识结构,应是精通生产技术、工艺流程、经营管理、财会统计、信息处理、行为科学等各种专门人才的合理构成。

2. 能力结构

即企业领导者群体应由素质和能力不同的人按一定比例组合形成。一个人的生命和精力是有限的,在科学技术日益发达,社会分工愈加细致的条件下,任何人都不可能成为万事皆通的“全能冠军”。因此,企业领导者群体必须根据企业的实际需要将具备各种能力的人按一定比例进行组合。企业领导者群体的能力结构,应是具备决策能力、组织能力、协调能力、社交能力、创新能力等各种“能人”的合理构成。

3. 气质结构

即企业领导者群体应由气质类型不同的人按一定比例组合形成。不同气质类型的人加以组合,能够形成一个和谐的结合体。在这个和谐的结合体中,各成员之间相互补充,取长补短,协调一致地从事管理活动,以取得高效能的管理效果。相反,如果各成员之间性格迥异,志趣不投,作风对立,必然造成思路不一,相互抵触,管理效能被极大地削弱。

4. 年龄结构

即企业领导者群体应由年龄区段不同的人按一定比例组合形成。大凡一个企业中其领导者群体成员应是由老、中、青等不同年龄层次的人所构成。一般来说,老年人熟悉企业情况,实践经验丰富,但知识逐渐老化,不易接受新鲜事物,缺乏进取精神;中年人年富力强,有知识有经验,为人处事老练,具有开拓创新精神;青年人朝气蓬勃,掌握新知识,思路开阔,勇于进取,但缺乏经验,处事简单。因此,企业领导者群体合理的年龄结构,应当是老、中、青构成具有合理比例的、处于发展的、动态平衡的梯形年龄结构,同时保持其稳定性和连续性,以利于老、中、青的交替更新。

思 考 题

1. 企业主要包括哪些管理人员?
2. 企业管理人员应具备怎样的素质?
3. 企业管理人员如何选任?
4. 精干高效的企业领导者群体的合理结构是什么?

第六章　企业管理方法

第一节　企业管理的基本方法

企业管理的方法是企业为实现管理目标,根据管理的一般原理而采用的方式、手段、措施等的总称。正确地运用科学的管理方法,是发挥管理功能,实现管理目标的必要条件。人们进行企业管理活动的过程,就是各种管理方法的应用过程。

在人类长期的管理实践中,已经总结出多种多样行之有效的管理方法。同时,管理内容的复杂多样性,决定了管理方法的多样性。因此,运用管理方法,必须做到因地、因时、因人制宜,切不可照搬照抄。另外,管理方法具有多方面的内容和形式,各种经济管理方法既互相区别,又互相联系,互相补充,互相渗透,它们共同构成管理方法的体系。仅使用一种或少数几种管理方法就希望把企业管理搞好,是不可能的。

企业管理的方法很多,可以按不同的标准,从不同的角度予以分类。按管理方法的内容及其根据的不同,可以划分为行政方法、经济方法、法律方法、教育方法、社会心理学方法和数学方法。下面仅按管理方法的内容及其根据的不同分类对企业管理的基本方法加以阐述。

一、行政方法

行政方法是指行政组织机构凭借行政权力运用行政手段,对管理对象下达行政命令、指示、规定等,按行政系统隶属关系来管理企业的方法。这种方法具有权威性、强制性、稳定性、时效性、明确性、保密性等特点。

行政方法是管理活动中最古老、最基本的方法,其优点是:集中统一;灵活有力,见效快速;能够处理特殊问题;便于管理职能的发挥;是实施各种管理方法的必要手段。其缺点是:管理效果直接受领导水平的影响;不便于分权;不利于发挥下属的积极性;横向沟通困难,矛盾多;信息传递迟缓,失真严重。

运用行政方法进行企业管理时,必须首先加强企业领导者的自身素质,不断提高管理水平和领导艺术,树立领导权威;其次,要正确处理集权与分权的关系,按责、权、利相结合的原则,给予各管理层次应有的权力,使他们有职、有权、有责;再次,建立横向联系制度,明确横向分工的职责范围,以加强横向沟通。

二、经济方法

经济方法是指按照客观经济规律的要求,运用各种经济手段和经济方式,来调节各方利益关系,以实现企业管理目标的方法。这种方法具有利益性、平等性、非直接性、广泛性、技术性、公开性等特点。

经济方法的核心和实质是贯彻物质利益原则,其优点是:能够有效地调动各方面的积极性;便于衡量和评价企业的经济效果;便于实行分权的组织管理,发挥各方面的主动性和创造性。其缺点是:容易产生拜金主义现象;容易导致利益目标的分散与混乱。

运用经济方法进行企业管理时,必须按经济规律办事,充分发挥各种行之有效的经济手段的作用;其次,兼顾国家、企业和员工的利益,保证三方面各得其所;再次,以经济效益为中心,综合运用各种经济方法,最终达到提高经济效益的目的;最后,必须注意利益导向,实行奖勤罚懒,奖优罚劣,切不可搞平均主义。

三、法律方法

法律方法是指运用国家法律、法令以及类似法律性质的各种条例来管理企业的方法。这种方法具有权威性、强制性、规范性、稳定性、综合性、可预见性等特点。

法律方法是现代企业管理的重要方法之一,其优点是:有据可依,有章可循;法律面前人人平等;有利于法制经济的建设。其缺点是:缺乏弹性,容易管理僵化;不便于处理一些特殊的、偶然的、局部的事件以及思想意识方面的问题。

运用法律方法进行企业管理时,必须知法懂法,提高法律意识,树立法制的权威性;要通过有效的法律机构和体系来保证法律的实施。

四、教育方法

教育方法是指采用政治思想教育、科学文化教育、业务技术教育等手段来提高企业员工素质,解决各种问题的方法。这种方法具有目的性、科学性、系统性、启发性、艺术性、长期性等特点。

教育方法包括灌输、形象教育、感化教育、养成教育、对比教育、典型示范、家访、谈心、轮训、短期培训、院校教育等,其优点是:具有非强制性,容易接受;形式多样,不拘一格,灵活多变,不守常规;有利于企业的长远发展。其缺点是:往往见效迟缓;有时会产生反感和抵制情绪。

运用教育方法进行企业管理时,首先,必须理论联系实际,防止走形式,要注重实效;其次,既要与生产经营业务相结合,也要与关心和解决员工实际问题相结合;再次,将表扬与批评相结合,以表扬为主;最后,身教同言教相结合,身教重于言教。

五、社会心理学方法

社会心理学方法是指运用社会心理学所揭示的人们在一定的社会组织活动中的心理过程和心理特征的发生、发展规律的科学成果进行企业管理的方法。这种方法具有诱导启发性、广泛适应性和时间效率性等特点。

社会心理学方法强调以人为核心,其优点是:富有人情味;应用广泛,形式多样;常常有意想不到的良好效果。其缺点是:心理揣摩不定,有时不能“对症下药”;不使用强制手段,有时难以奏效。

运用社会心理学方法进行企业管理时,首先必须学习社会心理学知识,提高理论水平;其次是要悉心揣摩,满足需求,不断创造激发动机的各种方法;再次是要灵活运用,注意其时间效率。

六、数学方法

数学方法是指借助数学原理、公式,建立经济过程数学模型,再现经济现象的量的规律性来从事管理活动的方法。这种方法具有定量性、科学性、系统性、预见性、先进性、广泛性等特点。

数学方法很多,在企业管理中经常用到的有:量本利分析、滚动计划、网络计划技术、价值工程、ABC分析、预测技术、决策技术、线性规划、非线性规划、数理统计等。其优点是:描述管理问题清晰、扼要;能够预见管理现象的变动趋势;有助于科学选择最优管理决策方案;应用范围广泛。其缺点是:难以解决管理中的定性问题;往往需要比较全面、准确的原始资料支持。

运用数学方法进行企业管理时,首先必须做好管理的资料基础工作,以提供所需的运算数据;其次是要注意采用的方法与所要描述、分析和解决的问题是否相关,相关的程度如何,是否需要进行合理地修正;再次是必须把定量分析与定性分析相结合;最后,与电子计算机紧密结合,提高经济数量分析的及时性和准确性。

随着社会主义市场经济体制的深入发展,不断完善企业管理方法已被时代提到各级管理者的面前。各级管理者在管理活动中,一定要把管理目标的一致性、管理原则的普遍性和管理方法的多样性有机地结合起来,并且在正确选择运用已有的管理方法的同时,要解放思想,大胆创造新的管理方法,大胆吸收引进国外先进的管理方法和管理技术,形成具有中国特色的企业管理方法体系。

第二节　目标管理

一、目标管理的概念

目标管理是企业首先确定一定时期的经营管理总目标,并依此分别确定各个部门的分目标,使企业的全部活动都按既定目标进行,从而保证企业总目标实现的方法。

20世纪50年代中期,美国企业管理学家德鲁克等的应用系统理论和人际关系学说,提出了目标管理方法。它是对企业生产经营活动全程实行全面综合管理的现代管理方法。它在系统论、控制论、信息论原则指导下,将企业实现经营目标的各项管理工作协调起来,体现了现代化企业管理的系统化、科学化、标准化和制度化。

推行目标管理,有利于企业加强和完善计划管理工作,推动计划工作向科学化、现代化方向发展;有利于调动每个部门、每个员工的积极性;有利于企业内部信息的交流和意见的沟通;有利于提高企业的经济效益。

二、目标管理的内容

1. 经济效益

主要是产量、质量、成本、利润、劳动生产率等多方面的经济技术指标。

2. 思想政治工作

充分调动员工的积极性、主动性,保证全体员工在提高责任心的基础上实现企业的目标。

3. 人事教育

组织员工学习必要的生产技能与管理知识,开发他们的智力,根据每个人的业绩进行奖惩。

4. 市场与销售

对市场进行调查分析测验,开辟多种渠道扩大产品销路。

5. 新产品开发

从社会需求中寻求新产品的市场,并做必要的技术储备。

6. 质量管理小组与技术革新

组织各种“三结合”攻关活动和多种提高质量的活动。

7. 安全生产

采取各种安全措施，力争消灭重大伤亡事故与重大设备事故，做好劳动保护工作。

8. 环境保护

进行“三废”的监测与综合治理，注意尘毒、废水、噪声等环境污染。

9. 文明生产

以科学的态度，按规章制度从事生产活动，厂区干净整洁，各种标志明显，杜绝跑、冒、滴、漏等浪费现象。

10. 生活福利

改善员工的衣、食、住、行和文化生活条件。

三、目标管理的程序

(一)确定目标体系

1. 制定企业目标应遵循的原则

(1)整体性原则：即以满足国家计划和市场需要为前提，使企业各项目标与企业总目标协调一致，保持目标体系的完整性。

(2)定量性原则：即凡是能够用数据表示的目标，都要用数据准确地表示出来，以此作为企业经营好坏的评价标准，同时也为按劳分配提供了客观依据。

(3)激励性原则：即企业各类目标都应略高于现有程度和水平，使目标具有激励和鼓舞作用。

(4)可行性原则：即企业的目标既要略高于现状而具有挑战性和激励性，又要留有余地，经过努力可以实现。防止由于目标过高，挫伤员工的积极性。

(5)应变性原则：即企业的目标既要有相对稳定性，又要有一定的灵活性，以便在激烈的市场竞争和剧烈的环境变化中，确保企业具有较强的应变能力。

2. 进行信息准备

企业在制订目标前必须进行广泛而深入地调查研究，收集各种信息资料。

(1)根据国家规划及有关政策、方针的要求，分析形势，确定本企业的发展方向。

(2)了解国内外市场状况与动向，重点研究市场需求、用户需求、外贸情况、销售渠道、市场情报信息和市场占有情况。

(3)了解企业技术与管理方面的现实能力。

(4)分析企业在发展规划中规定的该计划期所要达到的目标是否具备条件，现阶段还有哪些限制条件，该计划期是否可按长期规划预订的期限及项目实施。

(5)重点研究上一年计划期内，企业目标的完成情况，如有未完成的项目，应在本计划期内予以解决。

在此基础上，企业还应结合长远发展规划和近期计划，为制订目标做好各项准备工作。

3. 确定企业目标

(1)在对上述信息资料进行系统整理分析的基础上，提出多个目标方案。

(2)对目标方案进行论证与评估，综合分析每一个方案所带来的经济效益。

(3)在评估目标方案的基础上，从各个方案中选出相对最优的目标方案，提交有关部门讨论,经过修改审定通过后,作为企业目标正式确定下来。

(二)目标的实施与控制

1. 目标分解和展开

将企业的目标从上到下,层层分解的过程,称为目标展开。各层次之间的目标关系是:下一层支撑着上一层,层层相保,层层相扣形成企业目标体系。目标分解后,可以让各部门自行决定完成目标的具体措施和方法。同时要求企业各部门之间要互相协作、互相配合,共同保证总目标的实现。

2. 制定目标实施计划和措施

目标确定后,必须以计划和有效的措施保证目标的实施,使企业的目标实施工作循序渐进,有条不紊地进行,从而实现企业的总目标。在目标实施中必须按计划办事,认真严肃地执行计划。

3. 及时地进行目标控制

目标实施过程中,不可避免地会遇到这样或那样的问题,这些问题可能会对目标实施产生影响。因此,就需要及时进行调节和控制,通过控制发现问题,纠正偏差。

(三)目标的检查与评价

所谓检查就是用既定的目标和进度计划测定目标实施工作的情况和效果。检查的方式有定期检查和不定期检查,综合检查和专题检查,自我检查和互相检查等。检查的目的在于,发现问题和改进工作,实行有效控制。

所谓评价就是对目标实施的结果及各部门和个人在目标实施过程中的工作成就进行评价和总结,对比较好的做法和经验要总结并固定下来,使之科学化、系统化、标准化和制度化,并不断加以提高。在评价考核的基础上,对功绩卓著者要予以奖励和表彰;对完成任务较差者要进行批评或提出改进意见。

从制订目标、实施目标到成果评价为目标管理的一次循环。企业在成果评价的基础上重新制订下一期的目标,即转入目标管理的又一次循环,且这种循环应好于和高于上次目标管理活动。如此循环反复,就可促进企业各项工作,经营管理水平和经济效益不断地提高。

第三节 网络计划技术

一、网络计划技术的概念

(一)网络计划技术

网络计划技术是指对许多相互联系与相互制约的活动(作业或工序)所需资源与时间及其顺序进行合理安排的一种网络状计划方法。

网络计划技术是20世纪50年代后期从美国发展起来的一种计划管理方法。网络计划技术的优点在于它能缩短工期,降低成本,从而提高企业的经济效益。据国外有关资料统计,应用网络计划技术的工程项目,一般能缩短工期20%,节约费用10%左右。值得注意的是这种经济效益是在不需要增加人力、设备和投资,在采用原有技术基础上,仅仅是由于合理的计划和管理取得的。60年代,数学家华罗庚教授首先在我国推广网络计划技术,并定名为“统筹法”。

(二)网络计划技术的基本原理

网络计划技术的基本原理是:

首先,利用网络图表示一项计划任务的各项活动(作业或工序)的先后顺序和彼此间的相互关系;其次,在此基础上进行网络分析,计算网络时间参数,确定关键路线;最后,利用时差,不断地改进网络计划,以求得工期、资源与成本最优的计划方案。

(三)网络计划技术的应用范围

网络计划技术适用范围很广,特别是对于一次性的生产或工程项目,如单件小批生产、新产品试制、设备维修、大型机器制造、建筑工程施工和科研工作等,越是复杂的、多头绪的、时间紧迫的任务,运用网络计划技术越能取得好的经济效益。

网络计划技术的应用也有其局限性,对于重复性的生产或工程项目,往往很难体现它的优越性。

二、网络图及其时间参数

(一)网络图的概念

网络图,又叫箭头图或统筹图,是表示一项计划任务的进度安排、各项活动(作业或工序)的相互衔接关系以及所需时间的图解模型。它是生产任务或工程项目内在逻辑关系的综合反映,是进行计划和计算的基础。

网络图按其表达各活动的方式不同,又可分为结点式网络图和箭线式网络图。结点式网络图,又称单代号网络图,它是用结点表示活动(作业或工序)的内容,以箭线表示各项活动之间的相互关系,不用虚箭线。箭线式网络图,又称双代号网络图,它是用结点表示活动的次序,以箭线表示各项活动的内容,有时用虚箭线表示实际不存在的活动。

在实际工作中,很少采用结点式网络图,而常采用的是箭线式网络图(简称网络图)。

(二)网络图的构成

1. 活动(又称作业或工序)

即一项作业或一道工序。活动通常用一条箭线"→"表示,箭尾表示该项活动的开始,箭头表示该项活动的结束,箭线所表示的方向为活动前进的方向。活动的完成需要消耗一定的资源和占用一定的时间。箭线上部标明活动的名称,箭线下部标明该项活动所需的时间。此外,还有一种既不消耗资源,也不消耗时间的虚设活动,叫做虚活动,一般用虚箭线表示,虚活动的作用在于表示活动与活动之间的逻辑关系。

2. 事项(又称结点或网点)

即一项活动(作业或工序)的始点或终点。在网络图中一般用标有号码的圆圈表示,它既不消耗资源,也不占用时间,只表示某项活动开始或完成的瞬间。网络图只有一个起始事项和终止事项,其余皆为中间事项。网络图中的事项应不重复地按箭线方向从小到大进行跳号编号,以利于识别、检查、补充和计算。

3. 线　路

即从网络图起始事项开始,顺着箭线方向,连续不断地到达网络终止事项为止的一条通道。在一个网络图中,往往有多条线路,每条线路上各项活动的作业时间之和称为路长(又称周期或工期),路长值最大的线路称为关键线路,关键线路上的活动称为关键活动。关键线路要用粗线或双线标明,它是主要矛盾线,并决定整个任务完成的期限。

(三)网络时间参数

网络时间参数是指网络图上各活动(作业或工序)和事项(结点或网点)的时间数值,一般包括:各项活动的作业时间;各结点的最早开始时间和最迟结束时间;各项活动的最早开始与最早结束时间，最迟开始与最迟结束时间；时差。其计算的目的在于为网络计划的执行、调整和优化提供明确的时间概念。

三、网络计划的优化

网络计划的优化是指利用时差，对网络图加以分析和改进，按照既定的目标，在一定的约束条件下，寻求一个工期短、资源耗费少、成本低的最优方案的活动过程。网络计划的优化，由于具体目标的不同，通常有：时间优化、时间-资源优化、时间-成本优化。

1．时间优化

时间优化是指在人力、材料、设备、资金等资源基本有保证的条件下，寻求最短的完工周期的优化。时间优化可以争取时间，迅速发挥投资效果。

2．时间-资源优化

时间-资源优化是指在一定资源条件下，寻求最短完工期，或者总完工期一定，使投入的资源量最少的优化。由于资源的情况比较复杂，因此使资源与工期最佳结合，不是一件容易的事情。

3．时间-成本优化

时间-成本优化是指根据计划任务的最短完工期，寻求最低费用，或者以最低费用，寻求计划任务最佳完工期的优化。

第四节　价 值 工 程

价值工程(Value Engineering)，又称价值分析(Value Analysis)，简称 VE 或 VA，它是 20 世纪 40 年代美国工程师麦尔斯等人提出的专门论述如何提高产品功能，降低产品成本，实现产品物美价廉，达到用户满意，又提高企业经济效益的一种技术经济分析方法。它以节约成本 10%～30%的显著效果，带来巨大的经济效益，因此很快引起世界各国的重视，并把价值分析的思想和方法灵活应用到各个科学技术领域和部门，成为提高产品质量，提高工作效率，提高经济效益的一种科学方法。

一、价值工程的基本原理

(一)价值工程的定义

价值工程是指以提高产品价值为目的，以功能分析为核心，以开发集体智力资源为基础，运用科学的分析方法，力求以最低的寿命周期成本来实现产品的必要功能的有组织的一种活动。

可以看出，要准确理解价值工程的定义，必须明确价值工程的三个基本概念：功能、寿命周期成本和价值。

1．功　　能

即一种产品所具有的效能或起的作用，也就是它的用途。用户购买产品不是为了获得产品本身，而是为了获得它所具备的功能。所谓必要功能是指该功能对用户来说确属必要的功能，它包括：用户直接要求的功能和设计人员为了满足用户要求，在产品设计上附加的必要的辅助功能。那么，对用户来说可有可无或毫无必要的功能，称为不必要功能或过剩功能。价值工程就是要彻底地分析用户的功能要求，以恰当的功能水平去实现用户的功能要求。

2. 寿命周期费用

即产品从研究、设计、制造到使用的整个寿命周期期间所花费的全部费用,包括研究开发费、设计费、材料费、加工费和保管费、运输费、安装费、用户使用时的操作费、维修费等,概括起来,就是由制造成本和使用成本构成的总成本。在一定技术经济条件下,随着产品性能的提高,制造成本也提高,使用成本则降低;反之,制造成本降低,使用成本提高。寿命周期费用存在一个最低点,这时制造成本等于使用成本。价值工程的目的,就是在不断提高产品性能的同时使寿命周期费用最低。

3. 价　　值

价值工程中的价值与政治经济学中的价值的概念不同。这里的价值,是作为评价产品实用程度的尺度提出的。具体地说,是产品提供可靠功能所必须付出的最低成本。因此,价值是功能与成本的综合反映。

(二)价值工程的原理

从价值工程的定义可以知道,价值工程活动就是研究以最低的寿命周期成本支出来可靠地实现产品的必要功能的有组织活动。其目的是为了提高产品的价值。确切地说,价值工程中的价值(Value)是用功能(Function)和成本(Cost)的比值来表示的,即:

$$价值(V)=\frac{功能(F)}{成本(C)}$$

从上式可以看出,功能与成本是构成价值的两个最直接的因素。价值与功能成正比,与成本成反比。价值工程活动就是追求以最低成本费用生产出最大的产品价值,从而破除了用高成本才能生产出优良产品的传统观念。这也就是说:为实现某一功能而去寻求最低成本,或者是以某一确定的成本而获得最多的功能,即研究如何使功能与成本二者达到最佳的结合。

凡是实现功能,都要消耗资源,也就必须支付成本。由于实际上实现同一功能可能选择不同的资源,而获得同一类资源又有各种不同的费用,所以实现同一功能的成本必然是多种多样的,这就决定了功能与成本之间是多变性的关系,也就不难理解寻求最低成本实现必要功能是可能的了。

(三)提高价值的途径

根据价值的表达式可以看出,提高价值的基本途径有以下几种。

1. $\frac{F\uparrow}{C\rightarrow}=V\uparrow$

成本不变,功能提高,价值提高。例如,自行车由黑色改成各种鲜艳的颜色以提高其外观价值。

2. $\frac{F\rightarrow}{C\downarrow}=V\uparrow$

功能不变,成本降低,价值提高。例如,延长家用电器的保修期以降低用户的维修费用。

3. $\frac{F\uparrow}{C\downarrow}=V\uparrow\uparrow$

功能提高,成本降低,价值大大提高。例如,用大规模集成电路替代晶体管,用塑料替代金属。

4. $\frac{F\uparrow\uparrow}{C\uparrow}=V\uparrow$

成本略有提高,功能大大提高,价值提高。例如,收录机由单声道改为立体声。

5. $\frac{F\downarrow}{C\downarrow\downarrow}=V\uparrow$

成本大大降低，功能稍有下降，价值提高。例如，电器元件以铝代铜，洗衣粉改为大包装。

从以上5种基本途径可以看出，价值工程并不是单纯地追求降低成本，也不是片面强调提高功能，而是使功能与成本合理地结合，以达到提高价值的目的，使用户满意，进而提高企业的经济效益。

二、价值工程的工作程序

价值工程的工作过程实质上就是不断分析问题、发现问题和解决问题的过程。因此，有组织、有步骤、循序渐进地开展活动是价值工程的最大特点。其工作程序一般包括以下环节。

(一)选择对象

选择价值工程对象，是价值工程活动成败的关键。价值工程主要是进行功能分析。对于一个企业来说，进行功能分析，不可能把所有的产品和零件都拿来研究分析，也不可能解决所有问题，必须恰当地选择分析的对象。

1. 选择对象的原则

对象选择的基本原则是：在生产经营上有迫切的必要性，在改进功能、降低成本上有取得较大成果的潜力。

具体来说，对象的选择可以从以下几个方面考虑。

(1)设计方面：选择结构复杂、外形笨重、材料费较高、性能较差、技术比较落后的产品。

(2)生产方面：选择产量大、工艺复杂或落后、原材料消耗多、废品率高、耗费工时多的产品。

(3)成本方面：选择成本高于同类产品、造价高、成本构成比重大的产品。

(4)销售方面：选择用户意见大、竞争力差、利润低的产品。

(5)产品发展方面：选择即将投入市场的产品。

2. 选择对象的方法

(1)经验分析法：即根据价值工程人员的经验来选择对象的方法。采用此法时，应选择熟悉业务，经验丰富的人员，集体研究，共同商定。

(2)ABC分析法：即把产品的各个零件按其成本高低依次排列，绘制费用累积分配图，从中选择占成本比重大，占零件总数比重较小者作为价值工程的对象的方法。一个产品的成本，在每一个零件上的分配是不均匀的，常常是少数重要零件的成本占了产品成本的绝大部分，因而，从这里下手降低成本的潜力也就相对地比较大。

(3)百分比法：即通过分析产品(或零件)的两个或两个以上的技术经济指标所占的百分比，从中发现问题，来选择价值工程对象的方法。

(4)用户评分法：即通过用户对产品各项性能(性能指标)的重要程度进行评分，找出应当改进的功能的方法。首先将产品的所有功能项目列出来，请几个用户按要求评分，即用户认为重要的功能多打分，次要的功能少打分，功能得分的总和为100，然后把不同用户的评分平均，得出各功能重要性次序。

(二)收集情报

价值工程情报是指实现价值工程目标涉及的有益知识和资料。通过收集情报，可以得到进行价值工程活动的依据、标准、对比对象，受到启发，打开思路，深入地发现问题，科学地确定问题的所在和问题的本质、严重程度，以及设想改进方向、方针和方法。因此，对收集到的情报要认真分析整理，变成系统的资料。

价值工程需要收集的情报，视具体情况而定。一般包括以下几个方面的内容。

(1)生产经营基本情况：即经营目标、经营方针、生产规模、经营状况等。

(2)成本情况：即成本构成、各项费用等。

(3)用料情况：即用料种类、大小、重量、单价、废屑量等。

(4)加工情况：即批量，所用设备的种类、数量、利用率、工时定额、作业时间，工艺装备的类别、数量，运输方法及设备，加工条件，废品率等。

(5)历史情况：即设计、制造的演变发展情况。

(6)生产销售情况：即过去产量、销售量的变化情况，当前的产量及销售情况，今后生产的发展和销售预测，顾客的反映，用户的要求等。

(7)产品结构情况：即图纸、技术标准等。

(8)与上述情况有关的国内外情况。

价值工程情报的准确性和可靠性是非常重要的。不准确不可靠的情报，会给价值工程活动造成困难和错误，从而达不到预期效果，甚至失败。

(三)功能分析

功能分析是价值工程的核心。通过功能分析，可以明确设计中产品的必要功能和不必要功能，然后去掉不必要的功能，使不足功能得以完善，以便用最低成本可靠地实现产品的必要功能。功能分析一般包括：功能定义、功能整理和功能评价。

1. 功能定义

功能定义是指对价值工程对象所具有的效用、作用或用途，作出简明准确的语言描述。功能定义的目的，在于明确设计的依据，开阔设计思路，以便进行功能评价。

功能定义的描述一般可用一个动词加上一个名词组成的动宾词组，把功能简洁地表达出来。在进行功能定义时，动词应尽量抽象，以利于打开设计思路；名词应尽量定量化，以便于功能评价时进行定量分析；要站在客观的立场上，把自己看成是物品来下定义；一项功能下一个定义，如果一个部件能够完成几个功能，就要下几个定义。

2. 功能整理

功能整理是指按照一定的逻辑关系，把产品各个功能之间的依存关系进行系统地整理与排列，然后绘制功能系统图，以便从局部与整体的依存关系上分析研究问题，提出改进的办法。功能整理的目的，在于分清功能类别，明确哪些是真正的基本功能，哪些是必要的辅助功能，哪些功能可以取消，还需补充哪些功能以及各个功能之间的关系，从而建立功能系统图。

功能整理的方法很多，常采用的是功能分析系统技术，其步骤大致如下：①确定基本功能，并把其中最基本功能挑出排列在左端，称为最上位功能；②逐个明确功能之间的关系，是上下位关系，还是并列关系；③画出功能系统图。

3. 功能评价

功能评价是指对产品的功能进行定量分析，确定功能评价值，从而找出价值低、改善期望值大的功能作为价值工程的重点对象。

功能评价的方法很多，较常用的是功能评价系数法。此法也叫强制确定法，其做法的要点如下。

首先，按已确定为价值工程对象的产品、部件的每个零件的功能重要程度进行打分。零件对比，重要一方打1分，次要一方打0分，再把零件的得分累计起来。此项工作一般由有经验的若干人分别进行，然后取平均值。

其次，求出每个主要零件的功能评价系数，可采用下式计算：

$$\text{某零件功能评价系数}=\frac{\text{该零件得分数}}{\text{全部零件总分数}}$$

再次，根据成本资料确定总成本和每个主要零件的成本，并计算零件的成本系数。由于这里的总成本是指寿命周期成本，但使用费用很难确定，一般用生产成本代替。零件成本系数，可采用下式计算：

$$\text{某零件成本系数}=\frac{\text{该零件成本}}{\text{总成本}}$$

最后，计算零件价值系数，可采用下式计算：

$$\text{某零件价值系数}=\frac{\text{该零件功能评价参数}}{\text{该零件成本系数}}$$

计算的价值系数可能有三种情况：

第一，价值系数等于1，说明分配于该零件成本比重合理；

第二，价值系数小于1，说明分配于该零件的成本比重偏高，应设法降低成本，特别是系数值太小的零件，应作为价值工程活动的重点；

第三，价值系数大于1，说明成本偏低，但是，如果用较低的成本能完成足够的功能，可不必增加成本；反之，因功能不足，应适当提高成本。

（四）方案的创造与评价

在确定改进工作的重点和改进方向以后，便进入解决问题的阶段。

1. 方案的创造

即根据用户所要求的功能，进行创造性思维，提出高效益、先进的可行方案。创造方案时应注意两个问题：一是要树立“改进是无止境的”这一信念；二是要充分利用功能系统图，理顺上位功能与下位功能的关系，尽可能多创造几个改进方案。

2. 方案的评价

对于所提出的备选方案，需要进行评价。首先应进行概略评价，去掉一部分希望不大的方案，同时，把在技术上、经济上和社会上都有希望的方案进一步完善；然后进行详细评价，确定出最佳方案。

（五）方案的实施与成果的评价

1. 方案的实施

主要包括：确定方案实施负责单位和个人；编制实施计划；明确分工进度和质量要求；制定验收标准；组织方案实施；进行详细成本核算等。

2. 成果的评价

对价值工程活动的成果进行评价，一般包括全年净节约额、节约百分数、节约倍数、单位时间节约额等指标。

第五节 量本利分析法

一、量本利分析的原理

(一)量本利分析的含义

量本利分析,又称盈亏平衡分析,是应用盈亏平衡原理,在产品价格基本不变的前提下,根据企业产品产量、成本、利润三者之间的关系,经过分析、评价,选择一个满足决策目标的方案的一种简单而有效的定量分析方法。

量本利分析的作用是:正确掌握盈亏界限,控制成本,预测利润,提高企业的经济效益;正确规划企业的生产规模,合理安排生产能力;进行可行性分析,选择经济合理的方案。

(二)量本利分析的原理

企业的盈亏主要取决于企业产品销售收入和产品的成本费用。总收入大于总成本,企业盈利,否则企业就亏损。用数学公式表示为:

销售收入(S)=总成本(C)+利润(P)

其中,销售收入取决于市场价格(W)和产品销售量(Q)。而产品的总成本按与产品产量的关系来划分,可以分为变动成本(V)和固定成本(F)两项。

变动成本(V)是随着企业产品产量的变动而变动的成本,如原材料费、燃料动力费、生产工人的工资等,均随着产量增长而成比例增长。所以,$V=v\times Q$(v为单件变动成本)。

固定成本(F)是在一定范围内不随着企业产品产量的变动而变动的成本,如固定资产折旧、管理费等,即使产量为0,也得照常支付。

于是:

$$W\times Q=F+v\times Q+P$$

移项得:

$$Q=\frac{F+P}{W-v}$$

上式为盈亏分析的基本模型。若利润P=0,企业盈亏平衡,则:

$Q_0=\frac{F}{W-v}$其中,Q_0为企业盈亏平衡时的产量或销售量,又称其为保本点产量。一般来说,企业的Q_0值越小,企业的经营状况越好。

当企业生产多种产品时,由于发生的固定成本和可变成本很难分摊到每种产品中去,所以可以在上式的基础上,等式两边同乘以销售单价W,便推出保本销售额公式,即:

$$S_0=\frac{F}{1-\frac{v}{W}}$$

二、量本利分析的应用

(一)分析企业经营状况

盈亏平衡点是衡量企业盈利与亏损的基准点。当企业产品的产销量接近保本点Q_0时,允许产销量变动的幅度很小,发生亏损的可能性大;当产销量超过保本点Q_0越多时,说明盈利的把握越大,企业对于市场上出现的竞争干扰、销售价格的下跌、原材料的涨价等环境变化的适应能力强,也称经营安全率高。因此,企业可以用经营安全率这个指标来反映其经营状况。经营安全率的计算公式是：

$$经营安全率=\frac{Q-Q_0}{Q}\times 100\%=\frac{S-S_0}{S}\times 100\%。$$

经营安全率是反映企业经营状况的一个重要指标。当它接近于0时，经营状况不佳。企业可以通过调整品种结构、开辟新市场等措施，增加产量，以增大经营安全率；也可以通过提高售价、降低单位变动成本、降低固定费用等措施，降低保本点产量，从而增大经营安全率。

一般可根据表6-1所示数值来判断企业的经营安全状况。

表　6-1

经营安全率	30%以上	25%～30%	15%～25%	10%～15%	10%以下
安全状况	安　全	较安全	不太好	要警惕	危　险

例如：某企业1999年3月和12月的主要经济指标如表6-2。

表6-2　某企业主要经济指标　单位：万元

	销售收入	变动成本	固定成本	利　润
1999年3月	1 800	1 200	210	390
1999年12月	900	684	210	6

试分析该企业的经营状况。

解：(1)计算该企业的保本销售额：

$$1999年3月保本销售额=\frac{210}{1-\frac{1\,200}{1\,800}}=630万元$$

$$1999年12月保本销售额=\frac{210}{1-\frac{684}{900}}=875万元$$

(2)计算该企业的经营安全率：

$$1999年3月经营安全率=\frac{1\,800-630}{1\,800}=65\%$$

$$1999年12月经营安全率=\frac{900-875}{900}=2.8\%$$

由此可见，该企业1999年12月经营状况已达到危险的界限，应引起企业的高度重视。

(二)分析影响利润的因素

例如：某企业经销一种产品，单位变动成本 $v=5$ 元，固定成本 $F=3\,000$ 元，产品单价 $W=20$ 元，假定销售产品300件，问：(1)可获利润多少？(2)如单价 $W=25$ 元，其他不变，利润是多少？(3)如单位变动成本 $v=10$ 元，其他不变，利润是多少？(4)如固定成本 $F=3\,600$ 元，其他不变，利润是多少？(5)如W、v、C同时变化，利润是多少？

解：(1)利润 $P_1=(W-v)Q-F=(20-5)\times 300-3\,000=1\,500$ 元

(2)利润 $P_2=(W-v)Q-F=(25-5)\times 300-3\,000=3\,000$ 元

(3)利润 $P_3=(W-v)Q-F=(20-10)\times 300-3\,000=0$ 元

(4)利润 $P_4=(W-v)Q-F=(20-5)\times 300-3\,600=900$ 元

(5)利润 $P_5=(W-v)Q-F=(25-10)\times 300-3\,600=900$ 元

(三)选择经营决策方案

例如:某企业年产某产品10 000件,销售价格每件40元,年固定成本150 000元,单位可变成本20元。该企业拟购置一项自动化设备,预计可增加产量2 000件,设备购置安装费40 000元,可用10年,无残值,年折旧4 000元。新设备使用后,单位变动成本可降低10%。问购置该设备是否合算?

解:购置前:

$$Q=10\ 000, W=40, F=150\ 000, v=20$$

$$\text{可实现利润}\ P=(W-v)Q-F=(40-20)\times 10\ 000-150\ 000=50\ 000\ \text{元}$$

$$\text{经营安全率}=\frac{10\ 000-7\ 500}{10\ 000}=25\%$$

购置后:

$$Q=12\ 000, W=40, F=150\ 000+4\ 000=154\ 000, v=20\times(1-10\%)=18$$

$$\text{可实现利润}\ P=(W-v)Q-F=(40-18)\times 12\ 000-154\ 000=108\ 000\ \text{元}$$

$$\text{保本销售量}\ Q_0=\frac{154\ 000}{40-18}=7\ 000\ \text{件}$$

$$\text{经营安全率}=\frac{12\ 000-7\ 000}{12\ 000}=41.7\%$$

由此可见,该企业购置设备后利润和经营安全率都有较大的提高,因此购置设备是合算的。

第六节　其他管理方法

一、滚动计划法

计划是确定未来行动的方案,应建立在科学预见的基础上。但是,有许多不确定因素往往是难以准确预测的,尤其是长期计划,更不可能一下订得十分周密无误。因此,既要使计划具有高度的准确性和严肃性,又要充分注意计划的灵活性和应变性。在计划执行过程中,应根据实际的变化情况,不断地调整或修改计划,使主观的计划符合客观实际,保持它的科学性和准确性。只有这样,才能真正发挥计划的指导作用。为了达到这一目标和要求,采取滚动计划是一种行之有效的好方法。

(一)滚动计划法的概念

滚动计划法是指企业每一次编制和调整计划时,均要根据企业外部环境和内部条件的变化情况,将计划期按时间顺序向前推进一个计划期,而不是等到全部计划执行完以后,再重新编制下一期的计划,前后衔接,持续不断,变静态计划为动态计划的一种编制计划的方法。

滚动计划法,不仅适用于长期计划的编制和调整,而且在短期计划中也可以采用。例如,年度计划以季度为阶段进行滚动,季度计划以月份为阶段进行滚动。这样,可以把工作任务和工作条件等方面的变化情况及时纳入计划,以增强计划的弹性,相应地提高了企业的应变能力。

(二)滚动计划法的优点

采用滚动法编制计划,虽然工作量较大,计划指标经常变化,但具有以下优点:

(1)逐期进行长期、中期和短期计划的滚动式编制,可以使主观意识的计划更好地反映客观生产经营实际,不断地进行调整与修订;

(2)在长期、中期和短期计划之间,以及年度、季度、月度计划,可以前后衔接,即使有不平衡的情况,也可以及时调整,不至于相互脱节,这样使各期计划能保持经常平衡和统一;

(3)对企业来说,采用这种滚动式编制计划的方法,可以更好地适应市场经济的要求,把供、产、销,人、财、物的需要与可能,紧密地结合起来,取得更大的经济效果。

(三)滚动计划的编制

1. 确定滚动期

即确定滚动计划的时间长短。例如,企业的长期计划的滚动期一般为5年,年度计划的滚动期为1年。

2. 确定间隔期

即确定前后两次编制和调整计划的时间间隔,也就是滚动计划定期向前滚动的时间长度。例如,企业的五年计划按年滚动,每年要编制和调整计划,间隔期为1年。

3. 确定计划量

包括合同计划量(即在编制计划前期按照签定合同编制的较为准确的计划量)和预订计划量(即在编制计划后期因没有签定合同而按照预测数字编制的计划量)。

4. 确定调整因素

包括计划在实际执行时脱离计划的偏差;企业外部环境和内部条件的变化情况;企业生产经营方针的调整等。

二、ABC分析法

(一)ABC分析法的概念

ABC分析法,又称重点管理法或分类管理法,是对企业某一具体管理对象,选择两个相关的主要标志,进行数量分析,计算确定这一对象中的A、B、C三类,从而采取相应的管理方法,以取得良好的经济效益的方法。

ABC分析法是意大利经济学家帕累托创造的,最早用于社会人口与收入分配问题的研究,他发现占总人口百分比不大的少数人的收入却占总收入的大部分,而大多数人的收入却只占总收入中的很少一部分,即所谓"关键的少数和次要的多数"的关系。事实上,在经济管理中,也存在着许多类似的情况。例如,在企业的生产任务中,少数几种产品的产值却占了企业总产值的大部分;在百货公司的千百种商品销售中,为数不多的一些商品销售额却占总销售额的大部分等等。目前,这一方法已被广泛应用于企业管理的库存管理、全面质量管理等很多领域,使ABC分析法成为企业进行重点管理的基本方法之一。

(二)ABC分析法的步骤

1. 收集数据。针对不同的对象和分析内容,收集有关数据。

2. 统计汇总。对原始数据进行整理,并按要求进行计算。

3. 编制ABC分析表。ABC分析表有两种形式,一种是将全部品目逐个排队列表;另一种是对各种品目进行分层排队列表。

4. 绘制ABC分析图。

5. 确定相应的管理方法。

(三)ABC分析法的分类标准

1.A类:数量占10%左右,重要程度占70%左右。

2.B类:数量占20%左右,重要程度占20%左右。

3.C类:数量占70%左右,重要程度占10%左右。

(四)ABC管理和控制方法

1.A类:集中力量采取重点措施,严格控制,精心管理。

2.B类:引起重视,一般控制,加强管理。

3.C类:管理可以适当放粗一些。

三、看板管理

(一)什么是看板

看板是一种类似通知单的卡片,是传递信号或指令的牌子、小票、信息卡和器具等。

按其使用目的的不同,可分为生产看板、领取部件看板、运送看板、临时看板、材料看板和外协看板等。

看板作为现代生产管理的一种重要工具,不仅因为它能联系与推动各道工序的作业活动,而且还因为借助它,生产管理人员可以看出各个生产环节效率的高低和问题的关键所在,从而采取有效措施,促进技术革新与管理的改善。

(二)看板管理的概念

看板管理是以看板作为传达生产指令、反馈指令执行情况的工具,从最后一道生产工序起,步步向前追溯,直到原材料准备部门,以控制整个生产过程在制品的流动,使每个生产部门和作业岗位都链锁般地同步运行起来,现场的实物流通处于最佳状态,做到"准时领取"、"准时运送"和"准时生产"的一种生产管理方法。

看板管理可以将在制品压缩到最低限度,从而最大限度地节约资金,提高效率,降低成本。

(三)看板管理的实施条件

1. 建立生产流水线,进行均衡生产是实施看板管理的前提条件。

2. 各工序健全、合理,工艺装备标准、精确。

3. 加强以生产工人为主体的现场管理。

4. 完善各项生产管理制度。

(四)看板管理的运行规则

1. 后工序向前工序取货,必须带有看板;

2. 前工序只生产后工序领取的数量,超过看板规定数量的零件不生产;

3. 不合格品不能挂看板,不能交给下道工序;

4. 从前工序领走的零件,应及时取下看板;

5. 不见看板不取货,不见看板不生产,不见看板不运输。

思 考 题

1. 企业应怎样合理运用各种管理方法?

2. 目标管理如何实施?

3. 网络计划技术的基本原理及其适用范围是什么?

4. 价值工程活动如何有效组织?

5. 量本利分析主要有哪些具体应用?

6.ABC管理法的基本原理及其应用领域是什么?

第七章　企业现代管理手段

随着科学技术的发展和世界范围内市场的逐步形成，企业为提高其生产、经营、管理等方面的现代化水平，必须不断地采用先进的管理技术、手段和方法。计算机作为一种先进的工具，已经成为提高管理现代化水平的重要手段之一。

第一节　企业管理信息系统

一、企业管理信息系统的定义

企业管理信息系统(MIS)，是一个由企业管理人员和计算机等组成的能进行信息的收集、传递、储存、加工、维护和使用的系统。

企业管理信息系统能够实测企业的各种运行情况，利用过去的数据预测未来，从全局出发辅助企业进行决策，利用信息控制企业行为，帮助其实现规划目标。

企业管理信息系统是一门综合应用管理科学、信息科学、系统科学、统计学、运筹学、计算机科学与通信技术等领域知识的边缘性学科。它的实施离不开系统的观点、数学的方法、计算机技术的支撑。

企业管理信息系统是在数据处理系统上发展起来的，距今已有30多年的历史了。其特征是面向管理的一个集成系统，它覆盖了整个企业管理系统，是多用户共享的系统，直接为企业各级管理部门服务。

二、企业管理信息系统的特点

1. 目的明确性

企业管理信息系统把企业内部和外部无规则的原始信息收集起来，然后运用一定手段进行加工处理，并及时准确地传递到企业各部门和各类人员手中，从而达到提高信息的质量和时效，以及提高信息资源的使用效益的目的。

2. 管理系统性

企业管理信息系统将企业各类专业人员和一定的设备以及管理程序各要素有机地结合，形成综合的信息组织，对信息实行科学的管理，从系统的角度解决企业管理问题，并把系统的问题放在整体中处理，力求达到整个管理系统的最优化。

3. 技术先进性

企业管理信息系统充分运用现代化管理方法和电子计算机等手段及现代通讯技术，从而实现信息管理的现代化。

4. 环境适应性

企业管理信息系统是对周围环境开放的子系统，它从外界环境输入各种变化的信息，经过加工转换以后，再把信息传递到决策管理部门。随着环境的变化，企业信息处理的内容、方式和手段也将发生相应地发生变化。

三、企业管理信息系统的主要功能

1. 信息处理

这一功能和数据处理系统类似，包括数据采集、加工、存储、传递、查询和报表输出等基本功能。例如，支付账单、支付工资、材料入库、出差报销等。

2. 辅助事务管理

企业管理信息系统具有辅助事务管理的功能，如辅助计划管理、人事管理、物资管理、设备管理、质量管理、销售管理等。

3. 辅助决策

利用历史积累的资料，用数学的方法预测未来，提供决策信息。

四、企业管理信息系统的结构

企业管理信息系统既是企业系统的一个子系统，又是一个由若干子系统组成的完整系统。企业管理信息系统通常按照企业管理职能进行划分，一般包括以下系统。

1. 销售市场子系统：包括订单处理、销售统计、市场预测、产品推销等。
2. 生产管理子系统：包括产品设计、生产设备计划、生产设备的调度和运行、生产人员的调配、质量控制等。
3. 后勤服务子系统：包括采购、收货、库存控制、材料分发等。
4. 人事管理子系统：包括雇佣、培训、考核、工资、解雇等。
5. 财务会计子系统：包括资金筹集、成本核算、费用控制、利润分析等。
6. 信息处理子系统：包括信息的录入、加工、分析、提供等。
7. 领导咨询子系统：主要为企业高层领导服务。

五、建立企业管理信息系统的条件

现代企业要建立以计算机为基础的管理信息系统，并使其能正常运行和发挥作用，必须具备一定的条件。

（一）科学管理的基础

一定的科学管理基础是建立企业管理信息系统的前提。只有在合理的管理体制、完善的规章制度、稳定的生产秩序、科学的管理方法和程序，以及完整准确的原始数据的基础上，才能建成有效的企业管理系统。为了适应企业管理信息系统的要求，必须逐步实现企业管理工作的程序化、管理业务的标准化、报表文件的统一化、数据资料的完整化和代码化。

（二）领导的重视

企业领导者的重视和主要管理者的支持是管理信息系统成败的关键。开发管理信息系统是一项投资大、周期长，涉及机构调整、管理程序变更等许多敏感性问题的系统工程，新系统的运行也会不可避免地导致一些机构和人员的地位、作用及工作内容、工作方式的变化，引起有关人员的抵制和不合作。如果没有主要领导和管理者的坚决支持和得力的措施作保证，开发工作很难顺利进行。

（三）培育管理信息系统的专门人才

建立企业管理信息系统，需要培养相关的专门人才。在企业管理中应用计算机后，企业内部的人员构成将发生一系列变化。一部分工作人员，可能会因原来从事的业务工作由计算机处理，而要做新的更高一级的工作。另外，由于一些新的职能出现，要求配备新的专业人员，如系统分析人员、系统设计人员、程序设计员、计算机操作员、硬件和软件系统的维修和维护人员等。因此，企业建立管理信息系统，必需选拔和培训既有企业管理的专门知识和丰富的实际工作经验，又熟悉计算机硬件系统、软件系统和管理数学方法的专门人才。

(四)建立管理信息系统的总体规划

1. 设想要求与实际可能之间的协调问题

要规定切合实际的目标、任务、设备投资和人员配备。在建立管理信息系统时，必须充分估计当时的管理状况，并计划在哪些方面可以采用计算机处理，其工作量有多大，应配备什么样的机器，资金有无保证，人员的来源和培训怎样，机构方面要做哪些调整等等。

2. 总体系统与各子系统的协调问题

企业管理信息系统各子系统的设立，一方面应具有明确的分目标，另一方面又要服从总体系统总目标的要求，而且实现目标任务的方法、手段和依据，还必须与整个企业管理系统保持一致。

3. 新旧系统的协调问题

企业管理信息系统一般都是在现行手工管理系统基础上建立起来的。因此，必然会出现新旧系统平行运行和交替衔接的步骤问题，处理不好就会造成交替过程的业务中断。

第二节　电 子 商 务

20 世纪末，信息技术的发展突飞猛进，不断创造着令人耳目一新的奇迹。就在人们对互联网刚刚有所认识的时候，电子商务——这一全新的概念又以难以估量的速度迅速兴起，进而改变着社会经济生活的各个方面。种种迹象表明，电子商务将会在今后几年有重大发展，并将重新构造和形成企业的竞争力。

一、什么是电子商务

电子商务(Electronic Business)是指在 Internet 的广阔联系与传统信息技术系统的丰富资源相互结合的背景下，应运而生的一种在互联网上展开的相互关联的动态商务活动。

电子商务通常有广义和狭义之分。狭义的电子商务称为电子交易，主要是指利用 Web 提供的通信手段在网上进行的交易。而广义的电子商务是包括电子交易在内的，利用 Web 进行的全面商业活动，如市场调查分析、生产计划安排、物资调配、财务核算、客户联系等，所有这些涉及企业的内外部活动。

电子商务起源于企业。这些企业希望能够更好地利用计算机以及网络技术，改善企业的经营活动和企业内外的信息交流，特别是与客户的交流。电子商务始于 1994 年的北美，它的产生并非一日之功，经历了由局部的、在专用网上的电子交易到开放的、基于 Internet 的电子交易过程，目前电子商务活动已经遍及世界各地。

二、电子商务的主要功能

电子商务可以提供网上交易和管理等全过程的服务。其主要功能有以下几方面。

1. 网上订购

电子商务可以借助 Web 中的邮件或表单交互传送以实现网上的订购。网上的订购通常都在产品介绍的网页上提供十分友好的订购提示信息和订购交互格式框。当客户填完订购单后,通常系统会回复确认信息单以保证订购信息的收悉。订购信息也可采用加密的方式使客户和商家的商业信息不会泄露。

2. 网上支付

电子商务要成为一个完整的过程,网上支付是重要的环节。客户和商家之间可以采用多种支付方式,从而省去交易中很多人员的开销。网上支付需要更为可靠的信息传输安全性控制,以防止欺骗、窃听、冒用等非法行为。

3. 电子银行

网上的支付必须要有电子金融来支持,即银行、信用卡公司等金融单位要为金融服务提供网上操作的服务。

4. 服务传递

对于已付了款的客户应将其订购的货物尽快地送到他们的手中。若有些货物在本地,有些货物在异地,电子邮件将能在网络中进行物流的调配。而最适合在网上直接传送的货物是信息产品,如软件、电子读物、信息服务等,它能直接从电子仓库中将货物发到客户端。

5. 业务管理

企业的整个业务管理将涉及到人、财、物多个方面,如企业与企业、企业与消费者以及企业内部等各方面的协调和管理。因此,业务管理是涉及商务活动全过程的管理。

6. 广告宣传

电子商务可以凭借企业 Web 服务器和客户的浏览,在 Internet 上发布各类商业信息。商家可以利用网页和电子邮件在全球范围内做广告宣传,而客户可以借助网上的检索工具迅速地找到所需商品信息。与以往的各类广告相比,网上的广告成本最为低廉,而给客户的信息量却最为丰富。

7. 咨询洽谈

电子商务可以借助非实时的电子邮件、新闻组和实时的讨论组来了解市场和商品信息,洽谈交易事务,如有进一步的需求,还可以用网上的白板会议来交流即时的图形信息。网上的咨询和洽谈能超越人们面对面洽谈的限制,提供多种方便的异地交谈形式。

8. 意见征询

电子商务能十分方便地采用网页上的"选择"、"填空"等格式文件来收集客户对销售服务的反馈意见,从而使企业的市场运营形成一个封闭的回路。客户的反馈意见不仅有利于提高售后服务水平,而且有助于企业获得改进产品、发现新市场的商业机会。

三、电子商务的优点

电子商务与传统商务方式相比具有明显的优势。具体表现在以下几个方面。

1. 信息交流方便快捷

网上的信息具有更新速度快、内容全面丰富的特点,可使企业、客户掌握他们需要的最新信息。任何企业都可以将其信息上网以供客户查询,从而克服电话查询信息不够全面、不直观、不灵活的缺点。

2. 通信速度大大提高

以往要几天才能到达的商务信件,现在通过 Internet 几分钟,甚至几秒钟就能收到。

3. 成本大幅度降低

电子商务可以大大降低通信费用、管理费用和人员开销。特别是对于每天对外具有大量信息交换的企业,即使一次邮件只省几块钱,长此以往所降低的成本也是非常可观的,众多的企业在使用 EDI 阶段,就已经体会到了人员方面的节省,发展到今天的电子商务,这种节省和高效就更加明显。

4. 商务关系加强,服务质量提高

降低成本还不是电子商务的主要目的和收获,改善供应商与客户的关系才是最大的收获,这样才能带来丰厚的回报。客户可以通过网站在更大的范围选择货物,并及时订货,甚至跟踪订货情况;供应商也从烦琐的事务中解脱出来,及时收集市场的反馈信息,集中精力来帮助客户解决其他疑难问题,以满足客户的需要。

5. 服务时间无限延长

电子商务可以为企业提供每年 365 天,每天 24 小时的全天候服务。

6. 企业竞争力得到增强

任何企业,无论大小,在网站上都是一个页面,面对相同的市场,都处于一个平等的竞争环境下。

四、电子商务在企业管理中的应用

电子商务是信息技术发展和企业信息化的必由之路。它是一个集成的电子处理系统,在企业管理中主要有以下几个方面的应用。

(一)营销管理

(1)收集生产、服务等部门的信息,进行智能分析并用来支持营销决策。企业营销人员可以通过企业内部网和 Internet 及时获得企业销售、当前订单以及仓库等方面的信息,建立企业销售数据库,进行销售预测,潜在顾客定位,跟踪销售以及报价准备等工作,从而跟踪并协调所有营销行为,并在此基础上进行智能分析,以支持企业决策。

(2)实现企业与经销商之间的标准通信 EDI。企业可以用 EDI 与它们的经销商进行有关购货订单、发货安排和相关发票支付的通信。

(3)网上订单的处理。面对产品订单,首先进行库存数量处理;然后对于订单中所需生产数量发送到生产数据库中;最后要建立订单数据库。

(4)网上谈判。对于企业订购来说,可以引入协商机制,通过各种方式进行价格、数量、交付地点、时间等方面的商议。

(5)实现交叉销售。即顾客在购买企业的一种产品时,销售人员可以尝试向该顾客销售企业的其他产品。

(6)安全支付处理。包括安全协议的选择和实现。

(7)形成支付清单列表,详细显示购买和支付情况。

(8)顾客档案管理。建立顾客(零散和经销商)数据库,以期实现面向顾客的销售管理。例如,针对不同的顾客展示不同的产品目录形式,注册和非注册顾客享受不同的待遇等。

(9)订单处理状态的查询。顾客可以针对订单数据库进行处理状态查询,并给出结果报表。

(10)收集调查信息并及时处理。设计对于现有和潜在顾客的调查问卷,收集信息并对其进行分析,以支持决策。

(11)解答顾客提出的各种问题。通过企业内部网,建立关键问题解答数据库,解答顾客提出)的问题。

(12)广告管理。通过界定广告观众、确定广告渠道和选择广告提供商,进行网上广告,让用户深入了解某一种产品或服务的性能和用途,引导消费者和挖掘潜在的消费者,并树立产品或服务品牌。

(13)采取各种促销方式吸引顾客进行购买。

(14)提供所有服务的软件与技术支持。

(二)后勤管理

(1)订货管理:建立供应商档案库和订货数据库,进行网上谈判,并实现企业与供应商之间的标准通信 EDI。

(2)库存管理:建立成品、半成品和原材料库存数据库,以便掌握精确的库存量。

(3)发货管理:建立发货数据库,进行物理库存管理和运输管理。

(4)仓库管理:实现从接受入库,到存放位置管理,再到产品挑选,最后分配的管理。

(5)预测:除了根据订单进行生产安排外,还必须通过预测保证一定的库存产品以应付市场的变化,如季节变动、促销活动等。

(三)制造管理

(1)产品配置:包括生产数据管理和配置管理。

(2)生产执行:包括主生产计划、物料需求计划、能力计划、车间控制、质量管理等。

(四)财务管理

(1)财务会计:包括总分类账、法定合并、应付账目、应收账目等。

(2)资产管理:包括投资控制和固定资产会计。

(3)管理会计:包括成本管理、产品成本管理、获利能力分析等。

(4)支付管理:包括自动发票和支付处理、电子付款。

(5)现金管理:包括企业支票账户管理和外汇账户管理。

(五)人力资源管理

(1)人力资源管理:主要包括制定人事计划、招聘、薪资管理、培训、安全教育等。

(2)工资管理:主要包括考勤、工资表计算。

(3)福利管理:主要包括确定福利、确定员工的贡献。

(4)健康保险管理:主要包括给员工确定健康保险项目及保险金额。

当然,像任何其他一个新技术出现之初一样,电子商务还不可能在短期内就能发挥巨大的潜力,解决信息、资金交换的全部问题,然而从长远看,电子商务的重要性是不可估量的。最终电子商务会改变企业的经营模式,甚至取代非电子化的与客户交互和产品(或服务)交付等活动。因此,企业必须紧跟电子商务的技术和实际应用的进展,在投资、策略和管理等方面做出长远的规划。

思考题

1. 企业应怎样建立自己的管理信息系统?

2. 企业应如何大力发展电子商务?

第二篇　企业生产管理

第八章　生产过程组织

生产过程组织是企业生产管理中极其重要的组成部分,它是研究企业如何从空间与时间上合理地组织生产,使生产过程能以尽量少的劳动消耗和劳动占用,生产出尽可能多的符合市场需求的产品,从而获得最好的经济效益。

第一节　生产过程及其类型

一、生产与生产过程的概念

生产是指将生产要素(劳动力、劳动对象、劳动手段、劳动信息等)转换为有形产品和无形服务的生产财富,由此而增加附加值(价值增值过程),并产生效用功能。

任何工业产品的生产,都必须经过一定的生产过程。产品的生产过程是指从原材料投入生产开始到成品制造出来为止的全过程。产品生产过程是人们的劳动过程和自然过程的有机结合。劳动过程就是劳动者利用劳动工具作用于劳动对象,使其按照预定的目的改变产品的形状、结构、性质或位置的过程。自然过程是指在某些情况下,生产过程的进行需借助于自然力的作用,使劳动对象发生物理或化学的变化,如锻件的自然冷却、木材的自然干燥、铸件的自然时效等。

二、生产过程的组成

企业的生产过程,就其对产品生产所起的作用来看,主要可分为生产技术准备过程、基本生产过程、辅助生产过程、生产服务过程等。此外,有的企业还有附属生产过程或副业生产过程。

生产技术准备过程是指产品投产前所做的全部生产准备工作。如产品设计、工艺准备、材料与工时定额的制订与修改、调整劳动组织和设备布置等。

基本生产过程是指企业直接从事加工、制造产品的生产过程。如汽车零件的加工、装配过程等。

辅助生产过程是指为保证基本生产正常进行所必须的各种辅助性生产活动。如动力生产、工艺装备制造、设备维修等。

生产服务过程是指为了保证基本生产和辅助生产所进行的各种生产服务活动。如原材料、半成品、工具的保管与发放、厂内运输等。

在上述 4 种过程中,基本生产过程是企业生产过程最核心的组成部分;生产技术准备过程则是基本生产过程的前提条件;辅助生产过程和生产服务过程都是基本生产过程的保证。

基本生产过程按产品结构和工艺特点的不同可分为工艺流程式生产过程和加工装配式生

产过程两类。工艺流程式生产过程是指原材料从工厂的一端投入生产,按照固定的程序,经过连续加工而成为产品的过程。加工装配式生产过程是指先将原材料加工成毛坯、零件,然后将各种零件进行部装、总装、试车,最后经检验合格而成为产品的过程。

企业的基本生产过程按其工艺性质的不同又可分为若干工艺阶段,每个工艺阶段又可分为若干工序。工序是生产过程中的基本环节,是指一个或几个工人在同一个工作地(或同一台机床)上,对一个工件或同时几个工件(多工位加工)所进行的连续作业。工序按其作用不同,可分为工艺工序、检验工序和运输工序。工艺工序是指劳动对象发生物理、化学或几何形状的变化;检验工序是指对原材料、半成品、成品的质量进行检验;运输工序是指在工艺工序之间、工艺工序与检验工序之间运送劳动对象。正确划分工序对于组织生产、制定劳动定额、配备工人、编制生产作业计划、进行质量管理等都有着直接的影响。

三、组织生产过程的要求

合理组织生产过程的目的,是使产品在生产过程中行程最短、时间最省、耗费最小、效益最高。为此,组织生产过程必须努力实现以下要求。

1. 连 续 性

它是指产品在生产过程各阶段、各工序之间的流动,在时间上是紧密衔接而连续的。即产品在生产过程中始终处于运动状态,不发生或很少发生不必要的中断或等待。

2. 比 例 性

它是指产品在各工艺阶段、各工序之间的生产能力要保持适当的比例关系,即各个生产环节的工人数、设备数和生产面积等影响生产能力的诸因素要符合客观需要的比例。

3. 均 衡 性

它是指企业及各个生产环节在相等的一段时间内生产相等或递增数量的产品,使各工作地负荷充分并相对稳定,不会出现前松后紧、时松时紧等不良现象,以利于安全生产和保持正常生产秩序。

4. 平 行 性

它是指生产过程的各个阶段、各道工序实行平行作业。对产品的各个零件、部件尽可能地组织平行加工制造,有利于缩短产品的生产周期。

5. 准 时 性

它是指生产过程的各阶段、各工序都按后续阶段和工序的需要生产,即在需要的时候,按需要的数量生产所需要的合格产品和零部件。

6. 适 应 性

它是指生产过程要适应市场复杂多变的特点,能灵活进行多品种、小批量生产的适应能力。为了提高企业的适应能力,必须采用先进合理的生产组织方法,如网络计划技术、成组工艺和多品种混流生产等。

上述要求是相互联系、相互制约的。生产过程的比例性是实现连续性、平行性的重要条件,是保证均衡性的前提;均衡性、连续性、平行性又相互影响、相互作用。满足这些要求,可使企业获得良好的经济效益。

四、生产类型

生产类型是影响生产过程组织的主要因素,也是设计企业生产系统首先要确定的重要问题。生产类型根据企业生产产品品种多少、生产稳定程度、同种产品产量大小和工作地专业化程度等因素，把众多的企业划分为大量生产、成批生产和单件生产三种类型。

1. 大量生产

大量生产的特点是产品品种少，同种产品产量大，生产条件稳定，经常重复生产同种产品，其工作地长期固定加工一道或几道工序，专业化程度高；可采用高效率的专用设备和专用工艺装备，便于组织流水线和自动线，操作简易，技术熟练，管理方便；具有较高的劳动生产率和较低的产品成本，经济效益最好。

2. 成批生产

成批生产的特点是产品品种较多，各种产品的数量不等，生产条件比较稳定，每个工作地要从事多种工序，各种产品成批轮番生产，工作地专业化程度比大量生产低，对员工技术水平要求较高。成批生产按批量的大小，又可分为大批生产、中批生产和小批生产。大批生产接近于大量生产，因而也称大量大批生产；小批生产接近于单件生产，因而也称单件小批生产；只有中批生产才具有典型的成批生产的特点。

3. 单件生产

单件生产的特点是产品品种多，每种产品产量单一，工作地要从事很多道工序，且很少重复，生产条件很不稳定，工作地专业化程度很低。一般采用通用设备和工艺装备，对员工技术水平要求很高，管理复杂，设备利用率与劳动生产率低，产品成本高，经济效益差。

企业的生产类型，集中反映在工作地的专业化程度上，因此，常常将其作为划分企业生产类型的主要标志。

第二节　生产过程的空间组织和时间组织

产品的生产过程，既要占用一定的空间，又要经历一定的时间。因此，合理组织生产过程，就需要将生产过程的空间组织和时间组织有机地结合起来，充分发挥它们的综合效率。

一、生产过程的空间组织

企业的生产过程，都是在一定的空间内通过许多相互联系的车间、工段(作业区)、班组等生产单位来实现的。因此，企业就要研究按照什么专业化形式来设置生产单位，这就是生产过程的空间组织所要解决的问题。

企业内生产单位的设置一般依据工艺原则和对象原则进行。

1. 工艺原则

它是按照工艺性质的不同来划分车间、工段、班组等生产单位，在这些生产单位里，集中着同种类型的工艺设备，对产品进行相同的工艺加工。其优点是易于利用生产设备和生产面积，便于对工艺进行专业化管理，能灵活地适应多种产品的生产，但也有运距长、生产过程中产品停放时间长、生产周期长等缺点。

2. 对象原则

它是按照产品的不同划分车间等生产单位，在这些生产单位里，集中了为制造某种产品所需的各类设备，工艺过程封闭，不需跨车间就能独立生产产品。其优点是可缩短运程，节省运力和运输设备，缩短生产周期，简化调度、核算等管理，但难以利用生产设备和生产面积，难以对工艺进行专业化管理。

由于上述两类原则均有优缺点，在实际中往往综合利用，以适应企业生产的需要。

二、生产过程的时间组织

生产过程的时间组织，目的在于提高产品在生产过程中的连续性，从而缩短产品的生产周期，加速流动资金周转，提高劳动生产率，降低产品成本。它主要是研究生产对象在工序间的移动方式，即产品从一个工作地到另一个工作地的运送方式，一般有下列 3 种移动方式。

1. 顺序移动方式

它是指一批产品在上道工序全部完工以后才送到下道工序去进行加工。这种方式的特点在于，零件在工序之间是顺序连续地整批运送，生产周期长。这种移动方式的加工周期计算公式如下：

$$T_{顺} = n\sum_{i=1}^{m} t_i$$

式中　$T_{顺}$——一批零件顺序移动的加工周期；

n——零件批量；

m——零件加工工序数目；

t_i——第 i 道工序的加工时间。

2. 平行移动方式

它是指一批零件中的每个零件在前一道工序完工后，立即传送到下一道工序继续加工。这种方式的特点是：零件在各工序之间是逐件运送，并在不同工序上平行加工的。这种移动方式的加工周期的计算公式如下：

$$T_{平} = \sum_{i=1}^{m} t_i + (n-1)t_{长}$$

式中　$T_{平}$——一批零件平行移动的加工周期；

$t_{长}$——各道工序中最长工序的单件时间；

m——零件加工工序数目。

3. 平行顺序移动方式

它是顺序移动和平行移动两种方式的综合使用。也就是一批零件在前一道工序尚未全部加工完毕，将已加工好的一部分零件转移到下一道工序加工，并使下道工序能连续地加工完该批零件。这种移动方式的加工周期的计算公式如下：

$$T_{平顺} = \sum_{i=1}^{m} t_i + (n-1)\left(\sum t_{大} - \sum t_{小}\right)$$

式中　$T_{平顺}$——平行顺序移动方式加工周期；

$t_{大}$——较大工序，是指某一道工序的单件加工时间比前道工序长，比后道也长；

$t_{小}$——较小工序，是指某一道工序的单件加工时间比前、后两道工序的单件加工时间都短。

如果某道工序单件加工时间比前道工序时间长，比后道工序时间短，或者比前道工序时间短，比后道工序时间长，则略而不计。同时，应注意在找 $t_{大}$ 和 $t_{小}$ 时间前，应在首道工序时间之前和末道工序时间之后加一个零数。

以上 3 种移动方式各有其优缺点。一般来说，批量小宜用顺序移动方式，批量大采用平行顺序或平行移动方式：产品加工时间少，可采用顺序移动方式，加工时间长，可采用平行顺序或平行移动方式;按工艺原则布置的生产单位宜采用顺序移动方式,按对象原则布置的生产单位则采用平行顺序或平行移动方式。

三、流水生产

流水生产是指在对象原则组成的生产单位基础上,使生产对象在各个不同的加工阶段,都按照规定的顺序和速度,从一台设备到另一台设备,从一个工作地到另一个工作地,似流水般地进行移动。流水生产与非流水生产相比,具有多方面的优越性:有利于提高劳动生产率和设备利用率;有利于缩短产品生产周期,减少在制品占用量,降低产品成本;有利于满足合同交货期的要求,提高企业经济效益。它具有以下几点特征。

(1)工作地的专业化程度很高,都固定做一道或几道工序;

(2)各工作地按对象加工的顺序排列;

(3)流水线上各工序的加工时间之间规定着相等或倍比关系;

(4)按规定的节拍或时间间隔生产;

(5)生产过程具有高度的连续性。

在多品种生产条件下,科学地组织和管理可变流水线上若干种产品投产顺序的一种最优化方法是生产平准化。它属于多品种流水生产方式,可在同一流水线上多品种地变换工序。

如能通过采用一套能自动进行加工、检测、装卸、运输的机器体系,组织高度连续的自动化的生产线来实现产品生产过程,那就是自动生产线。它可以明显地提高产品质量、缩短生产周期、节约流动资金,其缺点是投资较大,如果某处出现故障将导致全线停产。

思　考　题

1. 企业应怎样合理组织其生产过程?

2. 企业在生产过程组织中应如何选择生产类型?

3. 谈谈你对流水生产的认识。

第九章 生产计划与控制

生产计划与生产控制是企业生产经营计划的重要组成部分,是企业年度综合计划的核心,是编制企业其他计划的依据,也是企业计划期内的行动纲领。本章着重讨论生产计划、生产作业计划、生产作业控制等。

第一节 生产计划与生产作业计划

一、生产计划概述

生产计划是指企业在计划期内应完成的产品生产任务和进度的计划。它具体规定了企业在计划期内应完成的产品品种、质量、产值、出产期限等一系列生产指标。它不仅规定了企业内部各车间的生产任务和生产进度,还规定了企业之间的生产协作任务。生产计划的主要任务是充分挖掘企业内部资源,合理利用企业资源,不断生产出国内外市场适销的产品,以提高企业经济效益。

企业的生产计划分为长期生产计划、中期生产计划和短期生产计划 3 种。长期生产计划是企业生产方面的长远规划,可按 5 年或 10 年编制;中期生产计划为企业近期的生产发展规划,可按 2 年或 3 年编制;短期生产计划即为企业年度生产计划、季度生产计划等。企业的年度生产计划规定着企业在计划期内的各项生产指标(如产品的品种、产量、质量、产值等重要指标),规定着产品的出产进度,并附有编制计划的文字说明。年度生产计划是编制季度生产计划的主要依据,季度生产计划是年度生产计划的具体化和调整。

企业生产计划工作的主要内容包括:及时了解和掌握市场对产品的需求,进行生产能力的核算与平衡,收集各种相关资料,正确制定各项生产指标,合理安排产品的出产进度,组织和检查生产计划的实施,做好计划的调整工作,考核和总结生产计划完成情况等。

二、生产计划指标

企业生产计划的中心内容是确定生产指标。生产计划的主要指标包括:产品品种指标、产品质量指标、产品产量指标、产值指标等。这些指标的经济内容各有不同,它们从不同的角度反映企业计划期内的生产成果、生产技术水平和经营管理水平。

1. 产品品种指标

产品品种指标是指企业在计划期内应当出产的产品品种和数量。品种的表现形式随企业产品不同而不同。例如,冶金企业有不同型号的钢材,纺织企业有不同支数的棉纱,汽车制造企业有不同型号的汽车等。品种指标既反映着企业在品种方面满足市场需求的程度,又反映着企业的专业化协作程度、技术水平和管理水平的高低。

2. 产品质量指标

产品质量指标是指企业在计划期内各种产品应当达到的质量标准和水平。质量标准有国际标准、国家标准、行业标准、企业标准与合同规定的技术要求。质量标准可分为两大类:一类是反映产品本身质量的指标,如产品的使用寿命、技术性能、等级率等;另一类是反映生产过程工作质量的指标,如合格品率、返修率、废品率等。产品质量指标是反映产品能否适应市场需求的一个重要指标。

3. 产品产量指标

产品产量指标是指在计划期内,出产的合格产品数量之和。产品产量包括企业在计划期内生产的、符合质量的产品数量,如成品、半成品、工业性劳务等,一般以实物单位计量。产量指标是表示企业最直接、最基本的生产成果的一个重要指标,它反映了企业生产发展的速度和水平,以及企业在一定时期内向市场提供使用价值的数量,同时也是企业进行产销平衡、物资平衡、计算和分析实物劳动生产率、原材料消耗、成本和利润的基础,是安排生产作业计划与组织日常生产活动的重要依据。

4. 产值指标

产值指标是产量指标的货币表现。它是综合反映企业生产总成果的价值指标。

三、生产能力

1. 生产能力的概念

生产能力是指在一定时期内,在一定的技术组织条件下,企业直接参与生产过程中的固定资产所能生产一定种类和一定质量产品的最大数量。企业的生产能力在一定时期内是相对稳定的,但不是长期固定不变的,随着生产的发展和企业技术组织条件的变化,企业的生产能力也会相应发生变化。生产能力一般分为设计能力、查定能力和计划能力3种。

设计能力是指企业在设计任务书与技术设计文件中所规定的生产能力。它是按企业设计中规定的产品方案和有关数据确定的,是确定企业生产规模、编制战略规划、安排基本建设计划的依据。

查定能力是指老企业没有设计能力或由于技术组织条件已发生很大变化时,经过重新调查核定的生产能力。它是企业进行技改、挖潜、扩建和编制长远规划时的重要依据。

计划能力是指企业在计划期内实际能够达到的生产能力。

准确核算生产能力,是编制生产计划的前提。上述3种生产能力各有不同的用途。当企业在确定生产发展规模、编制企业长远规划或对企业采取重大技术组织措施时,应以设计能力或查定能力为依据;当编制年度生产计划,确定生产指标时,应以计划能力为依据。

2. 生产能力的决定因素

企业生产能力的大小是由3个基本因素决定的,即固定资产的数量;固定资产的工作时间;固定资产的生产效率。

固定资产的数量包括计划期内所拥有的全部能够用于生产的机器设备和生产面积。

固定资产的工作时间是按现行工作制度计算的机器设备的全部有效工作时间和生产面积全部利用时间。

固定资产的生产效率是指单位机器设备的产量定额或单位产品的台时定额,以及单位产品占用生产面积大小和时间长短的定额。

四、生产作业计划

生产作业计划是根据企业年度(或季度)计划规定的生产任务,结合生产实际,具体规定各生产环节在单位时间(如月、旬、周、日等)内的生产任务。它是企业生产计划的具体执行计划,是生产计划的延续和补充，是组织企业日常生产活动的重要依据。

期量标准，又称为作业计划标准，就是对生产作业计划中的生产期限和生产数量，经过科学分析和计算而规定的一套标准数据。它是编制生产作业计划的科学依据，是组织均衡生产的有力工具。合理制定期量标准，对准确规定产品的投入与产出时间，实现各生产环节的紧密衔接，缩短生产周期，提高企业经济效益等方面具有重要意义。

为了充分发挥期量标准的作用，必须建立和健全期量标准的管理制度。在制定期量标准时，要全面、认真地分析各方面的影响，采取科学的、切合实际的方法；期量标准必须严格执行；根据生产技术水平的变化，及时加以修正，以保持期量标准先进合理的水平。

不同类型的企业具有不同的期量标准。大量生产的期量标准主要有节拍、流水线指示图表和在制品定额等；成批生产的期量标准主要有批量、生产间隔期、生产周期、生产提前期和在制品定额等；单件生产的期量标准有产品生产周期、生产提前期等。下面介绍几种基本的期量标准。

(一)批量和生产间隔期

批量是指一次投入(或出产)同种制品的数量。生产间隔期是指前后两批同种制品投入(或出产)的间隔时间。批量与生产间隔期之间的关系可用下列公式来表示：

$$\text{批量}=\text{生产间隔期}\times\text{平均日产量}$$

从以上公式可以看出，在年度生产任务已定，即平均日产量不变的条件下，批量与生产间隔期成正比。即加大批量，生产间隔期就会相应延长，减少批量，生产间隔期就会相应缩短。确定批量的方法有最小批量法、经济批量法和以期定量法。

1. 最小批量法

它是以保证设备充分利用为主要目的的一种批量计算方法。该方法着眼于设备充分利用率和提高劳动生产率这两个因素的综合考虑，通过计算求出最小批量。

$$\text{最小批量}=\frac{\text{设备调整时间}}{\text{工序单件时间}\times\text{设备调整允许损失系数}}$$

设备调整允许损失系数一般规定为 0.02～0.12 之间。如果损失系数过大，设备利用率就会降低。一般应根据生产类型、零件大小以及制品成本加以选择。

2. 经济批量法

它是指设备调整费用与库存保管费用之和为最小时的批量，可用数学方法求得。在生产任务一定的条件下，批量越大，设备调整次数越少，分摊到每个产品(零件)的调整费用也就越少，但库存保管费用相应增加；批量越小，设备调整次数越多，分摊到每个产品(零件)的调整费用也就越大，但库存保管费用相应减少。其公式表示如下：

$$\text{经济批量}=\sqrt{\frac{2\times\text{每次设备调整费用}\times\text{产品年产量}}{\text{单位产品(零件)的年平均保管费用}}}$$

3. 以期定量法

它是先确定生产间隔期，然后再确定批量的一种方法。采用这种方法，当生产任务变动时，只需调整批量，不必调整生产间隔期。企业常采用的生产间隔期有季、月、旬、日等，这样，既能考虑经济效益，又简化了生产管理。

(二)生产周期与生产提前期

生产周期是指从原材料投入生产开始，到成品制成出产为止所经历的全部时间。生产提前期是指产品(零件)在各工艺阶段投入(出产)的时间比最后出产成品时间所提前的天数。它是在成批生产条件下，编制生产作业计划不可缺少的期量标准。

(三)在制品定额

在制品是指处于生产过程中尚未完工的所有加工对象的总称。在制品定额则是指在一定生产技术组织条件下，各生产环节为保证连续、均衡生产所需占用的最低限度的在制品数量。正确制定在制品定额，对于保证企业均衡地出产产品有着重要作用。生产过程各环节过多地占用在制品，就会过多地占用流动资产，增加在制品运输等各种费用支出，对降低产品成本，提高企业经济效益不利。因此，必须科学、合理地确定在制品定额。

第二节　生产作业控制

生产作业计划是生产作业控制的基础，生产作业控制是生产作业计划的重要保证。生产作业控制是指在生产作业计划执行过程中，对产品(零件)数量和生产进度的控制。以便采取有效措施预防(或制止)可能发生(或已经发生)的脱离计划的偏差，保证生产作业计划如期实现。它是现代企业生产管理的重要内容。

标准、信息和措施是生产作业控制的三个要素，它们决定了生产作业控制的程序。即：

第一步，确定生产作业控制标准；

第二步，检测执行结果与标准进行比较，获取是否产生偏差、偏差多大及其产生偏差原因等信息；

第三步，采取纠正偏差的措施，确保生产作业计划如期实现。

生产作业控制主要包括生产进度控制、在制品占用量控制和生产调度。

一、生产进度控制

生产进度控制是指对原材料投入生产到成品入库为止的全过程所进行的控制。生产进度控制是生产作业控制的关键。它一般包括投入进度控制、出产进度控制和工序进度控制。

1. 投入进度控制

投入进度控制是指控制产品开始投入的日期、数量和品种是否符合生产作业计划的要求，同时也包括原材料、毛坯、零部件投入提前期以及设备、人力、技术组织措施项目等投入使用日期的控制。做好投入进度控制，可以避免计划外生产和产品积压等问题，保持在制品正常流转，保证投入的均衡性和配套协调。

2. 出产进度控制

出产进度控制是指对产品的生产日期、提前期、出产量、出产均衡性和配套性的控制。搞好出产进度控制，对保证按时、按量完成生产计划，紧密衔接生产过程各个环节，做到均衡生产有重大作用。

3. 工序进度控制

工序进度控制是指对产品在生产过程中经过的每道加工工序的进度所进行的控制。它主要适用于生产周期长、工序多的产品。工序进度控制的主要方法有：用工票控制和加工路线单控制。

二、在制品占用量控制

在制品占用量控制是对生产过程各个环节的在制品实物和账单进行控制。搞好在制品占用量控制,不仅是实现生产作业计划的重要保证,而且对减少在制品积压、节约流动资金、提高企业效益也有重要作用。

在制品占用量控制主要包括以下3个方面。

(1)控制车间内各工序之间在制品的流转。

(2)控制跨车间协作工序的在制品流转。

(3)加强检验环节对在制品流转的控制。

此外,我国部分企业引进国外先进企业管理经验,采用了“看板管理法”控制在制品占用量。采用看板方式生产与一般方式生产的一个显著区别是:它采用后道工序向前道工序领取零部件,前道工序只生产被后道工序取走的那部分零件,严格控制零部件的生产和储备。

三、生产调度

生产调度是对执行生产作业计划过程中可能出现的偏差及时了解、掌握、预防与处理,保证整个生产活动协调进行的一项工作。生产调度以生产作业计划为依据,生产作业计划要通过生产调度来实现。

生产调度的主要工作内容有:督促做好生产技术准备和生产服务工作;控制生产进度和在制品流转;检查生产过程中的物资供应和设备运行情况;合理调配劳动力;协调运输等。

目前,调度会议是企业生产调度的常用方法。调度会议的重点是处理和解决问题,而不是调查研究。为了保证信息及时、准确地传递,协调生产过程各方面的活动,还应把正确的调度工作方法与先进的调度技术装置相结合,充分发挥调度工作对生产作业计划的控制作用。

思 考 题

1. 企业应怎样科学而合理地制订生产计划?

2. 决定企业生产能力的因素有哪些?

3. 生产作业计划对企业生产有何意义?

第十章 人力资源管理

企业人力资源是指在一定时间内企业员工的数量和质量的总和。企业人力资源管理的根本目的是最大限度地挖掘企业员工的潜在能力,以实现企业中人与职位(岗位)的最佳匹配,从而更有效地服务于企业经营战略总目标。由此可见,企业人力资源管理是以具体的人和职位为对象,服务于企业经营战略总目标,而进行人力资源的组织、开发、激励、创新、运用及评估等一系列有效的活动。

企业人力资源管理的内容十分广泛,从生产的角度,其主要内容可以概括为劳动管理和人事管理两大方面。加强人力资源管理,有利于选拔优秀的员工,对于调动员工积极性,促进企业生存发展,提高工作效率及企业经济效益都有重要的激励作用。

第一节 劳动组织

劳动组织就是对劳动者在劳动过程中进行科学合理地组织,以充分利用设备生产能力,其根本目的和任务是提高劳动生产率。劳动组织工作的主要内容包括员工分工与配备、作业组的组织、轮班组织和多机床管理组织等。

一、员工分工与配备

员工分工是指企业根据一定的生产技术条件,把整个生产工作划分成若干组成部分,由不同工种员工分别完成。它是员工配备的基础,合理配备员工则是劳动分工得以实现的重要条件。

分工与协作是相辅相成的。协作以分工为前提,分工又以协作为条件,在分工的基础上协作,在协作的原则下分工。因此,在分工的基础上,还要加强劳动过程中的协作与配合,才能使企业内各职能部门和各车间、工段、班组、作业组、轮班之间协调顺利进行。分工可以提高生产率,协作不仅可以提高生产率,而且还可以创造出一种集体劳动生产力。

合理配备员工是根据生产发展的需要,为各种不同的工作配备相应工种和等级的员工,使其人事相宜,各尽其才,高效率,满负荷,保证劳动生产率的提高。

二、作业组的组织

作业组又称工作组,它是在劳动分工的基础上,把为完成某项工作而相互协作的有关员工组织在一起的工作集体。作业组是企业劳动组织的基本形式,它的规模通常比生产班组小,一个生产班组往往包括几个作业组。通过组织作业组,可以更好地组织员工的劳动协作,合理使用人力,使整个生产能够协调配合地进行,提高劳动生产率。

在下列条件下,企业应组织作业组。

(1)某项工作不能直接分配给每个员工单独进行,而必须由几个员工密切配合,共同进行时,需要组织作业组。如修理作业组、装配作业组等。

(2)员工的劳动成果彼此密切联系,互不可分,为了加强协作与配合,需要组织作业组。如流水线上的作业组等。

(3)需多人看管的大型、复杂的机器设备,需要组织作业组。如锻压作业组、炉前作业组等。

(4)生产前的准备工作、辅助工作和基本工作有密切联系并相互协作,需要组织作业组。如把修理工、运输工和基本生产员工组成一个作业组。

(5)员工没有固定工作地,或者没有固定工作任务,为了便于调动和分配员工的工作需要组织作业组。如厂内运输组、电工作业组等。

此外,为了开展竞赛,便于相互学习和帮助,交流经验等,也可以组织作业组。

三、工作轮班组织

作业组是员工之间分工与协作在空间上的联系,而工作轮班是指在工作日内组织不同层次的工作协作形式,是分工与协作在时间上的联系。如何科学地、合理地组织工作轮班,对于合理使用劳动力,充分利用机器设备和生产面积,缩短生产周期,降低单位产品成本,提高全员劳动生产率和经济效益,都有着重要作用。不同的企业应根据企业生产的工艺特点、生产任务、人员情况、经济效益等条件而定,可以实行单班制,也可以实行多班制或混合制。

1. 单 班 制

它是指每天只组织一个班的员工进行生产。单班制的组织工作比较简单,其任务是组织好不同工种之间的相互配合,充分利用班内有效工作时间。

2. 多 班 制

它是指每天组织两班或两班以上的员工轮流进行生产。多班制的形式很多,如两班制、三班制、四班三运转制、四班五运转制、五班四运转制等。

要科学合理地组织工作轮班,必须处理好以下几个问题。

(1)合理安排各班员工的倒班。比如三班制倒班,通常的方法有正倒班和反倒班两种(见表 10-1、10-2)。倒班时间应尽量和公休日结合起来,保证员工得到充分休息。在生产连续性企业,由于员工是轮流休息,倒班时间不可能和每个员工的轮休时间都结合在一起,所以采用反倒班的方法较好。

表 10-1 正倒班表

班 次	第一周	第二周	第三周	第四周	第五周
早	甲	丙	乙	甲	丙
中	乙	甲	丙	乙	甲
夜	丙	乙	甲	丙	乙

表 10-2 反倒班表

班 次	第一周	第二周	第三周	第四周	第五周
早	甲	乙	丙	甲	乙
中	乙	丙	甲	乙	丙
夜	丙	甲	乙	丙	甲

(2)合理组织员工的轮休。组织员工轮休的主要形式有:三班轮休制、三班半轮休制、四班轮休制、四班三运转制等。

(3)合理配备各班的人员数量。应注意使各班人员的数量、素质、技术等方面保持平衡性和相对稳定。

(4)加强对夜班、中班生产的组织管理。应建立健全夜间值班制度。基层的生产管理人员要与员工一起倒班,及时处理夜班、中班生产中出现的问题。

(5)实行严格的岗位责任制和交接班制度。

四、多机床管理的组织

多机床管理是指一个员工或一组员工同时看管几台设备的一种先进的作业组织形式。组织多机床管理可以充分利用员工的工作时间,节约劳动力,降低产品成本,提高劳动生产率和促进生产管理工作的改进。

组织多机床管理的基本原理是:员工利用一台机器设备的机动时间去完成其他机器设备的手动或机手并动操作。因此,组织多机床管理的一个前提条件,是每台机器设备的机动时间大于或等于员工看管其他机器设备手动、机手并动、员工来往机器间的走路时间之和。机器设备的机动时间越长,员工操作的手动时间越短,员工看管的设备数就越多,反之,则越少。

推行多机床管理要采取的技术和组织措施有:提高设备的自动化水平;改进工艺,设计新的工艺结构,使机器的机动加工时间和手动工作时间都尽可能分别集中;合理布置设备,使之形成合理的巡回路线;绘制多机床看管指示图表;提高员工的单项操作水平,缩短手动时间;加强生产计划管理,实行均衡生产,尽量使工作有节奏而均衡地进行;采用先进的工作方法,贯彻预防为主的精神,掌握机器性能,争取工作主动。

五、工作地的组织

工作地是员工进行生产活动的场所。合理组织工作地,就是在一个工作地上,把劳动者、劳动工具、劳动对象科学地组织起来,正确处理它们之间的关系,使人、机、物有一个合理的布局和安排,以充分利用设备和生产面积,减轻员工劳动强度,节约作业时间,提高工作效率和企业经济效益。

工作地组织的内容主要包括:合理装备和布置工作地;保持工作地有良好的劳动环境;组织好工作地的供应和服务工作。

第二节　劳动定额和劳动定员

劳动定额是指在一定的生产技术和生产组织条件下,为生产一定量的合格产品或完成一定量的工作,所预先规定的劳动消耗量的标准。

劳动定额有两种基本表现形式,即工时定额和产量定额。工时定额是指生产单位合格产品所需消耗的劳动时间。产量定额是指在单位时间内生产合格产品的数量。工时定额与产量定额互为倒数关系。此外,还有看管定额形式,看管定额是指一个或一组员工,同时所能看管机器设备的数目,或机器设备上的操作岗位数目。

不同的企业,由于生产条件的不同,所采用的定额形式也有所不同。比如,机械制造业通常采用工时定额;化工、冶金业通常采用产量定额;纺织业通常采用看管定额。即使在同一企业,由于各工种或工作性质的不同,也可以采用多种定额形式。劳动定额在企业管理过程中,具有多方面的作用。

(1)它是企业编制计划,合理组织生产劳动的依据;

(2)它是建立与健全经济责任制,开展竞赛、推广经验的有效工具;

(3)它是企业进行经济核算、按劳取酬的重要基础与依据。

一、工时消耗的分类

工时消耗是指员工在一个轮班内全部作业时间的消耗。员工在生产中的工时消耗可分为定额时间和非定额时间两大类。

1. 定额时间

定额时间是指为完成某项工作必需的劳动时间消耗。它包括以下时间消耗:①作业时间,即员工直接用于完成任务、实现工艺过程所消耗的时间;②布置工作地时间,即在轮班内,员工用于照管工作地,使工作地经常保持正常工作状态所消耗的时间;③休息与生理需要时间;④准备与结束时间,即员工为生产一批产品或完成某项生产任务,事先进行准备和事后结束工作所消耗的时间。

2. 非定额时间

非定额时间是指用于非生产任务所消耗的时间。它包括非生产工作时间;员工责任造成的损失时间;管理不善等原因造成的损失时间。

非定额时间是由各种原因引起的工时损失。在制定工时定额时,不应计入定额内;否则就不能充分发挥促进企业改进工作,严格工作纪律,对提高劳动生产率和企业经济效益不利。

二、劳动定额的制定

劳动定额的制定,要求做到"快、准、全"。快是指时间要快,能迅速制定出定额,及时满足生产和管理上的需要;准是指制定的定额要有科学依据,具有足够的准确性,以满足先进合理的要求;全是指凡能制定定额的工种和项目,都应制定定额。

先进合理的定额水平,是指在正常生产技术组织条件下,大多数员工经过努力可以达到,部分可以超过,少数能够接近的定额水平。制定劳动定额的方法主要有以下几种。

1. 经验估工法

它是指由定额管理人员、技术人员和老员工组成,结合过去的实践经验,参考有关技术资料,考虑现有生产技术条件,直接估算劳动定额的方法。

2. 统计分析法

它是利用过去同类产品或类似零件、工序的工时统计资料或劳动定额,经过分析比较整理后,结合以后生产技术组织条件的变化来制定定额的方法。

3. 技术测定法

它是通过对生产技术组织条件的分析与研究,在挖掘生产潜力的基础上,对组成定额的各部分时间,通过实地观察测定,分析计算制定定额的方法。

以上各种制定定额的方法,各有其适应条件和优缺点,企业应用时应从实际出发,根据需要和可能进行选择。在实际工作中,也常常将这几种方法结合起来运用。

三、劳动定员

劳动定员是指企业在一定生产技术组织条件下,为了保证企业生产经营活动正常进行,而规定的各类人员配备的质量要求和数量界限。它为科学合理地使用人力资源,做到人尽其才,

提高劳动生产率,贯彻按劳分配原则,编制生产计划等都有很大的作用。劳动定员管理的方法有:

1. 按工作效率定员

它是根据生产任务(工作量)、员工的工作效率和出勤率来确定定员人数。其计算公式如下:

$$定员人数=\frac{每一轮班应当完成的工作量}{员工的工作效率\times出勤率}$$

凡是有劳动定额或工时标准的工种,都可以采用这种方法。特别是以手工操作为主的工种,更适宜采用这种方法。

2. 按设备定员

它是根据机器设备的数量,看管定额和设备开动班次来确定定员人数的。其计算公式如下:

$$定员人数=\frac{为完成生产任务所需设备台数\times每台设备开动班次}{看管定额\times出勤率}$$

这种定员方法,主要适用于机械操作为主的工种。

3. 按岗位定员

它是根据工作岗位的多少以及工作量的大小来确定定员人数的。其计算公式如下:

$$定员人数=\frac{每个岗位工作量\times操作岗位数}{员工工作效率\times出勤率}\times工作班次$$

这种方法通常适用于看管大型联动设备或装置的工种。同时还适用于门卫人员的定员。

4. 按比例定员

它是按照企业员工总数和某一类人员占员工总数比例来确定定员数的。其计算公式如下:

$$定员人数=\frac{员工(或某些人员)人数}{定员标准比例}$$

这种方法,通常适用于对服务人员人数的确定,但某些生产人员也可按这种方法来确定。

5. 按组织机构、职责范围、业务分工定员

这种方法主要适用于企业管理人员和工程技术人员的定员。

上述几种劳动定员方法,企业应从实际出发,综合考虑本企业的生产特点、专业方向、发展前景、管理水平和技术水平等因素,灵活运用或结合使用。

第三节　人 事 管 理

企业人事管理部门主要是对员工的招聘、挑选、培训,对人才的培养、发掘,以及制定科学合理的工资制度与有关保健、安全和福利等制度的管理。

企业的人事机构设置一般如图 10-1 所示。

一、员工的招聘

企业人事管理的重要内容之一是为企业补充所需要的人力。由于员工的退休、离职或企业扩大经营的需求等,都要求及时招聘并挑选新员工,以确保企业生产经营的需要。

1. 招聘员工

招聘是设法获得足够数量的求职者的一种方法。通常可以通过以下几种方法和途径来进行。

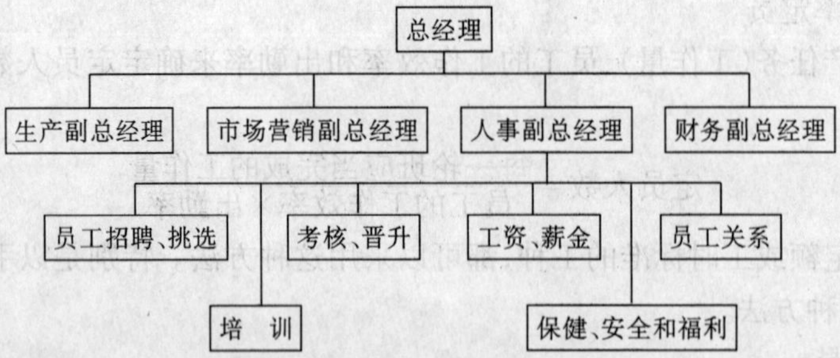

图　10-1

(1)招聘广告:即在报纸、电台、电视台和各种专业杂志上登广告。

(2)政府设立的就业中心(人才交流中心):各省、市、县都设有人才交流中心,它们能帮助介绍具有一定专业技能和技术人员的工作。

(3)职业介绍所或咨询中心:该类机构在介绍工作时,要向企业和求职者收取一定费用。

(4)大专院校:教育机构是我国企业工作人员的一个重要来源。企业经常派员到全国的一些高等院校与求职者会面,初步的合格者被邀请去企业再作进一步的面试。

(5)职业学校:高等职业学校和一般职业学校也是企业新员工的重要来源。

(6)专家及员工的亲戚和朋友:许多企业鼓励专家及本企业员工推荐亲友作为未来的员工。

(7)退役军人:在军队服役的人具有一定的专门技能和专长,退役后,就能在企业中工作。

2. 挑选员工

企业对前来求职的申请者,要进行挑选工作,从中选用合适的人。挑选过程一般包括以下几个环节。

(1)求职申请表:企业通过求职者填写的申请表来掌握有关求职者的初步信息,包括求职者的姓名、地址、电话号码、希望担当的工作、工作经历、文化教育程度、身体健康状况和推荐人的姓名、工作单位、职务、地址等。

(2)面试:面试使企业有机会在面对面的基础上对求职者做出评价。

(3)就业测验:就业测验的目的是为了帮助企业更好地挑选新员工,也就是使这种挑选更加准确和有效。

(4)体格检查:企业在挑选员工时,要求对求职者进行体检。其目的是了解求职者的健康状况是否符合工作说明书中对健康的要求。

3. 劳动合同

劳动合同是用人单位和劳动者之间为了确定劳动关系,明确相互间的劳动权利和义务所达成的协议。劳动合同的制定应当遵守平等自愿、协调一致的原则,不得违反法律的规定。

劳动合同的内容有法定内容和约定内容两种。法定内容是我国劳动法规定的劳动合同双方当事人必须履行的条件;约定内容是劳动合同双方当事人协商的条件。

劳动合同的内容必须包括:①劳动合同期限;②工作内容;③劳动保护和劳动条件;④劳动报酬;⑤劳动纪律;⑥劳动合同终止的条件;⑦违反劳动合同的责任。

二、员工的培训

员工经过挑选录用,需要对他们进行培训,促使他们能不断适应新环境的需要。对现代企业员工而言,几年前所取得的专业技术和知识有很多在科学技术及经济发展变化中老化和落后了。所以,培训始终是企业的一项经常性和挑战性的工作。培训的方式很多,主要取决于员工本人和他的工作情况,以及企业今后发展的需要。根据管理层次、工作复杂程度,采取不同的培训方式和内容。

1. 在职培训

企业一般采用的培训方法是在工作中培训。常用的 3 种方法是:指导、工作轮换、特殊委派。

(1)指导:在工作中指导受培训人如何接受新知识和新的专业技能。

(2)工作轮换:使受培训人能获得不同的工作经验和能力,使员工直接得到他将来要做的工作的有关知识。

(3)特殊委派:企业为了发掘人才,临时为某些员工分派特殊任务,以便为今后做好工作打下良好基础。

2. 脱产培训

脱产培训是指员工暂时离开现任工作,去接受培训。目前采用脱产培训的方法有:新员工上岗培训;讲课、案例和讨论会;角色扮演等。

(1)新员工上岗培训:在与实际工作条件完全相同的工作环境下,指导受训者如何具体工作。

(2)讲课、案例和讨论会:有些培训不仅仅是学会"怎么做"的问题,如管理人员需要在诸如信息沟通、激励和领导艺术等方面接受培训;而且还可以利用会议、案例分析和讨论来补充讲课的不足。

(3)角色扮演:常用来培训受训者的敏感性和分析能力、组织能力。扮演者也会取得处理该类问题的经验。同时,观众也将提高对这类问题的认识,找到解决这类问题的可能方法和思路。

三、劳动报酬

以工资、奖金为主体的劳动报酬,是以货币形式支付的职工个人消费品的分配,它是保证社会再生产正常进行的必要条件。

1. 工资制度和工资形式

我国企业实行的工资制度有:技术等级工资制、岗位技能工资制、职务等级工资制、结构工资制、定级升级制度和晋级增薪、降级减薪的方法等。

工资形式是指企业核算和支付员工报酬的形式,属于直接的劳动报酬。我国企业工资的主要形式有计时工资、计件工资、奖金和津贴等,前二种是工资的基本形式,后两种是工资的辅助形式。

2. 保　　险

保险是社会保险的主要内容之一,它是指企业为保护和增进员工身体健康,保障员工在暂时或永久丧失工作能力时的基本生活需要而建立的一种物质保障制度。员工享受的保险待遇和工资、奖金、津贴都属于员工物质利益的内容,但二者的性质是不同的,保险具有社会互助的性质,它是根据国家的法律规定,筹集的保险基金。企业员工保险的主要内容包括:生育保险、病伤残保险、退休养老保险、医疗保险、死亡保险、待业保险等。

3. 职工福利

职工福利是指企业对职工提供经济上的帮助、生活上的照顾和方便,以满足和补充职工基本的、共同的或特殊的生活方面的需要而兴办的福利设施和福利事业的总称。职工福利是个人消费品分配的一种形式,是间接的劳动报酬,但不属于按劳分配范畴,而属于社会消费基金的分配范畴,它起着满足员工生活需要,促进生产发展的重要作用。

职工福利包括员工集体福利设施和员工福利补贴两个方面。员工福利设施主要有:食堂、浴室、图书馆、俱乐部、体育场所、托儿所等;员工个人福利补贴主要有生活困难补贴、交通补贴、冬季取暖补贴、卫生洗理费等。

思　考　题

1. 企业应如何合理地进行劳动组织?
2. 劳动定额的确定对企业的生产活动有何作用?
3. 企业的人事管理主要包括哪些工作?
4. 企业应如何招聘和挑选员工?

第十一章 财务管理

财务管理是企业经营管理的重要组成部分,是组织企业财务活动、处理财务关系的一项经济管理工作。

财务是指企事业等单位中有关资金的业务。企业在进行生产经营活动时,资金会随之发生变动。如购买材料、支付工资、销货收款、上缴税金、提成留利等都会引起资金的相应变动。因此,从价值、货币的形式来看,企业的再生产过程也就是资金的运动过程,其价值的货币表现,就是资金。

财务管理是对企业资金的取得、分配和使用过程中各项工作的管理。加强财务管理,对于进一步完善经济责任制,巩固经济核算,提高经营管理水平,减少资金的占用和人力、物力消耗,降低成本,增加企业盈利等方面有着重要作用。

财务管理的基本任务和方法是做好各项财务收支的计划、组织、控制、核算、分析和考核工作,依法合理筹集资金,有效利用企业各项资产,努力提高经济效益。

财务管理的内容包括资金筹集管理、资产管理、成本费用管理、收入与利润管理及财务收支等。

第一节 资金筹集管理

从资金来源渠道看,企业所拥有的资金有:一是所有者权益,它是企业资金的主要来源,包括投资者投入的资本金及持续经营中形成的经营积累(资本公积金、盈余公积金和未分配利润),其中资本金是所有者权益的主要部分;二是企业的负债,包括借入的资金以及应付未付的款项等。

一、资 本 金

资本金是企业在工商行政管理部门登记的注册资金。通俗地讲,办企业的本钱就是资本金,对股份制企业而言就是股本。为了使企业生产经营活动合理、合法地进行,国家规定建立企业时,必须具有一定法定数额的能用来抵偿风险的资金,并不得低于国家规定的限额。这部分资金由国家注册会计师验证,工商行政管理部门注册,形成企业注册资金,就是资本金。

资本金按投资主体分为国家资本金、法人资本金、个人资本金以及外商资本金等。国家资本金是指有权代表国家投资的政府部门或机构以国有资产投入企业形成的资本金;法人资本金是其他法人单位以其依法可以支配的资产投入企业形成的资本金;个人资本金是社会个人或企业内部员工以个人合法财产投入企业形成的资本金;外商资本金是外国投资者以及我国香港、澳门和台湾地区投资者投入企业形成的资本金。

为了及时有效地筹集企业所需的资本金,提高其使用效益,需要建立企业资本金制度。资本金制度的主要内容有以下几方面。

(1)企业必须拥有法定资本金,并达到国家法定的最低数额,以保证企业进行正常的生产经营活动。根据有关规定:从事生产经营,流通批发业务的有限责任公司的注册资金最低限额为50万元;从事商业零售的为30万元;从事科技、服务、咨询的为10万元;股份有限公司的注册资金最低限额为1 000万元;其中有外商投资的为3 000万元。

(2)企业可以采取吸收资金、实物、无形资产和发行股票等形式筹集资金。

(3)企业持续经营期间,除国家另有规定者外,投资者不得以任何方式抽回资本金。

(4)投资者按投入的资本金比例分享企业利润和分担经营风险。

(5)企业增加或减少注册资本金数额,必须办理变更登记,企业的公积金可以依照法定手续转赠资本金。

二、资金筹集渠道与方式

(一)企业资金筹集的渠道

资金筹集的渠道是指企业取得资金的来源。企业的资金来源主要有以下7项。

(1)国家财政投入资金;

(2)专业银行信贷资金;

(3)非银行金融机构资金;

(4)其他企业投入资金;

(5)企业职工和城乡居民投入资金;

(6)企业自留资金;

(7)外商投入资金。

(二)企业资金筹集的方式

资金筹集的方式是指企业取得资金的具体形式。企业根据国家法律、法规的规定,可以采取国家投资、各方集资或者发行股票等方式筹集资金。其具体方式有以下几种。

1. 财政拨款

通常有基本建设拨款、流动资金拨款、专用拨款等。

2. 银行借款

通常有基本建设借款、流动资金借款、专用借款。

3. 企业内部积累

它是指企业留用利润,用于企业扩大再生产。企业从成本中提取的折旧基金、大修理基金,并不增加企业资金总量,但能增加企业可利用资金。

4. 股　票

股票是指股份公司为筹集自有资金而发行的有价证券,它代表股份制企业的所有权,是持股人拥有公司股份的入股凭证,股票持有者即为公司股东。股东按照公司组织章程,参加或监督公司经营管理,分享红利,并依法承担以购股额为限的公司经营亏损的责任。公司股份按投资主体分为国家股、法人股、个人股和外资股。

5. 债　券

它是企业为取得长期资金而发行的有价证券,是持券人拥有公司债权的债权证书。它代表持券人与公司之间的债权债务关系。持券人可按期取得固定利息,到期收回本金,但无权参与公司经营管理,也不参加分红,对公司的经营亏损不承担责任。

6. 租　赁

租赁是出租人以收取租金为条件,将其资产定期出租给承租人使用的一种信用业务,它是资产所有权与使用权分离的一种物资流通形式,是一种较好的筹集资金的方式。

7. 商业信用

它是指在商品交易中以延期付款或预收贷款进行购销活动而形成的借贷关系,是企业之间的直接信用行为。其形式主要有:赊购商品、预收货款、商业汇票等。商业信用是一种短期筹集资金的方式。

8. 联 营

它是在自愿的基础上,由两个以上具有法人地位的企业,在同一生产过程或相关的生产过程中组成的经济联合体,即合资企业。与筹资有关的联营主要有:以原有企业为主,吸收其他企业投资;若干个企业联合出资,组建新的企业;中外合资办企业。

上述各种筹资方式,体现不同的经济关系,如所有权关系、债权关系。企业筹资时,要权衡其经济性质和相应的经济利益加以选择和利用。

第二节 资 产 管 理

资产是企业拥有或控制的能以货币计量的经济资源,包括各种财产、债权和其他权利。它们是企业从事生产经营的物质基础,并以各种具体形态分布或占用在生产经营过程的不同方面。

资产与负债、所有者权益有着清晰的平衡关系,即:

资产 = 负债 + 所有者权益

这一平衡公式清楚地表明,企业全部资产要么是属于所有者的,要么是属于债权人的,企业产权关系非常明确。

资产按其流动性的快慢分为:流动资产、固定资产、无形资产、递延资产和其他资产。

一、流动资产管理

企业要进行生产经营活动,必须拥有一定数量的流动资产。管理好企业流动资产是企业得以生存和发展的需要。流动资产是相对于固定资产而言的,它是指企业可以在一年或超过一年的一个营业周期内变现或者运用的资产。包括现金及各种存款、短期投资、应收及预付款、存款等。

(一)流动资产的特点

(1)经常处于流动状态。

(2)流动资产并存性与继起性统一。

(3)流动资产垫支时的专一性与循环时的通用性统一。

(二)流动资产的构成

根据流动资产周转运动情况,其构成如图 11-1 所示。

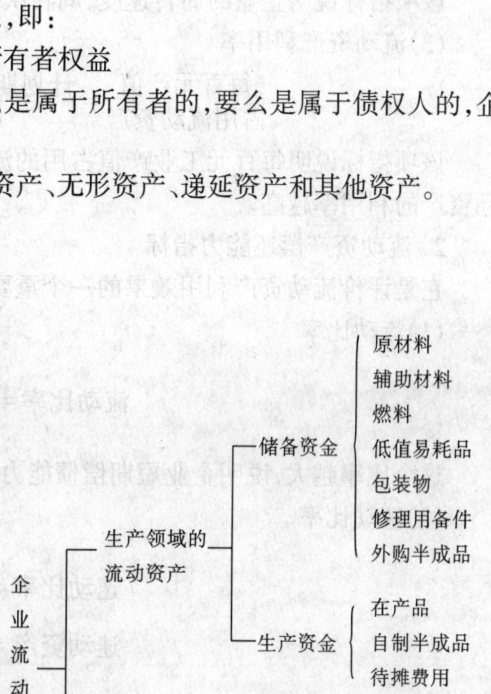

图 11-1

(三)流动资产管理的基本要求

(1)正确核定流动资产定额,加强计划管理。

(2)及时筹措资金,保证生产经营的正常需要。

(3)严格遵守财政纪律,监督流动资产的正确使用。

(4)协调供、产、销之间的平衡,推动企业改善经营管理。

(四)流动资产的评价

流动资产评价是对企业流动资产循环、周转和管理效果进行考察和总结。流动资产评价指标主要分为流动资产利用效果指标和流动资产偿还能力指标两大类。

1. 流动资产利用效果指标

它是反映流动资产总体情况的指标体系,主要包括全部流动资产周转率、存货周转率、流动资产利用率三项指标。

(1)全部流动资产周转率

$$\text{全部流动资产周转次数}=\frac{\text{营业收入总额}}{\text{全部流动资产平均数}}$$

该项指标是反映企业生产经营活动的一项综合性财务指标。周转次数越多,说明流动资产周转得快,利用效果越好。

(2)存货周转次数

$$\text{存货周转次数}=\frac{\text{销货成本}}{\text{平均存货}}$$

该项指标说明企业的周转速度,周转次数越多越好。

(3)流动资产利用率

$$\text{每百元产值占用流动资产}=\frac{\text{计划期全部流动资产平均数}}{\text{计划期工业产值}}\times 100\%$$

该项指标说明每百元工业产值占用的流动资产数额。这是一项逆指标,其值越小,表明流动资产的利用率越高。

2. 流动资产偿还能力指标

它是评价流动资产利用效果的一个重要指标体系,通常有流动比率和速动比率两个指标。

(1)流动比率

$$\text{流动比率}=\frac{\text{流动资产}}{\text{流动负债}}\times 100\%$$

这个比率越大,说明企业短期偿债能力越强,一般以200%左右为宜。

(2)速动比率

$$\text{速动比率}=\frac{\text{速动资产}}{\text{流动资产}}\times 100\%$$

$$\text{速动资产}=\text{流动资产}-\text{存货资产}$$

二、固定资产管理

企业进行生产经营活动,一定要拥有劳动资料(房屋、建筑物、运输设备、机械设备、工具等)。凡是企业拥有的,为了满足生产经营活动的需要,使用年限超过一年,单位价值在规定标准以上,并在使用过程中保持原有物质形态的劳动资料叫做固定资产。现行会计制度还规定,不属于生产经营主要设备的物品,单位价值在2 000元以上,并且使用期限超过两年的,也应当作为固定资产。不具备上述条件的劳动资料列为低值易耗品。企业用货币资金购置固定资产后，垫付在固定资产上的资本金，通常称为固定资产。按固定资产用途可分为生产经营用的固定资产和非生产经营用的固定资产；按固定资产计提折旧与否分为计提折旧的固定资产和不计提折旧的固定资产两类。

(一)固定资产的特点

(1)固定资产以实物形态参加生产过程，以其技术性能作用于产品的生产，而不以其实物形态形成产品的使用价值。

(2)固定资产实体使用寿命的长短，不与产品生产周期一致，其价值的周转时间要经过多次反复的生产周期才能完成。

(3)固定资产的补偿，在价值形态与实物形态上是不同的。价值形态的补偿是根据固定资产在使用中的消耗程度，以折旧形式分次、逐步实现。而其实物形态在报废前仍然可以在生产中发挥作用。

(4)随着企业再生产过程的连续进行，固定资产价值分为两部分实现，实物形态部分逐年递减，脱离实物形态部分依次通过在产品和产成品转化为货币，而逐步递增。

(二)固定资产的计价

固定资产的计价，通常采用以下3种计价标准。

1. 原始价值

它是指企业建造或购置固定资产时所发生的全部支出，又称为原价或原值。它反映固定资产的原始投资，并可作为计算固定资产折旧的依据。但原始价值往往具有历史因素，不一定能确切反映当前投资水平，因此又称为历史成本。

2. 重置完全价值

它是指企业在当前情况下，重新建造或购置固定资产时所需要的全部支出。一般是企业盘盈固定资产时或国家要求对企业现有的固定资产进行重新估价时采用该种计价。

3. 净　　值

它是指固定资产的原始价值或重置完全价值减去已提折旧后的净额，又称为折余价值。它反映固定资产的现有价值，也就是当前还占用的固定资金净额。

(三)固定资产折旧

固定资产由于磨损而转移到产品中去的价值称为固定资产折旧。为了保证企业将来有能力重置固定资产，同时把固定资产的成本分配到各个受益期，实现收入与费用的合理配比，企业必须在固定资产的有效使用年限内计提一定数额的折旧费。因此，正确计算和计提折旧，不仅是正确计算成本的前提，而且也是保证固定资产再生产正常进行的重要措施。企业计提折旧的方法有平均年限法、工作量法和加速折旧法等。

1. 平均年限法

也称为直线法，是根据固定资产使用年限来计算折旧的一种方法。该方法核算简便，但不能如实反映企业固定资产的无形损耗，也不能体现国家产业政策的调整。

$$固定资产年折旧额=\frac{固定资产原值-预计净残值}{预计使用年限}$$

$$固定资产年折旧率=\frac{固定资产年折旧额}{固定资产原值}\times 100\%$$

2. 工作量法

工作量法是按照计算期内固定资产的工作量计提折旧的一种方法。各项固定资产,使用时数越多,折旧额也越大。

$$某期固定资产折旧额=\frac{某期实际工时(产量)}{预计总工时(产量)}\times\left[\begin{matrix}固定资产\\原值\end{matrix}-净残值\right]$$

3. 加速折旧法

也称为递减折旧费用法。是在固定资产的耐用年限内,通过使用早期多提折旧,并随使用年限的延续而逐渐递减的方式,使其固定资产价值加快得到补偿的一种计提折旧的方法。采用的方法一般有余额递减法、双倍余额递减法、年数总和法和递减折旧率法等。在我国随着社会主义市场经济的确立和企业经营的国际化,适当采用加速折旧法是当前经济发展的一种客观需要。

(四)固定资产的日常管理

固定资产是企业得以生存和发展的基础,加强固定资产管理,对于提高企业财务管理水平,加速企业的技术进步都有着重要作用。财务管理部门要支持、监督企业认真做好固定资产的日常管理工作。其内容主要包括:固定资产的归口分级管理;监督固定资产的增减、维护和清查;建立账卡以及登记固定资产变动情况等。

三、无形资产、递延资产和其他资产管理

1. 无形资产管理

无形资产是指能长期使用但不具有实物形态而为企业提供某种权利或特权的各种名义资产。无形资产一般包括属于知识产权的专利权、商标权、著作权以及非专利技术、商誉、土地使用权等。企业无形资产的取得主要有购入、自创、其他单位投资转入以及接受捐赠等途径。

无形资产不计提折旧。其价值从开始使用之日起,在有效使用期限内平均摊入管理费用。企业转让无形资产时,所取得的收入除国家另行规定外,计入其他销售收入。

2. 递延资产管理

递延资产是指不能计入当年损益,而应当在以后年度内分期摊销的各项费用。包括开办费、租入固定资产的改良支出等。递延资产是一种没有实体的过渡性资产,一般是指已经取得提供服务的等价报酬支付,但其效果不仅包括本期,还可受益于以后各期。

3. 其他资产管理

其他资产是指由于某种需要不能参加企业生产经营的资产。主要包括国家特种储备物资、被冻结的财产以及涉及诉讼的财产等。

第三节　成本和利润管理

一、成本管理

成本管理是对企业生产经营活动过程中所发生的成本和费用,有组织、有系统地进行预测、计划、控制、核算、考核和分析等一系列科学管理工作的总称。

(一)企业费用的构成

企业费用是指企业在生产经营过程中发生的各项耗费和垫支的总和。其构成如图 11-2 所示。

- 企业费用
  - 产品成本
    - 直接费用
      - 直接材料
      - 直接工资
      - 其他直接支出
    - 间接费用—制造费用
  - 期间费用
    - 管理费用
    - 财务费用
    - 销售费用

图　11-2

1.产品成本

产品成本是指企业为生产一定种类和数量的产品所发生的各项费用的总和。我们可以通过对构成产品成本的各部分进行计算、分析和考核,找出降低产品成本的有效途径,从而提高企业的经济效益。

(1)直接材料:包括企业在生产经营过程中实际消耗的原材料、辅助材料、备品配件、外购半成品、燃料、动力、包装物、低值易耗品以及其他直接材料。

(2)直接工资:包括企业直接从事产品生产人员的工资、奖金、津贴和补助。

(3)其他直接支出:包括直接从事产品生产人员的职工福利费等。

(4)制造费用:包括企业各生产单位为组织和管理生产所发生的各项费用,如生产单位管理人员工资福利费、生产单位房屋、机器设备折旧费、租赁费、修理费、机物料消耗、低值易耗品摊销、取暖费、水电费、差旅费、运输费等。

2.期间费用

期间费用是指直接计入营业损益的费用。这些费用不受企业产品产量增减的影响,因此不计入产品成本,在其发生的当期就全部转入损益,从销售收入中一次扣除。具体包括企业管理费用、财务费用和销售费用。

(1)管理费用:是指企业行政管理部门管理和组织生产经营活动的各项费用。包括企业经费、工会经费、职工教育费、劳动保护费、咨询费、业务招待费、技术转让费、坏账损失、职工培训费等。

(2)财务费用:是指为筹集资金而发生的各项费用。包括企业生产经营期间发生的利息支出、汇兑损失、金融机构手续费以及筹资发生的费用等。

(3)销售费用:是指企业在销售产品、自制半成品和提供劳务等过程中发生的各项费用以及专设销售机构的各项经费。具体包括由企业负担的运输费、装卸费、包装费、保险费、展览费、广告费等。

准确计算期间费用,可以避免乱挤成本,盈亏不实,造成潜亏,能更真实地反映企业生产经营的状况。

3.不得列入成本、费用的支出项目

企业对下列支出不得列入成本、费用。

(1)为购置和建造固定资产、无形资产和其他资产的支出。

(2)对外投资的支出。

(3)被没收的财物,支付的滞纳金、罚款、违约金以及企业赞助和捐赠的支出。

(4)国家法律、法规规定以外的各种支付费。

(5)国家规定不得列入成本和费用的其他支出。

(二)降低产品成本的途径

加强成本管理的基本任务是采用一切措施,挖掘内部潜力,努力降低产品成本,增加企业经济效益。降低产品成本应从以下几个方面入手。

1. 提高劳动生产率

主要途径有两点,一是增加产品产量,二是缩短生产产品的劳动时间。

2. 节约材料和能源消耗

材料和能源是产品成本的主要部分,它的比重一般占产品成本的50%以上。因此,企业应利用现代科技成果,通过不断改进生产工艺、提高材料利用率、选用替代材料、降低材料采购成本等以降低成本。

3. 提高产品质量,减少废品损失

废品损失实质就是生产过程中人力、物力以及财力的浪费。要降低产品成本,就必须提高产品质量,减少废品损失。

4. 提高设备利用率,节约产品成本中的折旧费用

设备利用率的提高,可以使单位产品的折旧费、修理费以及其他费用降低。企业应不断地内挖潜力,提高设备的生产效率,同时提高设备的完好率。

二、利润管理

利润是企业在一定时期内进行生产经营活动所取得的最终结果。它是综合反映企业生产经营成果的重要指标,也是衡量企业经济效益好坏的一个综合指标,企业利润的高低及其分配情况,不仅关系到国家的财政收入,也将直接影响企业自身发展的后劲和广大职工的经济效益。因此,企业利润管理主要是在保证产品质量和品种的前提下,降低产品销售成本,不断提高企业盈利水平,实现更多的利润。

(一)利润与指标

利润是企业在一定时期内生产经营的财务结果。它包括销售利润、投资净收益、营业外收支净额。

销售利润是企业利润总额的主要构成部分,在数量上是销售收入扣除成本、费用和各种流转税及附加后的余额。

投资净收益是指投资收益扣除投资损失后的数额。投资收益包括对外投资分得的利润、股利和债券利息、投资到期收回或者中途转让取得款项高于账面价值的差额,以及按权益法核算的股权投资在被投资单位增加的净资产中所拥有的数额等。投资损失包括投资到期收回或者中途转让取得款项低于账面价值的差额,以及按照权益法核算的股权投资在被投资单位减少的净资产中所分担的数额等。

营业外收支净额是指营业外收入减去营业外支出后的数额。

(二)利润的分配

企业在一定时期内实现的利润总额,应按国家规定及时、正确地进行分配。利润分配是一项政策性很强的工作,它体现了国家与企业、企业与投资者、企业与员工之间的经济利益关系。

企业利润应按规定程序进行分配,分配原则是先抵后税,先税后分。即企业当年实现的利润,先抵补以前年度亏损,抵亏后的年度净利润先按统一税率缴纳所得税,原则上不得用税前利润偿还贷款,不得在税前利润中提留各种基金。缴纳所得税后的剩余部分是企业可分配利润,可分配利润除国家另行规定外,按下列顺序分配。

(1)弥补被没收财物损失,支付各项税法规定支付的滞纳金和罚款。

(2)弥补以前年度亏损。根据有关规定,企业发生亏损,可用以后年度税前利润在5年内延续弥补,亏损超过5年仍不能弥补的,可用企业税后利润等弥补。

(3)提取法定盈余公积金。企业按规定应按税后利润的10%提取盈余公积金。若企业的法定盈余公积金超过注册资金总额的50%时,可不再提取。

(4)提取公益金。主要用于企业的员工集体福利设施。

(5)向投资者分配利润。企业以前年度未分配的利润,可以并入本年度向投资者进行分配。

(三)增加企业利润的途径

(1)降低产品成本是增加企业利润的根本途径。在产品价值不变的情况下,成本越低,企业获得的利润就越多。

(2)提高产品质量是企业增加利润的必要条件。

(3)提高满足社会需求的产品产量。即可增加销售收入,又可相对节约企业固定费用,降低单位成本,以增加企业利润。

(4)尽量降低期间费用,严格控制营业外支出,节约开支,可以相应地增加企业利润。

思 考 题

1. 企业应如何经济合理地筹集所需资金?
2. 如何确定企业的流动资产和固定资产?
3. 哪些属于企业的无形资产?
4. 企业应怎样有效地降低产品成本?

第十二章 物资管理

第一节 企业物资管理的内容

工业企业物资管理是工业企业管理的重要组成部分，是对工业企业生产所需的物资进行计划、组织、控制等全过程的总称。具体内容如下。

(1)做好物资消耗定额工作，并根据计划期的任务量，正确核定物资需求量，并建立相应的储备，这是工业企业物资管理的技术供应工作。

(2)编制物资的采购计划，并按时按质按量组织进料。

(3)对进料及时进行接运、验收，对库存料进行合理储存、科学养护，并按时向车间供应生产所需物资的品种和数量，使厂区物流科学、合理、安全、经济。

(4)加强废旧物资的回收和管理，提高废旧物品的再生利用。

第二节 物资定额

一、物资消耗定额

物资消耗定额是指在一定条件下，为完成单位合格产品(或单位工作量)而合理消耗物资的数量指标。

(一)工业生产物资消耗定额的特点

1.基本采用技术计算法

工业生产物资消耗定额的制定方法，基本上都是采用技术计算法。因此，制定定额时，需由设计、工艺、物资、生产等部门与车间班组密切配合，提供有关资料，才能把定额制定得准确可靠。

2.由零件到整机逐项制定

工业生产物资消耗定额一般都可先准确制定零件(单项)定额，然后在此基础上再制定整机(综合)定额。

3.广泛采用合理下料

工业生产物资消耗定额制定中，合理下料被广泛采用。

(二)工业生产物资消耗定额的制定

1.必须具备的原始资料

(1)产品全部零件明细表及设计图纸。因为产品零件材料消耗定额，必经依据设计图纸；而整机材料消耗定额，还要知道这种零件产品中的数目和每个零件的材料消耗定额。

(2)产品生产工艺流程和相关技术资料。这种资料包括诸如零件的下料损耗、加工含量损耗、工艺中心孔损耗、烧损、切除损耗、铸件生产金属炉料技术经济指标以及加工设备的特性等资料。

(3)有关新技术资料。这些资料包括诸如新技术、新设备、新工艺、材料的推广和应用情况等。这些资料对提高材料消耗定额的先进水平,具有实用和参考价值。

(4)历年消耗统计分析资料。同种产品历年实际材料的消耗统计分析资料,对与新定额进行对比、防止计算上的错误有参考价值,并对定额的先进性进行分析。

(5)材料的规格、单价等资料。材料的规格和单价等资料,是选择材料和计算产品费用不可缺少的资料。

2. 制定方法

(1)条型原材直接加工零件。用圆钢等条型原材料直接加工的零件,可采用零件净重加上合理的工艺损耗来制定定额,其步骤如下。

①按设计图纸,查出零件的最大设计直径 $D_{大}$ 和设计净长度 $L_{净}$。

②查出零件径向加工留量 $d_{留}$,确定零件的毛坯直径尺寸 $D_{毛}$($D_{毛}=D_{大}+d_{留}$),从而选择材料规格。

③查出零件端面加工留量 $l_{留}$,确定零件毛坯长度 $L_{毛}$($L_{毛}=L_{净}+2l_{留}$)。

④查出总夹头量 $l_{切}$,确定工艺长度 $L_{艺}$($L_{艺}=L_{净}+2l_{留}+l_{切}$)。

⑤查出总夹头量 $L_{夹}$ 和总残料量 $L_{残}$ 及零件个数 n,确定夹头 $l_{夹}$ 和残料分推量 $l_{残}$($l_{夹}=L_{夹}/n$;$l_{残}=L_{残}/n$)。

⑥制定零件材料消耗定额 N($N=L_{净}+2l_{留}+l_{切}+l_{夹}+l_{残}$)。

对于锻件来说,与此相似。加工用的原材料,可用圆钢、方钢以及钢锭等。由于它可以锻造成所需零件毛坯的开头和尺寸,因此,在制定定额时,要考虑到它的净重量、加工留量、烧损、切除损耗以及下料损耗等。

(2)板型材直接加工零件。用板型原材料直接加工的零件,可采用系数法来制定定额。一般有 3 种方法。

①采用下料系数(或下料利用率)K_1 求零件材料消耗定额 N。

$$K_1=\frac{\sum 零件毛坯的面积(或重量)}{\sum 板型原材料的面积(或重量)}$$

K_1 如为下料利用率,则应乘以 100%。

$$N=\frac{零件的毛坯面积(或重量)}{K_1}$$

②采用下料残料系数(或下料残料率)$K_{残}$,求零件材料消耗定额 N

$$K_{残}=\frac{\sum 残料的面积(或重量)}{\sum 板型原材料的面积(或重量)}$$

$K_{残}$ 如为下料残料率,则应乘以 100%。

$$N=\frac{零件按比例分摊的残料面积(或重量)}{K_{残}}=\frac{零件毛坯面积(或重量)+下料切面积(或重量)}{1-K_{残}}$$

③采用材料综合利用系数(或材料综合利用率)K,求零件材料消耗定额 N。

$$K=\frac{\sum 零件净面积(或重量)}{\sum 板型原材料面积(或重量)}$$

K 如为材料综合利用率,则应乘以 100%

$$N=\frac{零件净面积(或重量)}{K}$$

系数法也适用于用条型材料直接加工零件时的材料消耗定额的制定。

(3)铸件用金属炉料。对于铸件生产消耗的金属炉料,可利用金属材料技术经济指标来制定金属炉料消耗定额。

金属炉料技术经济指标主要有:铸件成品率,可回收率以及不可回收损耗率等。常用到的是铸件成品率,即指铸造车间经过清炉检验合格成品铸件毛重占金属炉料投炉总重量的百分率。计算公式为:

$$铸件成品率(K_{成})=\frac{成品铸件毛重}{金属炉料投炉总重量}\times 100\%$$

金属炉料消耗定额,是指每吨成品铸件毛重需要消耗的各种金属炉料的数量(kg)。计算公式为:

$$N_i=\frac{1\,000}{K_{成}}\times f_i$$

式中　f_i——第 i 种金属炉料的酌料百分比。

(4)焊接、防炉材料。对于诸如焊接材料、表面防护材料等,采用先求出单位长度或单位面积材料的消耗数量,再乘以单位产品材料消耗定额的方法。焊接是机械加工常用的方法,消耗的材料有:电焊条、焊丝、熔剂、氧气、乙炔等。其消耗定额的制定,一般先求出每米焊接材料消耗量 Q_m 再乘以零件焊缝长度 L 求得,计算公式为:

$$N_{焊接材料}=Q_m\times L。$$

零件表面防护消耗的材料主要有:电解铜、锌丝、镍板、铬酐等金属材料以及油漆等非金属材料。其消耗定额的制定,一般也是先求出单位面积材料消耗量,再乘以零件防护面积求得。

(三)工业生产物资消耗定额的考核

1. 下料利用率

下料利用率 K_1,表示原材料制成毛坯的利用程度。

$$K_1=\frac{毛坯重量}{原材料消耗数量}\times 100\%=\frac{毛坯重量}{物资消耗定额}\times 100\%$$

K_1 的高低取决于产品的设计尺寸是否合理、原材料尺寸与产品尺寸是否成倍尺性,原材料下料是否合理,以及下料时的工艺切割损耗的大小。一般金属材料的下料利用率约在 90%左右。

2. 毛坯利用率

毛坯利用率 K_2,表示由毛坯制成成品的利用程度。

$$K_2=\frac{成品净重}{毛坯重量}\times 100\%$$

K_2 取决于产品设计结构是否合理与加工工艺是否先进。

3. 运输保管中材料利用率

运输保管中的材料利用率 K_3,表示材料经过运输保管过程后的利用程度。

$$K_3=\frac{运输保管后材料数量}{运输保管前的材料数量}\times 100\%$$

K_3 一般应为 100%,只有一些特殊材料在运输保管中产生损耗,致使 K_3 有所降低。

4. 回收利用率

回收利用率 K_4,表示在供应定额中有多少比重的材料还可回收利用。

$$K_4 = \frac{\text{可以回收利用的重量}}{\text{供应定额}} \times 100\%$$

式中所指回收利用的含义是指可以重复综合利用。

5. 材料总利用率

材料总利用率 K，表示投入的材料中有多少构成了产品实体净重，表示材料的总有效利用程度。

$$K = \frac{\text{产品净重}}{\text{供应定额}} \times 100\%$$

$$K = K_1 \times K_2 \times K_3 \times K_4$$

6. 定额升降率

定额升降率 K_6，表示本期定额与上期定额比较后的升降百分数。

$$K_6 = \frac{\text{上期定额} - \text{本期定额}}{\text{上期定额}} \times 100\%$$

结果是正数时为降低率，是负数时为升高率。

二、物资储备定额

工业生产的物资储备是为了保证再生产过程不间断进行而储存于生产企业的物资。

(一)工业生产物资储备的构成

1. 经常储备

经常储备是用于经常周转的。它在进料时达到最大，以后随着投入生产而减少，最后降至零，然后又开始下一批进料。如此不断进料，不断消耗，周而复始，故又称周转储备。相邻两次进料的间隙时间称为进料间隔期，以天数计算。

2. 保险储备

保险储备是防备物资未按预定正常的进料时间到达，即上一批物资已经用尽，下一批物资尚未到来时，用以避免停工待料而供应的。保险储备建立后，一般不动用，动用后应及时予以补充，因此它是比较固定的，又称固定储备。

3. 季节储备

季节储备是为了适应进料或用料季节性的要求，在一定时期内建立的一种储备。进料季节性是由于运输条件或产品的生产条件引起的。用料季节性是由于用料企业的生产性质和用料条件决定的。用料季节过后，所余季节储备即转为经常储备，投入正常使用。故季节储备又称结转储备。

4. 工艺储备

工艺储备是已投入生产但尚未使用到正在生产的制品上去的材料、半成品等，用以保证生产过程的不断进行。

(二)工业生产物资储备定额的查定

1. 经常储备定额的查定

经常储备定额通常根据进料间隔期即经常储备天数与物资平均一日消耗量计算。计算公式为：

经常储备定额 = 平均一日消耗量 × 经常储备天数

平均一日消耗量 = 计划期消耗量/计划期日数

在实际查定物资储备定额时，如果计划期的任务尚未确定，需要参考以前几年的历史资料和分析计划期的发展趋势来测算。如果进料间隔期不稳定，需用加权平均方法求平均间隔期来计算。

2. 保险储备定额的查定

工业生产的保险储备定额一般是按临时取得货源所需天数计算。临时取得货源所需天数包括：①办理临时订货、采购或改变供货企业等所需的天数；②供货企业办理发运所需天数；③途中运输天数；④卸车、验收、准备所需天数。采用这一方法确定的保险储备保证供应的程度是比较高的。

3. 季节储备定额的查定

由于季节储备的形成受各种不同条件的影响，季节储备定额要根据其形成的各种具体情况来查定。如季节储备是由于供货的季节性形成的，包括产品生产和运输的季节性，只能在某一段时间进料时，其储备定额按下列公式计算。

季节储备天数 = 计划期天数 − 季节天数

如由于用料企业的用料季节性形成季节储备，而且要在用料季节开始前储足所需物资时，其定额即整个季节所需消耗的物资数量。

4. 成品储备定额的查定

工业企业生产的某些成品在销售过程中形成成品储备，占用资金相当多，需要查定储备定额予以控制。其定额的计算公式为：

成品储备定额 = 平均一日生产量 × 成品储备天数

成品储备天数根据下列因素确定：①成品库对产品数量和质量的复查时间；②成品集结到发货数量的时间；③按照用料单位所订品种选配货进行包装的时间；④办理运输手续的时间。上述各种作业时间并不是所有产品都必须的，而且有的可以平行作业，因此要根据实际需要分产品具体确定。

总的说来成品不是本企业所需的，越早售出越好，其储备应尽可能减少。

第三节 厂区物流

厂区物流是指工业企业生产所需的物资实体在工厂内的流动。具体包括如下作业。

一、物资接运

物资接运是准确无误地向交通运输部门或送料部门接收到达工业企业的生产所需的物资，包括车站（港口等）提货、专用线接车、供方送货到库、到供方仓库提货等方式。要求办理好交接手续，处理好发生的货运事故。

二、物资验收

物资验收是对到达工业企业的物资进行数量、外观质量、技术标准等验收以及对电子产品的内部测试。有时还要对原材料进行化学成分和机械性能的测定。要求及时、准确，把好入库物资数量关和质量关，并办理入库登账手续。

三、物资保管保养

物资保管保养是对入库物资合理规划储存场所、堆码、苫垫、盘点、检查、进行温湿度控制、防护与救治等。保证库存物资数量完整、质量良好。

四、备料发放

备料发放是根据各车间的用料需求把库存物资逐项配齐后交给领料人,并按照有关要求办理出库下账手续。

五、废弃物流

废弃物流是指对工业生产中的废旧物品,如生产加工中不能再使用的边角料、报废的生产工具及设备、失去使用价值的各种辅助材料和低值易耗品等,进行收集、分类、加工等,直到转化为新的生产要素的全部过程。

在上述作业过程中,都伴随着装卸搬运作业的进行,要求合理规划装卸搬运过程,减少装卸搬运次数,缩短搬运距离,组织文明装卸,达到效率高、费用省、质量好的目标。同时要加强厂区物流的安全管理,对厂区物流进行现代化管理,提高厂区物流经济效益。

思 考 题

1. 为什么说搞好企业物资管理是企业生产顺利进行的必要条件?

2. 物流技术的发展对企业消耗定额的制定和储备定额的查定有哪些重要影响?

3. 如何提高厂区物流的经济效益?

第十三章 设 备 管 理

设备是人们对进行生产所使用的各种机械的总称。它一般包括生产设备、动力设备、传导设备、运输设备、科研设备、仪器、仪表及各种工具等。它是现代企业生产经营的重要物质技术基础,也是企业固定资产的重要组成部分。机器设备状况的好坏。对企业的生产发展和经济效益影响很大。随着现代科学技术的发展,企业的生产设备日趋高速、精密、复杂化和数控电脑化。它们广泛用于科研、实验、加工、计算、检验、包装、运输、能源供应与转换等生产经营的全过程。加强设备管理,对于保证企业正常生产秩序,增加产量,提高质量,节约物资能源消耗,提高经济效益,实现技术进步,都具有十分重要的意义。

第一节 设备管理概述

一、设备管理的概念

设备管理是对设备运动全过程的管理。它在设备运动过程中存在着两种形态:一是设备的物质运动形态,它包括设备的选购、进厂验收、调试、使用、维修、改造、更新等;二是设备的资金运动形态,它包括设备的最初投资、维修费用支出、折旧以及更新改造资金的筹集、积累、支出等。

在企业传统的管理活动中,前者一般称作设备的技术管理,由技术、设备部门承担;后者称作设备的经济管理,由财务会计部门承担。设备管理应该使技术和经济两者融合,适应新时期发展的需要,以提高企业的经济效益。

二、设备管理的发展阶段

设备管理是随着管理科学技术的发展而逐步发展起来的。在设备管理的发展过程中,大致可分为三个阶段。

1. 事后维修阶段

在第二次世界大战前,企业的设备管理基本上属于这一阶段。在机械生产初期,设备结构简单,一般由操作工人实行坏了再修的事后修理制度。随着工业生产的发展,设备修理难度提高,逐渐从生产工人中分离出一部分人专门从事维修和管理工作,并相应设立设备维修和管理机构,制定必要的设备管理制度。所谓事后维修就是企业的机器设备发生了损坏或故障以后才进行修理。

2. 预防性定期维修阶段

随着工业生产的进一步发展,尤其是科学管理的产生与发展,在设备管理中逐步推行并完善了预防性的定期维修制度。它主要有两个体系:一是前苏联的计划预防维修制度;二是欧美的预防维修制度。预防维修就是机器设备在发生故障以前,对容易磨损的零件和容易发生故障的部位,事先有计划地安排维修和更换,以预防设备事故的发生。

3. 设备综合管理阶段

设备综合管理是设备实行全面管理的一种重要形式。它是在设备维修的基础上,为了提高设备管理的技术、经济和社会效益,吸取现代管理理论和现代科学技术新成就,而逐步发展起来的一种新型的设备管理体系。

三、设备管理的任务

设备管理的任务是正确贯彻执行党和国家的方针政策,通过采取一系列技术、经济、组织措施,逐步做到对企业主要生产设备的设计、制造、购置、安装、使用、维修、改造、更新,直至报废的全过程进行综合管理,以获得设备寿命周期费用最经济,设备综合效能最高的目标。它的具体任务有以下几方面。

(1)要以设备的寿命周期作为设备管理的对象,力求设备在一生中消耗的费用最少,设备综合效率最高。

(2)设备的设计和制造应树立系统论的观点,力求在使用中达到准确、安全、可靠,在维修中便于检查与修理,使设备达到较高的利用率。

(3)按照技术先进、经济合理、技术服务好的原则,正确选购机器设备,为企业提供优良的技术装备。

(4)在节省设备管理费用和维修费用的条件下,保证机器设备始终处于良好的技术状态。

(5)搞好设备的更新与改造,提高设备的现代化水平,使企业生产活动建立在最佳的物质技术基础上。

第二节　设备的选择和经济评价

一、设备的选择

设备的选择应满足生产实际的需要,结合企业的长远生产及经营发展方向全面考虑。把企业有限的设备投资,用在生产必须的设备上,发挥投资的最大经济效益。选择设备的基本原则是技术先进、经济合理、安全节能、生产可行、技术服务好等。在具体运用这一原则时,应结合以下因素全面考虑。

1. 生 产 性

设备的生产性是指设备的生产效率,即设备在单位时间内生产的产品数量。它是衡量机器设备效率的重要指标之一。一般表现为功率、行程、速度等一系列技术参数。

2. 可 靠 性

从广义上讲,可靠性指的是精度及准确度的保持性、零件耐用性、设备有效性等。机器设备的可靠性是指在规定的时间内,在规定的使用条件下,无故障地发挥规定功能的概率。

3. 安 全 性

安全性是指设备在使用过程中对操作者人身安全及设备本身安全的保证程度。选择设备时,要注意设备的材质是否良好,结构是否先进,组装是否合理牢固,是否安装预防和控制事故的安全装置,以保证使用中的人身安全。

4. 节 能 性

节能性主要指设备节约能源的性能,同时还要考虑节约原料资源的性能。节能好的设备表现为热效率高、能源消耗低、能源利用率高等。

5. 耐 用 性

耐用性主要指设备的使用寿命。设备的使用寿命不仅决定于设备的自然寿命,而且决定于设备的经济寿命。在选择设备时,既要考虑设备的耐用性,考虑自然寿命与科技进步的适应性,又要考虑设备的经济寿命。

6. 维 修 性

维修性又称维修的难易性、易修性或可修性等。机器设备运转一定时间后要进行修理。为了便于维修和节省修理费用,要考虑设备维修的难易程度。设备的维修性影响着维修的劳动量和费用。

7. 环 保 性

环保性主要指设备运转时产生的噪声和排放的有害物质对环境污染的程度。选择设备时,要选择那些把噪声和排放的有害物质控制在保护人体健康的卫生标准范围内的设备,并要求配备有相应的治理“三废”的附属设备和配套工程。

8. 成 套 性

成套性是指设备本身及各种设备之间的配套成龙水平,它是形成设备生产能力的重要标志。选择设备时,注意设备的成套性,能充分发挥各类设备的生产能力,提高生产效率,节约能源,提高企业经济效益。

9. 适 应 性

适应性是指设备对不同工作条件,加工不同产品、零件的适应能力。通常要求设备加工范围较广,设备结构紧凑、轻巧,占地面积小。

10. 经 济 性

关于设备的经济性,不仅要考虑最初投资费用大小,而且要考虑设备投资回收期限和采用该设备所带来的节约额,以及使用后的维护费等。

二、设备的经济评价

在选择和评价设备时,除了考虑上述因素外,还要考虑经济因素,即对设备作出经济评价。对设备进行评价时,要根据生产技术上的要求,对设备进行定量和定性分析,然后从几种设备或方案中进行全面的对比分析,从中择优选择。国内外对设备经济评价的方法很多,各有特点。现介绍几种常用的方法。

(一)投资回收期法

投资回收期法是根据设备的投资费用及由于采用该设备在提高劳动生产率,节约原材料及能源,提高产品质量,节约劳动力等方面所带来的节约额进行计算的经济评价方法。投资回收期的计算公式如下:

$$设备投资回收期=\frac{设备投资费用}{采用该设备后的年节约额}$$

从上述公式可知,回收期越短,说明设备投资效果越好。在其他条件相同的情况下,选择投资回收期最短的设备为最优设备。投资回收期法比较简便,但对不能定量计算其节约额的某些设备,则不宜使用。

(二)综合效益法

设备的综合效益是指设备寿命周期的综合经济效果。其计算公式如下:

$$设备综合效益=\frac{设备寿命周期输出}{设备寿命周期费用}$$

设备寿命周期输出是指设备在保证产量、质量、价格、交货期、安全、环保等条件下,在整个寿命周期中所创造的总收益。

设备寿命周期费用是指设备的本身价值、运输费、安装费和设备的维修费。

(三)费用比较法

它是根据设备最初一次投资费用和设备每年支付的维修费,按照设备的寿命周期和利率,折算为设备每年的总费用或设备寿命周期总费用,然后对不同方案进行比较、分析,选择最优设备的方法。费用比较法又可分为现值法、年值法和终值法。

三、设备的合理使用

正确、合理地使用设备,可以减少设备的磨损,延长设备的使用寿命,保持设备的良好性能和应有的精度,从而充分发挥设备的效能。合理使用设备必须做到以下几点。

1. 合理配备设备

各种产品都有其自身的结构特性和工艺特性,如何把它们经济地生产出来,正确、合理地配备机器设备是很重要的。必须根据生产的特点和需要,设备性能和生产效率的协调性,结合各个车间不同的生产组织形式,经济地为各车间、小组配备好各种类型的设备。另外,为了适应产品品种、结构和数量的不断变化,应及时地对工艺技术进行调整,对设备之间的比例关系进行调整,使设备能力适应生产任务的要求。

2. 实行设备操作的定人、定机制

设备结构的日趋复杂和精密,对操作人员的文化技术要求也日益提高。因此,就要加强技术人员的培训工作,特别是对新工人更应从严要求。对于精密、复杂、关键的和国外引进的机器设备,应指定具有专门技术知识的技术工人去操作。为了便于提高操作人员的技术熟练程度并积累经验,应尽量固定操作人员,不要轻易地调动他们的工作。总之,"用好、管好、保养好"设备,是对操作人员使用设备的基本要求,而定人、定机制是实现这一基本要求的保证。

3. 建立健全各种设备使用与维护保养的规章制度

建立各种设备的操作规程、设备维护保养责任制、设备润滑"五定"制度和润滑卡片、关键设备使用管理制度等。把行之有效的管理方法制度化、规范化,是设备使用与维护管理的一项重要的基础工作。

4. 合理利用设备,提高设备负荷率

由于各种设备都有其各自的使用范围、加工条件及技术条件,为了使设备做到物尽其用,就应避免大机小用、精机粗用,当然也不能超负荷运转。

第三节 设备的维护与修理

一、设备的维护

设备维护保养的目的是及时地处理设备在运转中由于技术状态的变化而引起的松动、干摩擦、异常响动等问题,以改善设备的使用状况,保证设备正常运行,延长设备的使用寿命。设备的维护保养,一般来说,就是要严格按照操作规程精心使用设备,经常细心观察设备的使用和运转情况,擦洗灰尘和油污,按照规定注油润滑,及时地调整和消除设备的小缺陷,紧固松脱的部位等。有些企业把设备维护保养的内容概括为清洁、润滑、紧固、调整、防腐,称为十字作业法。设备的维护保养工作,根据工作量的大小、难易程度,可以划分为三级保养制。

1. 日常维护保养

日常维护保养就是操作工人每天的例行保养工作。其主要内容有清洁、润滑、紧固、检查零部件的完整等，大多在设备的外部进行，并认真作好交接班记录。

2. 一级保养

一级保养的保养部位和项目较多，包括设备的外部和内部，应在专职检修人员的指导和配合下，由操作工人承担。一级保养是定期进行的。

3. 二级保养

二级保养的保养部位和项目最多，主要在设备内部，由专职检修人员承担，操作工人协助，也是定期进行的。

二、设备的检查

设备的检查就是在设备修理前对机器设备的运行情况、技术状况和工作精度、磨损及老化程度等进行的检查和校验。通过检查，及时查明设备隐患，采取措施，改进维护工作，以提高修理质量和缩短修理时间，提高设备完好率，保证设备的长周期安全运转。设备的检查可分为日常检查、定期检查和修理前检查。

在检查的基础上，发展起来的设备监测技术，是通过科学的方法及安装在设备上的仪器、仪表，对设备运行状况进行监测，能够全面、准确地把握设备的磨损、老化、劣化、腐蚀的部位和程度等情况。在此基础上进行早期预报和追踪，必要时进行有针对性的维修。

三、设备的修理

对设备进行维护保养，可以减轻设备的磨损，防止意外事故，但不能消除设备的正常磨损，也不能恢复设备已造成的精度、性能和效率上的缺陷。因此，要保持设备的完好状态，除了做好合理使用和维护保养工作外，还应搞好设备的修理工作。

设备修理是修复由于正常或非正常原因引起的设备故障和损坏，它是对设备物质磨损的补偿，以恢复设备的使用功能。修理的基本手段是修复和更换零部件。我国现行的设备修理制度主要有以下两种。

1. 计划预防修理制度

计划预防修理制度是按预定计划对机器设备进行维护、检修、预防设备发生故障，防止设备的各个零部件发生严重的磨损。它的基本特点是掌握设备的故障规律，使各种零部件在损坏前就被更换或修理好，这样，不仅能有效地对磨损进行补偿，而且还能防止突发性故障的发生。计划预防修理的方法有查后修理法、定期修理法、标准修理法等。

2. 保养修理制度

保养修理制度是由一定类别的保养和修理所组成的设备维修制度。该制度的特点是：操作工人和维修人员协作，共同维修设备，由操作工人负责设备保养，将操作工人参加设备管理具体化、制度化。这是贯彻预防为主的方针。

第四节 设备的改造与更新

在设备的使用过程中，我们必须充分考虑设备的磨损和设备的寿命期限。

设备的磨损有两类：一是有形磨损，其中主要是使用磨损和自然磨损。有形磨损造成设备的物质技术劣化。二是无形磨损，其主要原因是由于社会劳动生产率的提高，生产该设备的劳动耗费减少，因而引起设备的贬值或由于具有更高生产能力和经济效益设备的出现和推广，使原有设备的经济效能相对降低，同样使其设备价格贬值。

设备管理所指的设备寿命有 3 种。

1. 物质寿命

物质寿命也叫自然寿命或使用寿命。它是由物质磨损决定的设备的使用寿命。即设备从开始使用，由于物质磨损使设备老化、坏损，直到报废为止所经历的时间。

2. 经济寿命

它是指设备的费用寿命。即由设备的使用费用决定的设备寿命。

3. 技术寿命

它是指设备的有效寿命。即从设备投入使用到由于技术落后而被淘汰所经历的时间。

一、设备的改造

设备改造是指应用先进科学技术成果，根据生产发展的具体需要，改变现有设备的结构，以改善现有设备的技术性能和技术经济指标，使其局部达到或全部达到现代化新设备的技术水平。

设备改造包括设备改装和设备技术改造两种类型。设备改装是为了满足增加产量等要求对设备的容量、功率、形状进行改造，该方法既可提高设备效率，又可节约投资。设备技术改造也称现代化改造，是将科技新成果应用于现有设备，改变现有设备在技术上的落后状态，该方法可以提高产品质量和生产效率，降低产品成本，全面提高经济效益。

设备改造与研制新设备相比，具有周期短、投资少、见效快、适应性强等优点，对发展新产品，促进科技进步及提高技术经济效益等都极其有利。

设备改造的主要内容有：提高功率和转速，提高精度和耐磨性，提高机械化和自动化程度，改善润滑和冷却系统，增强安全性，改善节能性能和防止污染。

二、设备的更新

设备的更新是指用比较先进、比较经济的设备来代替技术、物质和经济上不宜继续使用的设备。因而在进行设备更新时，既要考虑设备的物质寿命，又要考虑设备的技术寿命和经济寿命。

设备的最佳更新周期也就是设备的经济寿命。由于设备使用时间延长，导致设备使用费用不断增长，称为设备劣化。采用低劣化数值法来确定最佳更新周期，是最小费用方程在设备更新中的具体应用。

假设 K_0 为设备的原值，T 代表使用年限，则每年平均分摊的设备费用为 K_0/T。

随着 T 的增长，设备的有形磨损和无形磨损越来越严重，设备的维修费用及材料、动力消耗费用增加，即设备的低劣化值在增加，假设低劣化值每年的增加值为 G，则 T 年的低劣化值为 GT，T 年中平均低劣化值为 $GT/2$。由此可知平均每年的设备费用总和 Q 为：

$$Q=\frac{G}{2}T+\frac{K_0}{T}$$

按照最小费用方程，若使设备每年平均使用费用最少，则：

$$\frac{\mathrm{d}Q}{\mathrm{d}t}=0,\text{得}\qquad T=\sqrt{\frac{2K_0}{G}}$$

例如，某台机床的原始价值为 7 000 元，每年低劣化增加值为 400 元，则其经济寿命为：

$$T_{\min}=\sqrt{\frac{2K_0}{G}}=\sqrt{\frac{2\times 7\ 000}{400}}=5.91\approx 6(\text{年})$$

本法是以计算公式求得最佳更新周期,也可用表格法或作图法求得最佳更新周期。表格法计算如表 13-1 所示。

表 13-1 设备最佳更新周期表格计算 单位:元

设备使用年限	设备费用 K_0/T	年均低劣化值 $GT/2$	平均每年总费用 Q
1	7 000	200	7 200
2	3 500	400	3 900
3	2 333.3	600	2 633.3
4	1 750	800	2 550
5	1 400	1 000	2 400
6	1 166.7	1 200	2 366.7
7	1 000	1 400	2 400
8	875	1 600	2 475

从表中计算可知,第六年的平均使用费用最少,所以最佳更新周期为 6 年。

第五节 设备综合管理与全员生产维修

随着现代科学技术的发展,现代化的设备管理已成为一门新兴的管理科学。它是以研究设备为对象,以追求设备寿命周期全过程最经济为目的,动员全员参加,讲究高效率的设备综合管理科学。当今,世界上设备管理维修体制有两大体系:一是美国的生产维修(PM),它注重科学分析,讲究经济效果,进行日常检查,定期检修,是对设备以维护保养为基础的"检查维修法";二是前苏联的计划维修,它是以设备的修理周期、结构和修理复杂系数为支柱的计划预修,即"定期修理法"。

一、设备综合管理

设备综合管理又称设备综合工程学,是 1971 年在美国召开的国际设备工程学术会议上,由英国人丹尼斯·派克斯(Dennic Parkes)提出的。它是以设备整个寿命周期中的技术、管理、财务等业务为研究对象,以提高设备效率为任务,使其寿命周期费用最经济的综合性科学。设备综合管理有 5 个基本观点。

1. 实行全过程管理

对设备实行全过程管理,即对设备的投资、计划、设计、制造、安装、调试、运转、维修、改造直至报废为止的全过程进行管理。这是系统工程学在设备管理中的具体应用。设备综合工程学就是通过对各阶段构成要素的分析、综合、调节各环节的机能,以实现设备寿命周期费用最经济的目的。

2. 追求寿命周期费用最经济、综合效率最高

设备综合工程学把设备的寿命周期费用作为评价设备管理的重要经济指标。它要求寿命周期费用最经济,而不是只研究某一阶段(如制造、维修)费用的经济性。实现设备的综合效率最高,就是以最少的人力、资金、设备、材料和最优的方法,努力实现优质、高产、低成本和按期

交货，而且还保证作业环境良好、安全性好，以及操作人员的劳动情绪饱满等。

3. 对工程技术、财务、管理的综合管理和研究

设备综合工程学是把与设备有关的工程技术、管理、财务等问题综合起来，成为对现代化设备进行全面管理和研究的边缘科学。为此，要求他们在熟悉某种专业知识的基础上，掌握多种科学知识，成为设备管理的综合人才。

4. 重点研究设备的可靠性和维修性设计

其目标在于设备的无维修设计。可靠性和维修性设计的理想极限是“无维修保养”设计，此时，设备寿命周期费用无限接近它的最小极限，它是设备综合管理追求的目标。

5. 对设计、使用和费用信息反馈进行管理

在系统方法中，信息反馈是一项很重要的工作。设备使用单位要及时把设备使用中的缺陷情况反映给设备制造部门，以便改进。同时，在厂内使用中发现设备的缺陷，也应及时反映给修理部门，以便进行改善性维修。总之，制造、使用单位要沟通信息反馈渠道，以不断改善设备的技术性能和经济效益。

二、全员生产维修

全员生产维修是日本在学习美国设备预防维修的基础上，吸收英国设备综合工程学的主要观点，继承本国传统管理经验，逐步形成和发展起来的一种设备管理和维修制度。它的主要内容包括以下几点。

1. 指导思想

它的指导思想是“三全”，即全效率、全过程、全体人员。

全效率是指设备的综合效率，即设备整个寿命周期的总输入与总输出之比或投入与产出之比。总输入就是寿命周期费用；总输出包括产量(P)、质量(Q)、成本(C)、交货期(D)、安全(S)、劳动情绪(M)等方面，可归纳为符合质量要求、低成本、按期交货、安全生产和高效率。用公式表示如下：

$$\text{设备综合效率}=\frac{\text{设备总输出}}{\text{设备总输入}}=\frac{P\cdot Q\cdot C\cdot D\cdot S\cdot M}{\text{寿命周期费用}}$$

全过程是指对设备要进行研究、设计、制造、安装、使用、维修、改造直至报废为止的全过程管理，并建立信息反馈系统。

全体人员是指凡是涉及到设备的规划研究、设计、制造、使用、维修、供应等所有部门的有关人员，从经理人员一直到第一线操作工人都组织进行参加设备管理，分担相应的职责。

2. 设备维修方式

设备维修方式主要包括：日常维修，即设备的检查（日常点检和定期点检）、清扫、调整、润滑、更换、整理等活动；预防维修；事后维修；改善维修；维修预防等。这些设备维修方式总称为生产维修。

思　考　题

1. 企业应怎样进行设备管理工作？
2. 选择设备时应考虑哪些因素？
3. 设备的磨损和寿命各有几种？怎样理解？
4. 设备改造对企业生产有何意义？

第十四章 信息管理

第一节 企业信息概述

一、企业信息的含义

企业信息是企业的生产经营过程以及关于企业生产经营的陈述。生产经营过程本身例如观察到的事实、现象等是直接的信息;关于企业生产经营过程的陈述例如经过加工整理的数据、资料、理论、观念等,则是间接信息。无论是直接信息还是间接信息,都使企业管理人员和生产人员对企业生产经营过程有了比较全面的认识。企业信息具有下列基本属性。

(1)企业信息来源于企业生产经营全过程,但又不局生产经营本身。

(2)企业信息来自企业管理人员和生产人员的思想,但又不局限于思想。

(3)获得企业信息需要技术,控制技术又需要信息。

(4)企业信息可以被管理者生产者所感知、检测、提取、识别、存储、传递、显示、分析、处理和利用,且为大家所共享。它是决策的依据、控制的基础和管理的保证。

(5)企业信息作为资源,与物资和能量不同,因为任何特定形式的物资及能量资源在企业甚至地球上都有一定的储量,但是企业信息资源不但没有限度,永远不会耗尽,相反它只会越来越快的增长。事实上近年来,一方面是"物质资源短缺"、"某种资源枯竭"的喧嚣声不绝于耳,另一方面却目击着"信息爆炸"的真实情景。

二、企业信息的类型

1. 按信息的形态分类

企业信息按形态分为数据信息、文本信息、声音信息和图像信息。

数据信息是指企业生产经营过程中,凡属计算机能够处理和生产的任何数字、文字、符号等。不过,数据通常是指数字。

文本信息是指企业生产经营过程中,能够书写的语言,以示与口头语言的区别。文本可以是手写的,也可以是用机器印刷出来的。如上级文件、生产贸易合同、商贸书信等。

声音信息是指企业生产经营过程中接收到的广播信息、电视信息、电话信息等。

图像信息是指企业生产经营过程中,利用或拍摄到的各种图片、图纸等。以实用性、现实性为主,以艺术性、解释性为辅。

2. 按信息的功能分类

企业信息按功能分为生成信息、处理信息、存储信息和传输信息。

生成信息是指企业在生产经营过程中捕捉到各种存在的信息并占有它,然后用 4 种形态中的一种把这一信息表示出来。

处理信息是指把企业生产经营过程中的全部信息利用一定的手段(如计算机)进行转移、编辑、分析、计算和合成。

存储信息是指企业把生产经营过程中取得的某一形态信息,将其保存下来供日后使用。

传输信息是指企业把生产经营过程中的信息通过远程通信技术跨越空间而传输给自己的合作伙伴、顾客等。

3. 按信息的来源分类

企业信息按来源分为内部信息和外部信息。

企业内部信息指企业生产经营计划、产品数量与质量、产品销售状况、工资分配、人事档案等。企业外部信息指中央和地方的各级文件、网络信息、市场变化动态等。

4. 按信息所处的环节分类

企业信息按其所处的环节分为市场调查信息、市场预测信息、生产经营决策信息、生产信息、资源组织信息、物流管理信息、产品销售信息、用户服务信息等。

5. 按信息的时间分类

企业信息按时间分为历史信息、现在信息、未来预测信息。

6. 按信息的加工程度分类

企业信息按加工程度分为原始信息和加工信息。

第二节　企业信息化的基本特征

一、生产要素信息化

生产要素信息化主要有两个方面的内容:一是知识信息本身作为新的生产要素投入到生产过程,使生产过程发生了根本变化;二是随着知识信息的不断渗透,劳动、资本、能源、原材料等这些传统生产要素也发生了根本性变化。信息是一种无形的资源,它可以表现为数字和符号,可以表现为对事物的某种判断,也可以表现为管理方法和技能。

二、生产方式信息化

1. 生产操作自动化

数控机床、机器人、计算机辅助设计系统的出现,使信息时代的生产操作自动化又迈进了一步。

2. 生产模式灵活化

通过电脑化的控制,设计出灵活的制造系统,将不同的需要,不同的规格、样式等信息以数字编码的方式输入计算机控制系统,便可变成批生产为成套生产。同时,还可根据需求的变化更改相应的信息数码,从而使同一套生产设备既可以在同一时间生产不同的产品,机器设备的利用率大大提高,并大大减少了零部件和成品库存量,加速资金周转,提高经济效益。

3. 生产规模分散化

随着信息越来越成为主导性的生产要素以及劳动对象的逐渐信息化,传统的“规模经济效应”出现了弱化的趋势。信息具有普遍的共享性和可传播性,相隔遥远的两个生产者可以分享来自同一信息源的信息,也可以对同一份信息同时进行加工和处理。信息的生产者不再有需要分摊的巨额固定成本,中小型的信息企业也不再会被行业巨头压得喘不过气来。

4. 生产分工系统化

在信息化时代,一方面计算机技术使生产设备的灵活性和劳动力的适应性不断增强,另一方面充分的信息资源使生产者对新工艺和新需求了如指掌。这使得传统的生产分工出现了微妙的变化,逐渐趋于一种系统化的分工方式。这种分工更为强调各个生产环节之间的联系,注重成品整体的系统性。这可以看作是一种回归,但决不是一种倒退,因为它是建立在更高级的信息生产力基础上的科学分工方式。

三、生产结构信息化

首先,电子计算机技术的运用,使分工越来越细,技术越来越复杂,专业化程度越来越高的制造业生产的各个部分有机地联系起来,形成一个新的分工体系。如计算机集成制造(CIM)是把横向的产品研究、开发、设计、制造和纵向的分级管理控制纳入网络化的计算机控制一体化的制造系统,它一般包括计算机辅助设计(CAD)子系统、企业活动计划自动化管理(CAP)子系统、质量自动化管理(CAQ)子系统、生产计划与高度自动化管理(PPS)子系统和计算机辅助制造(CAM)子系统,而所有这些子系统又都经由企业信息通信网络系统(INS)连为一体。这样,制造业的一切功能和活动就通过共同的计算机网络形成了一个有机的完整统一体,在数据和信息的交换传递过程中,消除了分工与功能之间的组织界限,因而获得了最大的“协同效应”。

其次,信息通信网络使企业实现了全部生产经营活动的信息化。在企业内部,从经理、生产工人、技术人员到销售人员都由网络联系在一起,使各自在不同的岗位能够互相沟通、互相协调,提高经营管理效率。在企业外部,企业通信网络又与本行业、上游行业和下游行业的各企业,乃至地区和全国的信息网络实行联网,企业因而可以对外界环境变化作出即时反应,增强企业的适应能力和应变能力。

第三节　信息对企业管理决策的影响

管理本身既是科学又是艺术,而管理的艺术在于驾驭信息。企业管理的中心是决策,决策的正确与否是管理成败的关键。随着企业管理由传统管理向科学管理,最后到系统管理阶段的发展,决策越来越依赖于信息。在系统管理阶段,管理决策的过程大体如下。

第一步,问题的认识与分析。包括目标分析、功能分析和环境分析等。

第二步,模型的建立。包括结构成分及关键因素的确定,可控和不可控变量的识别,约束和目标的明确化,再根据模型确定方案。

第三步,最优方案的选择。包括最优准则、满意准则、费用有效度分析。

往往需用一个数学模型来描述要解决的管理问题,这种模型可能是确定型、不确定型或具有某种概率的风险型,都要涉及大量信息进行繁杂的运算。

在企业生产经营活动中,一个运行事故可能损失几万,一个设计错误可能损失百万,而一个规划错误则可损失千万甚至上亿。这些决策除了选择合适的数学模型外,占有高质量的信息也是很重要的。现在有人提出“信息污染”的问题,说明在管理过程中,向管理系统输入的信息必须是高质量、高保真的,这样才能产生正确的决策。

第四节　信息技术加速了企业的现代化进程

信息技术是指有关信息的产生、检测、变换、存储、传递、处理、显示、识别、提取、控制和利用等技术。信息技术的典型代表是:传感技术、通信技术和计算机技术。在工业上,人们应用信息技术来探测工业资源、监控生产过程、管理生产流水线,大大提高了生产效率,降低了成本,能创造更高的经济效益。传统的工业和技术,一旦实现信息化,就会使生产的质量和数量产生飞跃。

一、信息高速公路推动了企业技术经济的发展

信息高速公路可促进企业经济的发展,缩短产品设计、制造和销售的周期,大大加速资金的周转,并能随时根据市场需求,促进新技术的应用和新技术的开发等。企业可快速、高效、实时地调整生产计划及物资供应和产品销售的经营方针,降低成本,提高企业技术经济效益。

二、条码技术是企业数据采集的重要手段

在企业管理中,条码识别设备是数据采集的有力手段。比如企业的人事管理(如考勤管理、工资管理、档案管理)、物资管理(如仓库自动化管理系统)、生产管理(如产品生产中的工耗、能耗、材耗、加工进度等)。此外,在生产过程的自动化控制系统中,条码技术更是重要的数据采集手段。

三、电子商务为企业发展提供了机会

首先,电子商务为中小企业的发展提供了良好的条件。通过因特网的资源共享,使中小企业能获得自身以常规方式无力收集的、对现代企业至关重要的大量市场信息,从而得到较为平等的竞争机会。

其次,电子商务的发展提高了企业的综合管理水平。电子商务环境所提供的大量、及时、准确的市场信息,有利于企业管理者作出正确的投资决策,减少企业开发新产品、更新老产品的盲目性,从而减少投资的风险。高效率的电子商务销售渠道可以缩短企业投资回收周期,推动技术进步和产品升级换代,提高社会生产质量。电子商务的发展会使企业投资更为活跃、更为合理,优化经济资源配置,从而提高整个企业的效率。

再次,电子商务弱化了企业生产和销售所受的地理限制,打破了企业发展的空间制约因素。电子商务把企业间距离似乎突然缩短了,企业与外地的伙伴开展生产协作和发展贸易关系变得较为容易。在电子商务时代,企业选择合作伙伴将更加重视技术的匹配、经济资源的互补而不是距离的远近。许多原来由于地理限制或市场信息限制而不能提供的服务现在成为可能。在电子商务时代,空间因素不重要了,而时间因素的重要性上升了。谁在时间上领先一步,谁就会在竞争中取得优势。

思 考 题

1. 试述信息在企业管理中的作用。
2. 如何利用信息推动企业管理现代化的进程?
3. 如何加强企业管理信息的开发?

第十五章　技术管理与新产品开发

第一节　技 术 管 理

企业的技术管理是企业管理的一个重要组成部分。它有广义和狭义之分。广义的技术管理是对企业中一切技术活动进行的科学管理和严密组织，将科学技术潜在的生产力转化为直接的生产力。它包括技术研究管理与生产技术管理。狭义的技术管理则专指生产技术管理。本节着重介绍企业的生产技术管理。

一、生产技术的准备

生产技术准备是指新产品或改进产品在投入生产前进行的产品设计、工艺准备、试制鉴定等准备工作。

(一)基本任务

(1)研究和采用新结构、新工艺、新材料，保证产品质量，提高企业生产技术水平。

(2)推行先进的管理方法，从技术、物资、人力、组织等方面进行合理部署，为生产创造一切必要条件。

(3)在最短时间内，以最少投入，保证新产品投产。

(二)生产技术准备的内容

由于各行业的区别以及其产品生产技术的不同，其生产技术准备的内容也有所不同，一般而言，它包括以下几点。

1. 产品设计准备

产品设计准备是为产品的制造提供完整、统一、准确的图纸和技术文件，其内容包括：初步设计、技术设计和工作图设计。

2. 工艺准备

工艺准备是指为设计要求，确定制造过程中的制造方法和工艺装备的一种技术准备工作，其主要内容有：产品结构工艺性分析与审查；确定工艺方案；制造工艺规程；工艺装备的设计与制造。

3. 物资准备

物资准备是为制造过程提供物资准备，其内容有：制定合理的材料消耗定额、新材料研究、原材料、外购配件、外协件的准备。

4. 产品试制与鉴定

通过试制品的鉴定，及时找出设计和工艺方面存在的问题，并加以改进和完善，从而达到批量生产的目的。

5. 生产组织准备

为保证正式生产顺利进行，要对生产组织进行调整，配备相应人员，进行作业条件准备，并进行技术、计划、安全交底。

(三)生产技术准备计划

生产技术准备计划是为了保证生产技术工作的顺利进行而制定的。生产技术准备计划的种类有生产技术准备综合计划、各产品生产技术准备计划、科室(车间)生产准备计划。

生产技术准备综合计划是企业生产技术准备工作的整体部署,是年度计划。它规定了在计划年度内,需要进行准备工作的产品,以及准备项目的内容、工作量、进度、执行单位等。

各产品生产技术准备计划是以具体的产品为对象来规定所需准备的项目,从而保证该产品的全部准备工作到位。它是综合计划的具体化。

科室(车间)生产准备计划是以参与准备的部门为对象,将上述两种计划任务分别落实到科室或个人,以便更好地完成各项技术准备工作。科室生产准备计划分年、季、月计划,月计划是具体执行计划。

生产技术准备计划的编制,一般采用网络计划技术编制。

二、技术改造

技术改造是指在坚持技术进步的要求下,不断地对产品性能、生产工艺、技术装备、生产性建筑、公用设施、劳动条件和环境保护等采用新的技术进行革新改造,以保持其技术进步,使企业产品在技术性能、质量和成本方面保持先进水平。因此,技术改造对于企业取得良好的经济效益,实现以内涵为主的扩大再生产具有十分重要的作用。

(一)技术改造的内容

各企业技术改造的内容很多,它主要有以下几方面。

1. 改进产品设计,促进产品更新换代

企业的技术改造,首先应从社会需求出发,改进产品设计,提高产品的性能和质量。

2. 改进工艺过程,推广先进的操作方法

工艺过程是直接消耗物化劳动和活劳动的过程。当产品设计出来之后,生产工艺的先进与落后,对于产品质量、性能、消耗、成本等起着决定性的作用。

3. 改进和创制新的机器设备

机器设备是企业的生产手段,是现代化生产的物质技术基础。改进原有机器设备,创制新的机器设备,能有效提高企业生产技术装备水平。

4. 减少能源和原材料消耗,开展综合利用

产品质量的提高、产品结构的改革、产品的更新换代、产品成本的降低和企业经济效益提高,都与能源和原材料有着直接或间接的关系。尤其是对于一些原材料和能耗大的设备应大力改造,极力采取节能措施,以提高其利用率。同时应综合利用生产废料、废气等,从中进行提炼和回收。

5. 改造厂房建筑和公用工程设施

它是保证生产正常进行的重要条件,因此,企业技术改造包括采取必要措施加固、翻修厂房建筑,并按照工艺、设备的要求,对厂房进行局部的改造,根据工艺流程调整工艺布局等。

企业应根据自身具体的实际情况来确定不同时期的技术改造重点。

(二)技术改造的作用

1. 技术改造投资少,见效快,经济效益高

技术改造可以充分利用原有的物质技术基础,节约费用,加快生产速度。据统计,通过技术改造来扩大再生产,投资一般可节省2/3,设备、材料可节省60%,建成时间可缩短一半以

上。

2. 技术改造对企业长期稳定发展有利

技术改造有利于采用新的技术成果,改进产品质量,促进产品升级换代,提高劳动生产率。通过技术改造,采用新的技术成果,就能改进企业中落后的生产环节,增强设备的机械化、自动化程度,提高劳动生产率;就能推广使用各种新材料、新工艺、新技术,改进产品质量,增加产品品种,促进产品升级换代。因此,技术改造是实现企业生产长期稳定发展的重要措施。

3. 技术改造是发展国际贸易的客观要求

企业的技术改造和技术进步对于企业及其产品能否进入国际市场密切相关。如果我们不改进生产条件,提高生产效率,降低生产成本,不仅没有参与国际竞争的优势,而且在未来的国际贸易中将逐渐被淘汰。

(三)技术改造的组织管理

企业的技术改造直接影响到其经济效益。因此,必须加强企业的组织管理。我国企业在该方面的经验很多,主要有以下几个方面。

1. 广泛调查,全面规划

在进行技术改造之前,要掌握国内外同行业在产品、生产工艺、设备等各方面的科学技术发展趋势,以及各种科研成果应用于生产的情况和效果;要深入了解本企业产品的生产技术水平及存在哪些薄弱环节等。在此基础上来制订全面规划。企业规划要在国家、行业和中心城市规划的指导和要求的基础上制订。

2. 突出重点,量力而行

每个企业由于工艺技术和客观环境的不同,技术改造的重点也有所不同。一般来讲,企业技术改造的重点,应当侧重于企业生产发展水平和经济效益等方面。同时,应注意兼顾一般,合理安排。

3. 讲求全面的经济效益

技术改造要以提高全面经济效益为目标。因此,必须进行技术改造的可行性研究,这是准备工作中不可缺少的一部分。对重大的技术改造项目还要进行多方案的技术经济论证,作出科学判断。

第二节　新产品开发概述

新产品开发,又称新产品发展,也可简称新品开发。它是从社会和技术发展的需要出发,以基础研究和应用研究成果为基础,开发、设计、研制出新的产品的一种创造性活动。

一、新产品的概念、分类与特征

(一)新产品的概念

新产品是一个相对的概念。我们可将其定义为:在一定的地域内从未试制、生产过的具有一定新质的产品。新产品必须是在原理、结构、性能、材质、技术特征等某一方面或某几个方面比老产品有显著改进,或具有独创性、先进性、实用性,能提高经济效益,在某区域范围内第一次研制成功的产品。

(二)新产品的分类

1. 按新产品所在地域分类

(1)国际新产品:国际新产品是指在世界范围内第一次研制和销售的新产品。此类新产品若具重大价值,企业应迅速在国内外申请专利,国家和地方政府也应加以保护扶植。国际新产品一般都是全新型的产品。

(2)国内新产品:国内新产品是指在国内第一次生产和销售的新品。此类新产品国外已研制成功,可以通过技术引进、仿制、自行研制等途径进行开发。

(3)地区内新产品:地区内新产品是指国内已有,但在本地区尚属首次研制的新产品。此类新产品可通过技术转让或自行研制等途径进行开发。

(4)企业新产品:企业新产品是指市场上有售,但本企业仍属第一次研制的新产品。此类新产品的开发有现成的样品和技术可供借鉴,但企业应重视市场需求的调查与预测,防止重复过量生产。

2. 按新产品创新与改进程度分类

(1)全新产品:全新产品是指采用最新的科研成果新发明的产品。全新产品一般具有新原理、新结构、新技术、新材料等特征。这类新产品比原有产品具有明显的技术经济优势。开发这类新产品难度大,投入多,风险也大。它要求企业具有强大的技术经济实力和人才条件。

(2)换代新产品:换代新产品一般指与原产品相比,产品基本原理不变,部分地采用新技术、新结构、新材料,从而使产品性能、功效、经济指标有显著改进的产品。此类产品的开发难度不大,见效也较快。

(3)改进新产品:改进新产品是指在老产品基础上采用新技术,使产品性能、功效、型号、外观等有一定改进和提高的新产品。它包括在基型产品上派生出的各种变型产品。这类新产品开发难度不大,是企业新产品开发中经常采用的方式。

3. 按开发决策方式分类

(1)企业自主开发的新产品:企业自主开发的新产品是指企业通过市场调查,预测用户需求趋势,并据此来决定开发和销售的新产品。

(2)用户订货开发的新产品:它是指根据用户提出的具体产品方案而进行开发的产品。企业无需自己进行新产品开发决策。

(三)新产品的特征

1. 先 进 性

由于采用了新原理、新技术、新材料,使产品具有新的结构、新的性能、新的质量、新的技术特征,所以,新产品与老产品相比,具有更加先进的水平。

2. 创 新 性

由于新产品在一定程度上运用了新的科学技术知识,体现了新的科学技术成果,所以,在不同程度上获得了较好的成果,因而具有独创性。

3. 经 济 性

新产品具有较好的经济效益,对生产企业来说,能带来较高的经济效益;对社会来说也能带来社会效益,如用户使用该新产品,可以节约使用费用等。

4. 风 险 性

新产品的开发与创新,也会给企业带来一定的风险。这种风险具体表现在以下 3 个方面。

(1)技术风险:有时新产品创新过程中所采用的新科技成果不一定是很成熟的,这种新科技成果往往通过这个新产品开发才能体现它的优越性。因此,在开发时具有一定风险。

(2)市场风险:这主要表现在用户对新产品的认识、接受程度上。如果用户对新产品的性能、用途不了解，则新产品不一定能得到用户的青睐，很难打开销路。

(3)赢利风险：由于新产品在市场开发时存在一定风险性，也就是说，有时新产品会遇到打不开市场局面，因此就会直接影响企业的赢利。产品创新投资大，如果没有一定的销售额，赢利就很难实现，所以新产品在经济上具有一定的风险。

二、新产品开发的意义

企业的成功首先在于产品开发的成功。产品开发对于企业的兴衰存亡，具有重要意义。

1. 产品开发是企业生产经营的基础

企业的一切生产经营活动都是围绕着生产和销售产品展开的，企业生产经营活动的目的也必须通过生产和销售产品来实现。没有适销对路的产品就没有企业的一切，可以说产品是企业的生命。

2. 产品开发是企业增强活力的条件

增强企业活力需要具有许多条件，其中重要的条件之一就是产品的开发。只有当企业不断改进老产品、创造新产品、开拓新市场时，企业才会有奋发前进的活力。如果企业的产品几十年基本不变，那么企业的生产、技术、经营活动就会失去活力，企业就不会有稳定的发展。

3. 产品开发是提高企业竞争能力的手段

随着科学技术进步的加速和人民生活水平的提高，新产品如雨后春笋般地涌现，市场对产品的要求也越来越高。企业要在瞬息万变的市场竞争中取胜，必须加强新产品的开发，提高企业的适应能力，做到产品生产一代、试制一代、研究一代、构思一代。

4. 新产品开发是企业提高经济效益的重要途径

任何新产品都必须具有比老产品更好的经济效益或社会效益才能获得成功。新产品可能降低制造成本、节约使用费用、提高使用者的生产效率、降低材料和能源消耗；可能减少环境污染，更好地保护生态平衡，也可能使用户更为舒适、满意、方便。

三、新产品开发的方式

企业开发新产品的主要方式有独立研制、技术引进、独立研制与技术引进相结合 3 种方式。

1. 独立研制

即针对企业产品的现状和存在问题，根据市场需要，开展有关新技术、新材料方面的研究，研制出独具特色的新产品。这种研制方式结合本国国情，运用自己独创性研究和较强的科研力量，并以基础研究和应用研究为基础。

2. 技术引进

即企业在开发某种新产品时，有计划、有重点地引进国外新技术、新产品。这样可节约研制费用，尽快地将产品制造出来以填补国内空白。但企业采用这种方式时，要结合本国和本企业的能力与特点，注意经济实效，做好消化、吸收工作，把引进与创新结合起来。

3. 独立研制与技术引进相结合

即企业在对引进技术消化和吸收的基础上，结合并促进本企业的科研活动，不断创新，开发新产品，努力赶超国际先进水平。

四、新产品开发的方向

它是指企业在一定时间内的产品发展趋势和发展方向，是科学技术的进步和社会对产品要求的综合反映。

1. 产品的高效化与多能化

即开发高性能、高效率、功能多和用途广的产品。

2. 产品的小型化与微型化

即在功能保持一定的情况下，开发体积小、重量轻的产品。

3. 产品的多样化与标准化

即在开发新产品时，既要注重开发多品种、多型号的产品，又要使产品符合标准化和系列化的要求。

4. 产品的节约化与无污染

即在开发新产品时，既要做到节约能源、原材料，又要减少产品对环境的污染，有利于保护环境和人们的身心健康。

思　考　题

1. 企业应如何搞好技术改造工作?
2. 新产品有哪些特征?
3. 新产品开发有何重要意义?

第十六章　质 量 管 理

产品质量是衡量一个国家的生产力发展水平、技术水平和经济水平的一个重要标志，它是企业各项工作的综合反映。提高产品质量既是企业的当务之急，又是企业的长远之计。因此，企业要认真、积极地推行全面质量管理。

第一节　质量管理概述

一、质　　量

质量有狭义和广义之分。狭义的质量是指产品质量。广义的质量是指产品、过程或服务满足规定要求的特征和特性的总和。由此，质量则可分为产品质量和工作质量。

(一)产品质量

产品质量是指产品的适用性，即产品能够满足用户需要或用途的特性总和。产品质量包括内在质量特性，如产品的结构、性能、精度、纯度、化学成分等；外部质量特性，如产品的外观、形状、色泽、气味、手感、光洁度等。质量特性可概括为产品性能、寿命、可靠性、安全性和经济性五个方面。其中，性能为首要质量特性。

(1)性能：产品所具有的能够满足用户使用目的的技术特性。如发动机的功率，日光灯的照明等。

(2)寿命：产品能够使用的年限，有自然寿命和经济寿命之分。

(3)可靠性：产品在规定的条件下和规定的时间内实现规定性能的可靠程度，一般以在一定时间内产品出现故障的可能性来反映。

(4)安全性：产品在流通和使用过程中保证安全的程度，包括对人员、财产、环境等是否会造成危害。

(5)经济性：要求产品的制造成本和使用成本之和最少。它反映了产品合理的寿命周期和用户为得到服务而支付费用的合理程度。

质量的优劣，即产品质量特性的优劣是相对的，它因人、因时、因地而异，其核心是满足用户的需要。是否满足用户需要及满足程度如何，是判定产品质量高低的惟一标准。

(二)工作质量

工作质量是指企业的管理工作、技术工作和组织工作对达到质量标准和提高产品质量的保证程度。它是产品质量的保证和基础，提高产品质量要从工作质量入手，把它作为质量管理的主要内容和工作重点。

工作质量的高低，可以通过企业各个部门和各个岗位的工作效率、工作成果、产品质量和企业经济效益来衡量。

要保证各项指标有所提高，就需要制定工作规范。工作规范就是对工作的程序、内容、方法和质量要求所作的书面规定。

二、质量管理的发展

质量管理是对确定和达到质量要求所需的职能和活动的管理。换句话说,就是为了保证和提高产品质量或工作质量所进行的质量调查、计划、组织、协调、控制和信息反馈等各项工作的总称。它是保证产品质量、提高产品声誉、增强企业竞争力的重要手段,是企业管理的一项重要内容。

质量管理作为一门科学,是随着现代工业生产的发展逐步形成、充实和完善起来的,它的发展大致经历了检验质量管理、统计质量管理和全面质量管理3个阶段。

(一)检验质量管理

在20世纪初至20世纪40年代这段时期,质量管理工作是单纯依靠检验、剔除废品等手段来以保证产品的质量。其方法是全数检验或抽样检验,其作用是事后把关,不让不合格品出厂或转到下道工序。这一管理有利于促进生产效率、经济效益和产品质量的提高。但是,也存在两大缺点:一是由于检验工作是在产品生产出来后进行的,不能预防废次品的产生;二是对生产出来的产品只能采取逐个检查的方法来剔除废品和次品,占用了大量的人力、物力和财力,限制了劳动生产力的提高。特别对需要进行破坏性检验的产品,无法保证和判明产品质量,如炮弹、感光胶片等。

(二)统计质量管理

20世纪40年代至50年代,欧美一些国家开始运用概率论与数理统计方法,控制生产过程,预防不合格品的产生。统计质量管理的主要特点是运用概率论和数理统计方法,对质量数据进行统计分析,找出产品优劣的原因,及时采取措施,防止不合格品的产生;运用科学的抽样方法,在对产品验收、评价中,降低成本,提高其可靠程度。

但是,统计质量管理也存在一些缺陷:一是限于制造和检验部门,忽视了其他部门的工作对产品质量的影响,这就使质量管理工作具有很大的局限性;二是片面强调质量管理统计方法,忽视了组织管理工作的积极作用。同时,由于数理统计理论比较深奥,计算方法也较复杂,人们对它产生了高不可攀的错觉,因此,在一定程度上也限制了它的普及与推广。

(三)全面质量管理

20世纪50年代和60年代初,美国通用电器公司费根堡姆和质量管理专家朱兰提出了全面质量管理的概念,简称TQC。经过30多年的实践和运用、总结和提高,全面质量管理的内容和方法得到了充实、发展和提高。

第二节　全面质量管理

全面质量管理是指企业全体员工和有关部门同心协力,综合运用管理技术、专业技术和科学方法,经济地开发、研制、生产和销售用户满意产品的系统管理活动。

一、全面质量管理的特点

全面质量管理的突出特点在于管理的全面性。具体来说,全面质量管理有以下几个特点。

1. 全面质量含义的质量管理

不仅要管好产品质量,而且要管好产品质量赖以形成的工作质量。它要求保证质量、功能、价廉、及时交货、服务周到,一切使用户满意。

2. 全过程的质量管理

即对生产经营的全过程的工作质量有效地控制和管理。全过程包括设计过程、制造过程、销售过程、辅助过程、使用过程。设计过程包括市场调研、产品的开发研究、产品设计、工艺设计、试制和鉴定等。制造过程包括生产工艺、质量检验、质量状况的统计与分析,以及工序控制等。辅助过程包括物资供应、工具工装供应、设备维修以及动力供应等。销售和使用过程包括交货期、对用户的技术服务、用户对产品使用效果和使用要求调查研究即产品的质量反馈等内容。由此,产品的质量管理就贯穿了产、供、销的全过程。

3. 全员参与的质量管理

产品质量与服务质量的优劣,涉及企业所有部门和全体员工。只有通过企业各部门与全体员工的共同努力,才能保证企业的产品质量和服务质量,因此,要求企业各部门、各环节的全体员工都参加质量管理,形成一种质量管理人人关心、人人有责、共同努力、全员参加的局面。

4. 全面管理方法的质量管理

全面质量管理所用的方法不是单一的,而是多样的。它既有定量分析的方法,又有定性整理分析方法;既有利用数理统计原理的方法,也有利用一般数学知识的方法;既有静态分析方法,又有动态分析方法;既有解决具体质量问题的方法,又有解决工作程序的思路和方法。采用它们的时候应当注意其适用性和有效性,根据不同需要、不同情况灵活运用,综合处理才能取得好的效果。

二、全面质量管理的内容

全面质量管理的内容包括设计、制造、辅助生产、使用过程的质量管理。

1. 设计过程的质量管理

设计过程包括试验、研究、产品设计、工艺设计、样品试制和鉴定各环节,即生产前的全部技术准备工作。

设计过程的质量管理是全面质量管理的首要环节。如果设计质量不高,就不可能生产出好的产品。设计过程质量管理的任务就是保证研制出满足用户使用要求、具有更高使用价值的产品,同时还要便于制造。由此,设计过程应做好以下工作:制定好产品质量目标;参与设计审查、工艺验证和试制鉴定;进行产品质量的经济分析。

2. 制造过程的质量管理

制造过程是产品质量的直接形成过程。因此这一过程管理的重点,是建立一个能够稳定生产合格产品的管理网络,抓好每个环节上的质量保证和预防工作,即把影响工序能力的因素都管起来,防止和减少废品的产生。同时,要做到不合格的原材料不投产,不合格的零件不转入下道工序,不合格的成品不出厂,保证出厂成品的质量。制造过程质量管理,应抓好以下几项工作:加强工艺质量,严格工艺纪律;组织均衡生产和文明生产;组织自检、互检和采用智能检测装置,加强对不合格品的管理;及时掌握质量动态,进行质量分析;运用统计质量控制方法,搞好工序质量控制。

3. 辅助生产过程的质量管理

辅助生产过程主要包括物资供应、工具供应、设备维修等内容。其任务就是保证基本生产的正常进行。因此必须重视和提高这些辅助环节的工作质量。

4. 使用过程的质量管理

产品的质量特性是根据使用要求设计的,产品实际质量的好坏,必须在使用过程中才能做出充分的评价。因此企业的质量规律工作必须从生产过程延伸到使用过程,使用过程是考验产品实际质量的过程,是质量管理的终点,又是企业质量管理的起点。产品使用过程的质量管理,应抓好以下工作:积极开展技术服务,包括编写产品使用保养说明书,帮助用户培训操作维修人员,指导用户安装和调试,建立维修服务网点,提供用户所需备品配件等;进行使用效果与使用要求的调查;提高售后服务,变“三包”(包修、包换、包退)为“三保”(保证向用户提供优质产品、充足的配件、良好的服务)。

三、质量保证体系

质量保证是指生产企业对用户在产品质量方面提供的担保,保证用户购得的产品在寿命期内质量良好,性能、寿命、可靠性、安全性、经济性都符合规定要求,使用正常。质量保证是质量管理的延伸和继续,是质量管理的结果和目的,是产品促销的重要手段,企业必须重视这项工作。

质量保证体系是指运用系统的原理和方法,以保证和提高产品质量为目标,把企业各部门、各环节的生产经营活动严密组织起来,规定它们在质量管理方面的职责、任务和权限,并建立统一协调这些活动的组织机构,使企业内形成一个完整的质量管理有机整体。它是解决质量保证问题的一种系统方法,是质量认证审核的一项重要内容,是搞好质量管理工作的关键所在。因此,推行全面质量管理,必须建立一个完善、高效的质量保证体系。建立和健全质量保证体系,必须做好以下工作。

(1)加强统一领导,建立全面质量管理网络,严格贯彻质量责任制。

(2)制定质量方针(质量第一、用户第一、服务第一、赶超先进水平),确定质量目标(预定的长期目标、短期目标),编制质量计划(目标计划、指标计划、改进措施计划)。

(3)运用“PDCA 循环”(即计划—实施—检查—处理),推动整个质量工作系统运转。PDCA 循环是提高产品质量,改善企业经营管理的重要方法,是质量保证体系运转的基本方式。

(4)推行质量管理业务标准化、管理流程程序化。

(5)加强质量意识教育,积极开展质量管理小组活动。

(6)建立质量信息反馈系统,不断完善质量管理的基础工作(标准化、计量、理化、情报、责任制)等。

四、全面质量管理的基本工作方法(PDCA 循环)

(一)PDCA 循环的内容

PDCA 循环是由美国质量管理专家戴明首先提出并运用到质量管理工作的,所以也称为戴明循环,如图 16-1 所示。它的内容可概括为“四个阶段、八大步骤”。

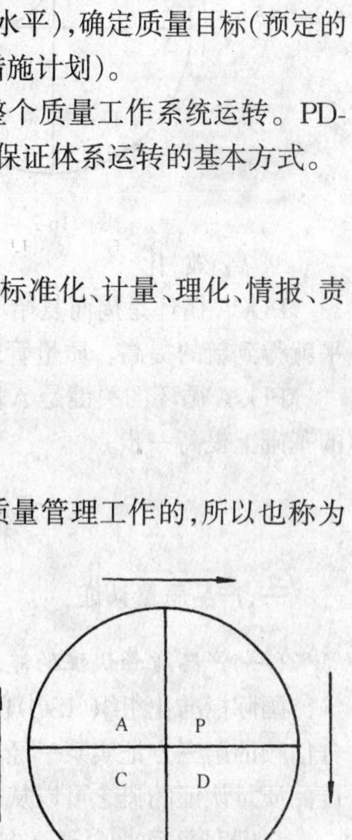

图　16-1

1. 计划阶段(P)

要求在调查分析的基础上确定质量工作计划、措施。具体包括 4 个步骤。

(1)分析质量现状,找出存在问题。

(2)分析造成质量问题的各种影响原因或因素。

(3)从各种影响原因或因素中找出主要原因或主要因素。

(4)针对主要原因或因素,制定对策。

2. 实施阶段(D)

该阶段只有 1 个步骤:即认真按照计划措施实施并记录执行结果。

3. 检查阶段(C)

该阶段也只有 1 个步骤:即将执行结果同计划的质量目标进行对比检查,找出差距,发现问题。

4. 处理阶段(A)

处理阶段包括 2 个步骤。

(1)将成功的经验、失败的教训,作为标准处理,以巩固取得的成果,防止再发生。

(2)提出尚未解决的问题,转入下一轮 PDCA 循环继续解决。

(二)PDCA 循环的特点

1. 程 序 化

管理循环必须按照 P→D→C→A 的顺序转动,不可逆转。

2. 层 次 化

PDCA 循环不仅适用于整个企业,而且各部门、各环节、各个人都有各自的 PDCA 循环,大环套小环,小环保大环,推动大循环,如图 16-2 所示。

图　16-2

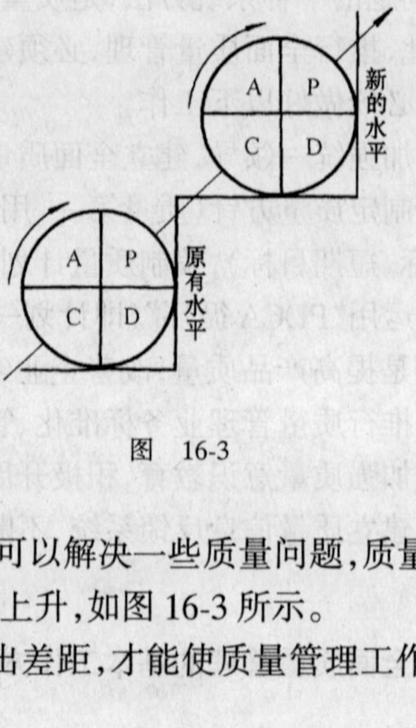

图　16-3

3. 高 效 化

PDCA 循环是周而复始不断运转的。每循环一次,就可以解决一些质量问题,质量管理水平就得到新的提高。质量管理水平就像爬楼梯一样,逐步上升,如图 16-3 所示。

PDCA 循环的关键是 A 阶段,通过总结经验教训,找出差距,才能使质量管理工作在现有的基础上提高一步。

第三节　质量认证与系列标准

一、产品质量认证

(一)产品质量认证的概念

国际标准化组织(ISO)1986 年将产品质量认证(国际上称为合格认证)定义为“由可以充分信赖的第三方证实某一经鉴定的产品或服务符合特定标准或其他技术规范的活动”。关于产品质量认证的概念可以从以下几个方面来理解。

1. 认证活动是由第三方从事的

它不是由产品生产方(第一方)从事的活动,也不是由产品的采购方(第二方)从事的活动,而是由独立于第一方和第二方之外的公正机构(第三方)所从事的活动。这个第三方应同第一方和第二方没有任何直接的行政上的隶属关系，也没有任何经济上的利害关系，这样的第三方所出具的证明才是可信赖的。

2. 认证的基础是技术标准

这里应强调认证所采用的标准，应当是国际水平的。这样才能使认证过的产品质量具有国际竞争能力，才符合国家的科技政策。

3. 认证的对象是产品或服务

这里的产品还包括工艺性作业。这里的服务指饭店、旅馆、洗染、旅游等服务行业。由于现在世界各国实行合格认证的对象主要是产品，因此就常称为产品质量认证或产品合格认证。由于现代产品使用的安全性对消费者影响日益突出，一些国家还专门为此指定了法律，并对一些种类的产品专门指定了安全标准。如家用电器、食品、燃器具等。这样，凡是以安全标准为依据进行的认证，或只对产品中有关安全项目进行的认证，特称为“安全认证”，并专门制定和颁发“安全认证标志”。

4. 认证合格的证明是合格证书或合格标志

合格证书是认证机构颁发给认证产品的企业的一种证明文件，证明某种产品或服务符合特定标准或技术规范。它只发给企业，由企业保存。它不能附在出厂的产品上使用，不经认证机构允许，也不准复制。通常合格证书可以在展销会、订货会、交易会或广告中推销产品时予以宣传或展示，但必须保证所宣传的产品同合格证书上的产品完全一致。

合格标志是认证机构颁布的一种标志，用以证明某种产品或某项服务符合标准或技术规范。经认证机构批准，合格标志可以在每件或每台合格出厂的认证产品上予以佩戴和标示。

(二)产品质量认证的分类

1. 按认证性质分

(1)安全认证：实行安全认证的产品，必须符合《标准化法》中有关强制性标准的要求，对于关系国计民生的重要产品、有关人身安全和健康的产品，必须实行安全认证。

(2)合格认证：实行合格认证的产品，必须符合《标准化法》规定的国家标准或行业标准的要求。

2. 按产品质量认证范围分

(1)国家认证：它是以本国批准颁布的技术标准为基础的认证。

(2)区域性认证：它是以一个地区的参与国家根据自愿原则自行组织起来，共同制定的标准为基础的认证。如欧洲共同体的区域认证。

(3)国际认证：它是以国际标准(ISO 或 IEC 标准)为基础的认证。IEC(国际电工委员会)已建立了第一个国际电子元器件认证制度，并制定了详细的章程和实施细则。

二、质量保证系列标准

为了适应国际经济合作和贸易往来的需要，国际标准化组织在 1987 年发布了ISO 9000《质量管理和质量保证》系列标准。ISO 是国际标准化组织的英文简称，成立于 1947 年 2 月，它是目前世界上最大也是最具有权威的国际性标准化专业机构。ISO 9000系列标准问世以来，被 60 多个国家采用为国家标准。我国于 1988 年正式发布等效采用该标准的国家标准，1992 年决定等同采用该标准，即GB/T 19000—ISO 9000(92)。

ISO 9000系列标准，是第一个国际性的管理标准，是得到世界各国普遍承认的一种规范。它是综合的、符合逻辑又注重实际的，因此，它是被评估者惟一承认的质量保证体系。

ISO 9000系列标准共包括以下5个部分。

1. ISO 9000—1 质量管理和质量保证标准——第1部分:选择和使用指南

它阐述了一些关键术语(如质量方针、质量管理、质量保证、质量控制、质量体系、受益者及其期望等)及其相互关系;阐述了一个组织应力求达到的质量目标、质量体系的环境特点和质量体系标准的类型;规定了质量体系标准的应用范围,提出了3种质量保证模式的选用的指南;规定了质量体系证实和质量文件的内容以及供需双方在签订合同前应作的准备等内容。它是为企业建立健全质量体系,增强质量保证能力,不断满足用户需要,提高企业竞争能力而提供的一个指导性标准。

2. ISO 9001质量体系——设计、开发、生产、安装和服务的质量保证模式

当需要证实供方设计和生产合格产品的过程控制能力时应选择和使用此种模式的标准。它强调对设计质量的控制,在3种质量保证模式中是要求提供证据内容最多的一种。

3. ISO 9002质量体系——生产、安装和服务的质量保证模式

当需要证实供方生产合格产品的过程控制能力时,应选择和使用此种模式的标准。它强调预防为主,质量控制和质量检验三结合,在3种质量保证模式中是要求提供内容居中的一种。

4. ISO 9003质量体系——最终检验和试验的质量保证模式

当仅要求供方保证最终检验和试验符合规定要求时,应选择此种模式的标准。它强调检验把关,在3种质量保证模式中是要求提供内容最少的一种。

5. ISO 9004—1 质量管理和质量体系要素指南——第1部分:指南

它阐述了企业建立质量体系的原则,质量体系应包含的基本要素,各基本要素的含义,要素的目标,要素之间的接口及所要求的文件、记录等内容。它是企业建立质量体系的一种基础性标准。

ISO 9000系列标准中规定的3种质量保证模式,分别代表着3种不同的质量体系要求,是用于供方证明其能力以及外部对其能力进行的评定。3种质量保证模式中所规定的质量体系要求,是对规定技术(产品)要求的补充,而不是取代。这些标准规定了要求用于确定质量体系所必须包含的要素,其目的并不是要强行使质量体系统一。标准是通用的,不是专门为某一具体工业或经济部门而制定的。现实中,企业质量体系的设计、实施,会受到组织变化的需要、其特定的目的、所提供的产品和服务及涉及的过程和具体实践等因素的影响。因此,这3种质量保证体系模式标准,一般可按现有形式采用,有时也可按特定的合同情况,加以增添或删除某些质量体系的要求。

需要说明,企业通过ISO 9000系列标准的认证,是企业全面质量管理水平的一种体现。通过这种认证,可以作为企业质量管理的一个里程碑,但不是企业质量管理的顶点。

思 考 题

1. 如何理解产品的质量特性?
2. 谈谈企业质量管理的发展历程。
3. 企业应如何组织实施全面质量管理?
4. 如何理解产品质量认证?

第三篇　企业经营管理

第十七章　企业经营管理概述

第一节　企业经营的含义

长期以来,在高度集中的计划经济体制下,我国企业的一切经济活动都由国家统一安排和规定,企业的经济活动基本上局限于企业内部以及与上级主管部门的纵向联系中,与市场缺少直接的联系,形成一种封闭的、单纯生产型的经营机制。这就造成我国企业素质普遍较差,活力不足,经营管理水平落后,经济增长方式粗放,适应市场能力不足,管理人员形成了"只管生产,不管经营"的传统管理思想和方法。

随着我国经济体制改革的深化,对外开放的扩大,社会主义市场经济的建立和完善,企业的外部环境和内部条件日益发生新的变化。在日趋激烈的市场竞争中,如何抓住机遇,发展和壮大自己,提高企业的经营管理水平,迎接来自国内外的挑战,是每个企业都面临的一个十分严峻的问题。我国企业应努力实现经营机制由封闭、被动的生产型向开放、主动的生产经营型的转变,将活动范围扩大到企业外部,直接接受市场机制和各种经济杠杆的制约,积极参与市场竞争,才能在市场竞争中立于不败之地。目前,我国企业正处于改制阶段,因此,加强企业经营管理显得更为重要。

什么是"经营管理"?"经营管理"与"企业管理"是怎样的关系?国内外学术界有多种不同解释。一般认为,经营管理只是企业管理的一部分,是指企业对自己所从事的经济活动的运筹谋划,是企业面向市场,通过对所拥有的人、财、物等各类经营要素的优化组合,利用企业外部环境因素,按照市场经济规律的要求,以最少的劳动消耗,获取最佳经济效益的全部经济活动过程。

经营管理的主要任务是着眼于全局,研究市场和用户需求,通过市场调查和经营预测来确定企业的经营目标、经营方针、经营策略,使企业的全部经济活动达到总的预期目标。企业从事商品生产与交换的全部活动,即对市场的选择,对产品、价格、销售渠道的选择,对材料、设备的选择以及对市场需求的研究,对竞争者的研究,对产品营销策略的研究等,都属于经营的范畴。

经营管理与生产管理是通过不同的层次来实现企业经营目标的,是企业经济活动的两个有机组成部分。经营管理是企业根据市场的变化来决定经营目标,通过预测、决策谋求经济效益最大化;生产管理则是组织协调企业内部各种资源,尽可能发挥各种资源的积极作用,谋求在实施过程中提高效率。二者互为依托,缺一不可。没有好的生产管理,企业经营活动就组织不起来,企业的各种资源就不能被充分利用,就不可能以最少的劳动消耗取得最好的经济效果;但如果经营管理不善,生产管理水平再高,也不可能取得好的经济效益。

第二节　企业经营管理的内容

企业经营管理是企业以市场为出发点和归宿点，搞好市场调查与经营预测，选定产品发展方向，制定长期发展规划，进行产品开发，组织安排生产，开展销售与技术服务，达到预期经营目标的一个不断循环的过程。其内容主要包括：明确经营思想、制定经营方针、确定经营目标、进行市场调查、开展经营预测、进行经营决策、编制经营计划、建立经营组织、开展经营活动、进行经营效果的评价与分析等。

一、明确经营思想

企业经营思想是指企业从事经营活动，解决各种经营问题的指导思想，它是在分析经营环境基础上逐步形成，并由一系列观念或观点构成的，是对企业经营活动过程中发生的各种关系的认识和态度的总和。树立正确的经营思想，对于企业谋求生存与发展、完成经营使命、满足市场需求、履行社会责任等重大问题，有着重要的指导意义。

经营思想的内容与前文的现代管理思想大致相仿，其关键是树立市场营销观念。与企业由生产型向生产经营型转变相适应，实现经营思想由生产导向、销售导向到市场导向的转变。

企业经营思想发展主要经历了以下几个阶段。

1. 生产观念

生产观念是最古老的经营思想，其基本思想是：企业以生产为中心，只要能生产出来价格便宜的产品，就能卖掉。在这种观念指导下，企业经营的重点是：努力提高生产效率、增加产量、降低成本，生产出让消费者买得起和买得到的产品。

这种观念的产生背景是工业化初期，生产力水平不高，产品供不应求，大批量、少品种、低成本的生产，符合消费者追求价廉的要求，也使得企业能尽可能多地生产和销售产品，获得丰厚利润。如20世纪初，美国福特汽车公司开发的T型车，采用流水线生产，生产效率大幅度提高，成本大大降低，尽管功能、车型、颜色单一，结构简单，但由于售价低廉，产品照样供不应求，使福特公司迅速壮长，也使美国成为“车轮上的国家”。

另外，从生产观念中还派生出产品观念，即认为：只要产品质量好、有特色、价格廉，就不愁销路，正所谓“酒香不怕巷子深”。

2. 推销观念

随着科技的进步和生产力的发展，市场上出现商品供过于求和竞争加剧现象，销售引起企业的重视，推销观念应运而生。这种观念的基本思想是：产品的销路是企业生存发展的关键，如果不大力推销，产品就可能买不出去。因此，企业的经营重点是：运用各种推销手段和广告宣传向消费者推行产品，以期压倒竞争对手，扩大产品销售。如我国前几年，“秦池”、“三株”、“爱多”等产品大作广告，曾盛极一时。

以上几种观念已属陈旧的经营观念，是特定历史条件下的产物，都是以生产为中心，经营的目的是怎样把产品销售出去，顾客的需求未引起足够的重视。

3. 市场营销观念

20世纪50年代以后，随着社会生产力的迅速发展，市场上商品供过于求的现象进一步发展；同时，收入增长使消费者需求向多样化发展，“消费者至上”的观念被普遍接受，消费者保护意识日益增强。因此，市场营销观念一经提出，就迅速成为经营思想的主流。

市场营销观念可以概括为：消费者需要什么产品，企业就应当生产和销售什么产品。企业经营的重点是：以顾客需求为中心和出发点，发现未被满足的需求，集合企业一切资源和力量去满足这种需求，以获取更大利润。

我国长期实行计划经济，企业市场意识淡薄，现阶段树立市场营销观念更显重要。企业必须把满足消费需求作为企业经营宗旨，牢固地树立全心全意为消费者服务、为用户服务的思想，想用户所想，急用户所急，提供适销对路、物美价廉的产品，为用户提供良好的服务。企业必须学会按市场法则思考和处理问题，制定以市场为轴心的企业经营发展战略，使企业的决策、投入、产出和销售、分配等立足于市场，加强市场信息研究，了解市场，研究市场，积极开拓潜在市场，预测未来市场，加速新产品开发，根据市场需求组织生产和销售，掌握市场的主动权。

4. 社会营销观念

社会营销观念是对市场营销观念的重要补充和完善。它的基本思想是：企业提供任何的产品或服务时，不仅要满足消费者的需求，而且应符合消费者和社会的整体利益和长远利益。企业的合理行为应该是在满足消费者需求的基础上，在获取企业利润的过程中，随时注意社会的长远利益，如防止环境污染、合理利用资源、保证人类健康等。

社会营销观念出现于20世纪70年代的西方国家，当时环境污染、资源浪费等社会问题日益严重并引起重视。环保意识增强和可持续发展战略的提出，强化了这一观念。近年来，在发达国家，符合环保，不再是企业可遵守可不遵守的标准，而成为法律上对产品的基本要求。这方面，在我国也日益引起重视，企业应当早做准备。

二、制定经营方针

经营方针是在一定的经营思想指导下，处理具体经营活动的基本原则与基本纲领，是企业经营思想的具体反映，是实现经营目标的行动指南，是制定经营目标与措施的重要依据。

企业既要有指导整个企业经营活动的总方针，也应该有指导个别方面经营活动的具体经营方针。不同企业在不同时期，其经营方针也是不同的。制定经营方针应注意从实际出发，充分利用自己的优势，扬长避短；搞好动态平衡，有进有退，有上有下，有分有合；不能盲目效仿，也不能一成不变。企业经营方针主要包括以下一些具有战略性质的问题。

1. 企业发展方针

企业发展方针包括企业的经营方向、企业成长发展方向、发展方式、发展模式、技术发展的水平与速度、资金筹措方法、巩固与提高企业声誉的措施等。

2. 品种安排方针

品种安排方针是企业如何开发新产品、改造老产品或淘汰旧产品的方针，包括企业经营什么产品、经营规模怎样、是否需要使产品经营多样化等内容。

3. 经营特色方针

企业经营应该有一定的侧重点，应该有别于竞争对手的突出特色，作为竞争的重点。例如有些企业突出优质、高价，靠质量、名牌取胜；有些企业在价格上采取低价，靠薄利多销取胜；有些企业则突出速度，以快取胜；有些企业靠综合优势或信誉好取胜等。

4. 市场销售方针

市场销售方针是企业针对具体目标市场所采取的促销方法，包括如何细分市场、应开辟或放弃哪些市场、在市场中如何定位、针对目标市场所采取的营销组合等内容。

三、确定经营目标

企业的经营方针最终要体现在经营目标上。因此,有了经营思想和经营方针,就必须确定企业的经营目标。所谓企业的经营目标,是指企业生产经营活动在一定时期内所预期达到的成果。一个企业在不同的时期应该有不同的总体经营目标,企业的各种生产经营活动也都要围绕一定的预期经营目标来进行。

企业的经营目标是多元的,主要包括以下几方面。

1. 贡献目标

企业的经营目标首先要服从社会的生产目的,应当把对社会贡献作为主要经营目标,做到企业经济效益和社会效益相统一。贡献目标主要有企业生产产品的品种、产量、质量,商品销售额、纳税额、提供就业机会,各种能源消耗指标,环保状况等。

2. 发展目标

企业只有不断发展,才能适应形势的变化;只有不断发展,搞活经营,形成良性循环,才会兴旺发达;也只有不断发展壮大,经济效益不断提高,才能增加企业凝聚力,鼓舞员工士气,才能对社会贡献更大。企业发展目标表现为劳动生产率的提高、投资规模扩大、生产能力的增加、新产品的开发和升级换代、技术水平和管理水平的提高、员工素质提高等。

3. 市场目标

开拓新的市场,提高市场占有率,是企业生存发展的基本条件。市场占有率是重要的企业经营指标。但企业不应只是扩大市场范围,增加销售额,更要提高企业的市场信誉,创造新的市场需求,使企业在市场上成为信得过的企业。

4. 利益目标

利益目标是企业生产经营活动的内在动力。作为企业经营效果的一个尺度,企业必须达到最低限度的利润,并争取实现超过社会平均利润率的满意利润。利益目标包括利润额、利润增长率、利润留成、员工奖金福利水平等。

四、进行市场调查研究

企业生产产品和提供服务的目的是在市场中向买方出售产品或服务,以满足社会需求。为达到此目的,企业必须运用科学的方法和手段,有目的、系统地收集有关企业经营方面的各种市场信息和资料,并通过筛选、整理和分析,为企业经营预测和决策提供有实际价值的数据资料。

五、开展经营预测

企业必须在通过市场调查研究所取得的各种信息资料的基础上,运用科学的手段和方法,通过对需求、资源、科技进步等方面预测,预计和推断未来市场需求量、供给量及其变化规律,以便科学地进行经营决策,克服决策的盲目性,提高企业经营效果。

六、进行经营决策

决策是为达到预定目标在多个可相互替代的可行方案中选择最满意方案的分析判断过程。正确的企业经营决策,能够指导企业有效地活动,从而获得良好的成果;错误的决策,则会产生错误的行为,使企业徒劳无功,甚至造成巨大的损失和严重的后果。企业经营决策贯穿整个经营管理过程的始终，是企业经营管理的核心和基础。科学合理的经营决策，是企业实现预定经营目标的必要条件。

七、编制经营计划

企业经营决策，确定了实现企业预定经营目标的满意方案，紧接着就要用计划的形式把经营决策方案的内容做进一步具体的、实施性的规划和落实。经营计划是实现企业经营目标的总体性安排，与经营决策一样，都是企业经营管理的主要内容。经营决策是经营的核心，经营计划则是经营的实施蓝图，二者密不可分。企业经营计划，也是企业计划管理的核心计划，是企业实行目标管理的基础计划。

八、建立经营组织

经营组织是实现经营计划的重要组织保证。必须遵循组织管理原则，来建立和健全企业经营组织。组织的基本模式，均可作为建立企业经营组织的参考模式，但应注意经营组织在企业中不应只发挥咨询、参谋作用，而应在企业中发挥核心作用，并要使决策层的决议能迅速、准确地得以贯彻执行。

九、开展经营活动

经营活动是经营计划的具体实施过程。企业经营管理者要具有管理学、市场学、心理学、社会学等方面的知识素养，在实施经营计划过程中，综合运用各种经营技巧和经营艺术，灵活使用各种营销策略，以取得满意的经营效果。

十、评价经营效果

企业的经营效果，既表现为社会提供了多少有用的产品，又表现为国家提供了多少积累，还表现为企业取得了多少利润，提高了多少经济效益。对企业经营效果的评价与分析，不仅能正确认识企业经营活动的科学性，有利于提高企业经营管理水平和经济效益，而且是总结经验，肯定成绩，查找差距，制定措施，组织良性经营循环的重要手段。企业进行经营效果的评价与分析，要通过一系列的评价指标和科学的评价程序进行，并运用企业经营诊断的手段和借助有关工具进行全面分析。

思　考　题

1. 分析现阶段我国企业加强经营管理的必要性和紧迫性。
2. 企业为什么应树立市场观念？如何树立这一观念？

第十八章　企业经营环境分析与研究

企业是整个社会经济体系的一部分，其一切活动必然要受其经营环境的影响和制约。企业开展生产经营活动，必须使企业的经营目标与外部经营环境和内部条件实现动态的协调平衡，只有这样，企业才有生命力。市场环境是企业最重要的经营环境，是企业经营活动的出发点和归宿点，是企业经营环境分析与研究的核心内容。因此，运用科学合理的市场调查和预测方法，正确分析研究企业经营环境，尤其是市场环境的结构和特点，了解其基本规律，对于有效地进行企业经营管理，具有极为重要的意义。

第一节　企业经营环境分析

一、企业经营环境的概念

企业经营环境是指企业周围的、不受企业控制但与本企业生产经营活动相关联的各种外界因素的集合。由于这些外界因素会对企业的生产经营活动产生重要影响，所以必须进行深入研究。需要指出的是，从企业经营管理的角度出发，企业的经营环境并不是指整个外界事物，而仅是指那些与企业生产经营活动有关联的外界事物的集合。对任何企业来说，外界只有一个，是相同的，但不同企业有不同的经营环境，其影响程度也是不一样的。

经营环境是企业开展生产经营活动的约束条件。商品经济越发达，市场竞争越激烈，企业经营环境就越复杂，企业的生存和发展取决于其对经营环境变化的适应程度和应变能力。经营环境对企业的影响，不外乎表现为两方面：为企业提供市场机会或对企业造成威胁。研究经营环境的目的在于通过对环境变化的观察来把握其趋势，以发现企业发展的新机会和避免可能带来的威胁。大量实践说明：即使在经济严重衰退时期，企业也常常可以捕捉到一些新的发展机会，其中还有相当一部分企业通过自己出色的表现创造了不寻常的业绩。同样，在经济繁荣期，也有一些企业难逃倒闭的厄运。当然，对大多数企业来说，在经济繁荣期可能面临的机会多一些，而经济衰退期可能更关注威胁。企业经营管理者的职责在于正确识别经营环境所带来的可能机会和威胁，从而及时调整企业生产经营活动以适应环境变化。

根据企业经营环境中各种力量对企业生产经营活动影响的方式和程度，经营环境一般分为微观环境和宏观环境。微观环境是指那些直接影响企业生产经营活动的各种行动者，如供应商、竞争者、顾客、各种营销中介机构和社会公众。宏观环境则包括那些影响微观环境中所有行动者行为的较大的社会力量，即政治、经济、文化、技术等。

二、微观环境

微观环境是指和企业有直接联系，能给企业的经营活动带来直接影响的环境因素。微观环境主要包括供应商、营销中介机构、顾客、竞争者、社会公众等影响因素，这些因素直接同企业目标市场密切相关，与企业形成协作、服务、竞争、监督的关系，影响着企业服务于目标市场的能力和效果。

1. 供 应 商

供应商是指向企业提供所需各种资源的企业和个人。所提供的资源包括主辅材料、设备、资金、技术、劳务等。

供应商对企业有着重要影响，其所提供资源的数量、质量、价格，直接影响企业产品的产量、质量、价格和利润水平等。如果供应不足、供应中断或不能按时供应，都会影响企业生产经营活动的正常进行，影响企业按期完成交货任务，招致顾客对企业不满，损害企业声誉。企业应该建立多种供应源，增加选择的自由度，以减少供应方面的风险。

2. 营销中介机构

在多数情况下，企业的产品要经过营销中介机构才能到达目标顾客。营销中介机构是协助企业促销、分销、储存、运输以及提供融资服务的各种企业，包括中间商、实体分配机构(储运公司)、营销服务机构(广告公司、市场调查公司、营销咨询公司等)和金融机构(银行、信托公司、保险公司等)等。

上述机构是企业经营活动中不可缺少的中间环节。合理运用营销中介机构，对于企业经营活动顺利进行和降低流通费用意义重大。随着生产力的发展，社会分工细化，营销中介机构的作用日益重要。

3. 顾　　客

顾客是企业产品或劳务的购买者，是企业的服务对象，是企业经营环境分析中最重要的因素。顾客可以是个人、家庭，也可以是生产者、转售者和政府机构；它们可能与企业同在一个国家，也可能在不同国家和地区。企业应针对不同顾客不同的购买目的和购买习惯，以不同的服务方式提供不同的产品和服务，这正是市场分析的主要内容。

4. 竞 争 者

一般来说，企业在其目标市场上，会面临与之服务于同一目标市场的其他企业的竞争，这些竞争者会对企业的经营活动造成威胁或制约。企业必须能比竞争者更好地满足顾客的需求，才能在市场上取得有利的地位。因此，企业必须识别竞争者，时刻关注竞争者的动向，分析竞争者的目标、战略、优势、劣势以及对市场的反应能力等，以便采取有效的竞争对策，赢得竞争优势。

5. 公　　众

公众是指对企业实现其目标的能力有着实际或潜在兴趣及影响的群体。企业经营活动所涉及的公众主要有：金融机构(银行、投资公司、股东等)、政府机构、新闻媒体、群众团体(消费者协会、环保组织等)及一般公众等。

现代社会是一个开放的社会，企业在经营活动中必然要与社会各个方面发生联系。一个成功的企业应该考虑如何主动地处理与主要公众的关系，而不是消极等待或对公众采取冷漠的态度。疏通、理顺、融洽与社会公众的关系是企业的重要任务之一。

三、宏观环境

宏观环境主要包括政治法律环境、经济环境、自然地理环境、科技环境、社会文化环境等。这些环境因素不仅作为社会环境直接影响企业的生产经营活动，而且还同时作用于企业经营的各个微观环境因素，如顾客、竞争者、供应商等，通过它们对企业施加间接影响。

1. 政治法律环境

政治与法律是国家意志的体现，对企业生产经营活动有重要的制约作用。政治法律环境主要包括政治形势、政治经济体制、政府方针政策和国家法律法规等。这些因素常常影响企业的经营行为,尤其会影响长期的投资行为。

(1)政治形势

国家政治生活稳定是大多数企业顺利开展生产经营活动的基本前提,而政府更迭频繁、战争爆发、大规模罢工等社会动荡,往往使企业经受萧条和倒闭的痛苦。如我国"文革"时期,政治压倒一切,企业不可能专心从事生产经营活动;而党的十一届三中全会后,政治局势稳定,国民经济快速发展,二者形成鲜明对照。

(2)政治经济体制

国家对企业的管理方式和干预程度,对企业生产经营活动有着长期的、根本性的影响。在传统的计划经济体制下,企业只相当于是国家附属的生产车间,不可能也没必要抓经营;但在市场经济条件下,伴随着激烈的国内外市场竞争,企业必须抓好经营才可能生存和发展。

(3)政府方针政策

政府的大政方针、国民经济和社会发展计划、宏观调控政策甚至人口政策,都会极大地左右着企业的发展方向和规模。如我国实现改革开放政策、进行产业结构调整、国家对西部的大开发以及加入 WTO 等,对企业经营的影响都是极大的。

(4)法律法规

法律法规对企业生产经营活动有着规范、约束和保障的作用。随着我国社会主义市场经济体制的完善,针对企业经营活动的立法越来越多,企业必须熟悉自己所处的法律环境,自觉地依法经营,同时也可借此维护自己的合法权益。

2.经济环境

经济环境主要指国际国内经济形势、经济发展水平、市场规模等。与其他宏观环境力量相比,经济环境对企业生产经营活动有着更直接的影响。

(1)市场规模

一般来说,市场规模主要由人口因素和收入因素决定。

市场是由那些有购买欲望且有购买能力的人构成的,人口的数量、增长率、年龄结构、性别差异、家庭状况、地理分布、人口密度、流动性等特征,都会对市场需求特征产生深刻影响。人口因素是确定市场潜量的首要依据。

收入是决定市场规模的另一个重要因素。国内生产总值是衡量国家或地区总体经济实力与购买力的指标,而人均国民收入、个人可任意支配收入则与消费需求密切相关。此外,收入分配是否均匀、消费者消费结构、消费习惯等对企业经营活动也会产生影响。

(2)经济发展水平

经济发展水平不同,对产品的需求会有很大差异。就消费品市场而言,经济发达地区市场容量大,市场变化快,偏重于产品的款式、性能、品牌和特色,市场竞争更多表现为非价格竞争;而经济欠发达地区市场容量相对较小,偏重于产品的功能与实用性,消费者对价格较为敏感。就生产资料市场而言,经济发达地区侧重于投资虽大但能显著提高劳动生产率的设备;而经济欠发达地区则偏重于投资较小,操作简单的设备,以保持劳动力与资本的合理比例和适应劳动力素质偏低的现实。

(3)经济形势

国际和国内的经济形势,主要是经济周期和经济景气情况,会对企业生产经营活动产生很大影响。经济处于复苏或繁荣时期时,市场需求潜量较大;反之,经济处于衰退或萧条时期时,市场需求潜量较小。

3.自然地理环境

自然界的地形条件、资源条件、气候条件和生态系统等构成了企业的自然地理环境。企业所处的地区的地理位置、基础设施、地形条件、资源供应状况,在一定程度上制约着企业生产经营活动的方向、规模,甚至直接影响企业生产经营成本;而企业目标市场不同的地形条件、气候条件、资源状况,决定了需求的不同特征。

近年来,随着工业生产活动范围的扩大,同时也由于我们对环境保护的忽视,我国的自然环境遭受了不可弥补的破坏,我国已成为环境污染最严重的国家之一。各种资源的短缺将对企业生产经营活动形成很大制约,同时有关环境保护的立法也对企业提出了很多新的要求。土地沙漠化、耕地锐减、森林“赤字”、淡水、能源和其他自然资源的短缺已对某些行业造成致命影响。环境保护运动的兴起,也使那些造成环境污染和资源浪费的企业面临巨大的压力和困难;同时,也给生产环保设施和绿色产品的企业提供了良好的发展机会。

4.科技环境

像经济环境一样,科技环境变化对企业的生产经营活动有着直接而重大的影响,尤其是在面临能源、原材料严重短缺的今天,重大技术发明和新技术的应用程度往往成为决定一个国家经济增长速度和国际竞争力的关键所在。与经济环境不同的是,技术是一种创造性的破坏力量,也就是说,当一项新技术给某一行业或企业带来增长机会的同时,可能对另一个行业形成巨大的威胁。

当代科技发展给企业生产经营活动带来的影响主要表现为:科技成果转化为产品的周期缩短,产品更新换代加快;企业研究开发的费用急剧增加;技术创新的机会增多;技术贸易的比重加大;以微电子为标志的高新技术在企业管理中的广泛应用,提高了效率,降低了成本等。近年来,以信息产业为标志的“新经济”时代的到来,更加快了这种趋势。

企业应密切关注当代科技发展动向,注意市场对新技术和新产品的需求,积极利用技术发展给企业带来的市场机会;同时,应积极采取措施避免技术发展造成的威胁和副作用。

5.社会文化环境

不同的民族、种族和国家,有不同的社会文化传统和社会生活行为准则,从而产生不同的风俗习惯和道德观念。此外,在同一民族和国家内,不同的年龄、职业、教育水平、宗教信仰、社会阶层及地理气候等条件,也会使人们的观念和行为产生差异。这些因素会造成不同文化环境的人可能有不同的价值观念、审美观念、流行趋势和禁忌避讳,从而影响企业的经营行为。企业应该注意分析文化环境,了解特定文化环境对消费行为的影响,以针对不同文化环境制定出不同的经营策略。

第二节　市场分析

在市场经济条件下,社会的需求主要是通过市场来反映的。市场是企业一切生产经营活动的出发点和归宿,企业的一切活动都是围绕着如何了解市场需求和满足市场需求而展开的。企业的全部经营活动就是站在企业角度研究市场需求并努力去满足这种需求的过程。市场需求分析是企业经营环境分析的核心内容。

一、市场的概念与构成要素

市场,本意是指商品交换的场所,经济学家将其定义为一定时空条件下商品交换关系的总和。而从企业经营管理角度来说,市场则是对某种商品或劳务具有购买欲望并有支付能力的潜在顾客的集合,即消费需求的总和。市场的概念可用下面的公式来概括:

$$市场=人口\times购买力\times购买欲望$$

人口是构成市场的基本因素。消费者人口的多少,决定着市场的规模和容量。购买力是指消费者的货币支付能力,购买力的高低是由消费者的收入水平决定的。购买力是构成现实市场的物质基础。购买欲望是消费者购买商品或劳务的动机、愿望和要求,是使消费者的潜在购买力转化为现实购买力的必要条件。

人口、购买力、购买欲望是组成市场的基本要素,互相制约,缺一不可。如果人口很多,但收入极低,则市场非常狭窄;同样,如果一个地区居民收入很高,但人口很少,市场同样有限。只有那些人口很多,居民收入又高的市场,才是最有潜力的市场。例如,美国人口虽不到3亿,却能成为世界最大的市场之一。有时,虽然人口较多,购买力较强,但购买欲望不足,市场也无法形成。如在经济萧条时期,出现通货紧缩,人们对经济的心理预期不好,会出现"惜购"现象,有钱不愿花或不敢花,市场也同样很不景气。

由此可见,市场有多重含义,既有地理和社会经济特征,又有人文和社会心理特征。全面理解市场,正确分析和研究市场,是企业做好经营工作的基础。

二、市场的分类

市场类型不同,顾客的购买行为不同,企业的经营策略和方法也有很大差别。准确区分和识别不同类型的市场,对各个市场的不同特点进行深入分析、比较和研究,对于企业确定目标市场,有针对性地制定营销策略有重要意义。

市场可以从不同角度进行分类。按流通区域范围划分,可分为国际市场、国内市场和地区市场,也可分为城市市场和农村市场;按流通环节划分,可分为批发市场和零售市场;按产品和服务的特征划分,可分为消费品市场、生产资料市场、服务市场等;按产品的购买对象划分,可分为消费者市场、组织市场等等。

三、消费者市场分析

消费者市场由为个人消费而购买和使用产品的全部个人或家庭构成。消费者市场是最终市场,其他市场即使不以消费者为直接交易对象,最终都是为消费者服务的。个人消费需求是一切市场需求的最终源泉。消费者市场的具有以下特点。

1. 购买者人数多而分散

对于大多数消费品来说,其市场包括全部人口,消费者分布极广,市场分散。当然,对于某些种类的消费品,由于受到购买力的限制,尚不能以全部人口作为测量市场真实容量的指标。

2. 每次购买量少,频率大

由于购买者多而分散,造成购买的次数比较多,市场分散,购买时间分散,每次购买数量不大,商品交易以零售为主。

3. 需求差异大

由于消费者涉及面广泛,他们在地区、民族、性别、年龄、宗教信仰、收入水平、受教育程度、生活习惯、兴趣爱好等方面各不相同,由此决定了他们对消费品的需求也不相同。

4.需求变化大,易受诱导

多数消费品的需求弹性较大,替代性强,价格的变化对需求影响大;同时,消费者购买决策的感性成分强,受影响因素多,且一般缺乏专门的商品知识和市场知识,造成消费者的需求易受企业营销活动的诱导,所以企业促销的潜力大。

四、组织市场分析

组织市场,由各种组织组成,既包括以营利为目的的工商企业,也包括各种非营利组织,如政府机关、事业单位、社会团体等。按照市场上购买者的购买目的,组织市场可划分为生产者市场、转售者市场、政府市场等。与消费者市场相比,组织市场具有交易批量大、购买行为理性强等共同特点,但其不同组成部分的需求差异仍很大,下面分别作简单分析。

1.生产者市场

生产者市场包括各种企业,广泛分布在农牧渔业、林业、采矿业、制造业、建筑业、运输业、通讯业、金融业、服务业、公用事业等行业。生产者购买商品和服务,是为了生产产品或服务以进行出售而获取利润。其购买对象主要是用作劳动手段和劳动对象的生产资料,包括生产设备、辅助设备、原材料、辅助材料、燃料、零部件和办公用品等。生产者市场具有以下特点。

(1)购买者数量较少,在地理区域上相对集中。企业比消费者要少得多,即使全国的各类企业加起来也不过几百万家。对于那些生产专门设备或专用部件的企业而言,用户就更少了。同时,多数企业集中于大中城市和交通要道,部分行业还具有明显的地域性。因此,产供需企业关系一般比较紧密,联系较多。

(2)交易次数少,批量大。生产资料属于企业需求的特点决定了其一次购买的数量较大,其购买次数明显少于消费品的购买次数,其中一些大型骨干设备若干年甚至几十年才购买一次,多数原材料也是一年只购买数次。这些需求特点决定了生产者市场以批发交易和直达供应为主。

(3)需求具有派生性,需求弹性较小。生产者市场需求具有派生性,生产资料的用途最终都与消费品的生产有着直接或间接的联系,其需求量或多或少受到消费需求的影响,且企业生产周期相对较长,使其需求相对比较稳定,计划性较强,受价格变动的影响较小。

(4)购买行为理性强,专业性强。生产者所购买的产品,特别是原材料和设备,一般有明确的技术要求,不能随意相互替代。因此,一般由受过专门训练的采购人员来购买,以确保所购产品的技术要求和质量。同时,生产者购买往往金额较大,参与购买决策的人较多,交易时间较长,交易条件比较复杂。

2.政府市场

政府市场由各级政府机构和经费主要来自财政预算的各种事业单位、社会团体组成,它们具有非营利性、资金有限、所购产品主要满足其行使自身职能等共同特点。我国的政府市场是社会集团购买力的主要组成部分,所涉及的商品和服务非常广泛,从生活日用品到豪华轿车,从易损耗的办公用品到价值巨大的机电设备。几乎可以说,对于任何企业,政府市场都是巨大的。我国的政府采购具有以下特点。

(1)政府采购往往更多受社会和法律环境的制约,受政策影响较大。如当中央政府制定有关政策和法律限制集团购买力或社会风气好转时,政府的消费需求就会明显下降;反之,则呈恶性膨胀的趋势,出现盲目攀比倾向,往往形成对某些特殊商品的过量需求。

(2)政府采购不如个人和企业讲求实效。采购决策要受政治、道义等非经济因素影响,效率不高。

(3)政府采购要受到外界公众的监督,使得其购买决策程序复杂,制度严格,决策往往迟缓。

3.转售者市场

转售者市场的主体是中间商,包括各类批发商和零售商,其购买商品和服务的目的主要在于转售或出租给他人以获取利润。中间商购买的商品既包括生产资料,又包括各种消费品,也就是说,只要是顾客需要的商品,中间商都可以经营。由于中间商与生产者都是营利性组织,二者购买行为有许多相似之处。但由于中间商的购买主要是为了转售,因此,与生产者的购买行为相比具有以下特点。

(1)中间商的需求更为直接地反映了消费需求。中间商离最终消费者更近,中间商的需求实际是消费需求的直接反映。

(2)中间商对购买价格更为重视。中间商的职能主要是买进卖出,获取的是购销差价,进货价格的高低往往直接影响最终消费者的购买量,所以对价格比较敏感。

(3)中间商对交货时间特别重视。中间商离市场更近,对市场变化反应更加灵敏,表现在它们只有对市场机会有足够把握时,才向供应商定货,而一旦发出定单,就希望尽快交货,以免贻误商机。

(4)中间商需要供应商提供资金、促销、服务支持。中间商经营的商品一般种类繁多,相对存在人力、财力、技术上的不足,希望生产厂商给予协助。如采取售后付款或延期付款方式,以解决资金周转困难;希望生产厂家分担广告宣传费用;希望生产厂家协助其为顾客提供技术服务、产品维修服务、退货服务等等。

第三节 市 场 调 查

一、市场调查的概念和意义

市场调查,是指运用科学的方法和手段,系统地、有目的地收集、整理和分析各种与企业经营有关的市场信息资料,以了解市场的历史和现状,掌握市场规律,为企业经营预测和决策提供基础性数据和资料。企业的市场调查,必须从企业经营活动的实际需要出发,收集、整理、分析影响企业生产经营活动的外部环境信息和其他各种有关信息资料,为企业领导者作出科学的判断和决策提供依据。

市场调查是进行企业经营环境分析与研究的有效方法,是企业经营活动的起点。通过有效的市场调查,能够提供及时、准确和充分的市场信息资料,有助于企业分析和研究经营环境的变化,从而有预见性地安排企业的生产经营活动,减少决策风险。同时,企业也可通过对经营决策和计划的实施情况进行跟踪调查,对企业经营决策的得失作出客观的评价并提出正确的建议。

二、市场调查的内容

市场调查的范围涉及企业经营活动的全过程,因此,企业经营活动的各方面、各环节的情况都可能成为市场调查的内容。一般来说,市场调查的基本内容有以下几个方面。

1.消费需求调查

需求是企业一切经营活动的中心和出发点,对于顾客的需求调查应成为市场调查的主要内容。消费需求调查,主要是了解消费需求量、需求结构和对顾客购买动机、购买行为进行分析。

(1)市场需求量调查

市场需求量是企业进行决策、制定计划和按需组织生产的基础。主要调查市场对产品的需求量和需求量的分布、市场需求量的变化和发展趋势、潜在市场促使转化为现实市场的可能性、本企业产品的市场占有率等。

(2)购买动机和行为调查

购买动机和购买行为特性调查主要是了解顾客为什么买、购买什么、购买数量、购买频率、购买时间、购买地点、购买习惯、购买偏好和购后评价等。在调查消费者的购买动机、习惯和偏好时,应经常使用一些心理学和社会学的方法去分析消费者的心理活动,以准确把握消费者的心理需要。

2.宏观环境调查

宏观环境调查是对政治法律、经济、自然地理、科技、社会文化等宏观因素的历史和现状进行的调查,以研究其对市场以及企业经营的影响。例如,政治法律环境调查主要了解政府的有关方针政策和国家的法律法规,以便准确把握企业经营的方向;经济环境调查主要了解国家或地区的经济发展速度、经济结构、消费水平等宏观经济因素的现状与发展,以使企业能准确地把握经济前景;社会文化环境调查主要了解当地的社会风俗习惯、宗教信仰、民族特点以及人口、家庭、职业结构、教育水平等因素,这些因素常常决定着对产品的要求和产品的发展方向。

3.市场经营条件调查

市场经营条件调查是对影响企业经营活动的微观环境的调查,包括对市场竞争情况、资源供应情况等方面的调查。

(1)竞争情况调查

企业只有掌握了竞争对手情况,并根据自己的经营能力和特点,扬长避短,充分发挥自己的优势,才能在竞争中立于不败之地。市场竞争情况调查主要包括对竞争者的调查分析和对竞争产品的调查分析。对竞争者调查的内容包括竞争者的生产能力、技术水平、市场占有率、销售量、销售地区、经营目标、营销策略以及优势和劣势等。对竞争产品调查包括竞争产品的质量、性能、用途、规格、款式、价格、包装等。

(2)资源情况调查

只有在充分了解资源情况的基础上,企业才能以较低的成本取得企业生产经营活动所需的各种资源,包括资金、设备、原材料、劳动力等。

4.企业经营活动效果调查

企业经营活动效果调查主要是对企业市场营销的主要因素的市场反应的调查,对经营效果进行及时评价并进行有针对性地改进。如顾客的产品和销售服务评价和意见、顾客对企业价格策略的反应、中间商的经营情况、促销效果分析等。

三、市场调查的步骤

市场调查涉及面广,是一项较为细致的工作。为了提高调查结果的准确性和适用性,充分发挥其效果,必须加强调查的组织工作,使调查工作有条不紊地进行。市场调查的步骤主要有以下内容。

1. 确定调查主题

在展开调查之前，应先对已掌握的有关资料进行初步分析。通过现有资料的比较与分析，对企业经营中迫切需要解决的问题进行大致的分析，初步确定调查的方向和目标。在此基础上，提出调查要解决的问题，包括为什么要进行这次调查，在调查中要了解哪些问题等。确定调查主题时，必须突出重点，力求准确。否则，调查主题不明确，将使调查工作徒劳无益，劳民伤财。当企业对所研究的市场现象缺乏认识甚至很不了解时，可先采取一些简便易行的方法进行试探性调查，如请教熟悉情况的人士、分析以往的类似案例等，以便缩小调查范围，确定重点问题，修正不合理假设，以最终确定调查主题。

2. 制定调查计划

制定调查计划是整个市场调查中最重要的阶段。调查计划应该包括调查主题、调查项目、调查范围、调查方法和调查实施计划等。

调查项目包括调查所需收集的资料以及资料中应包括的具体内容等，并应根据调查内容设计好调查表或拟订好具体的调查问题。对于调查表或调查问题的设计，应注意重点突出、措辞得体、易懂易答、便于整理，力求科学、合理，以确保调查资料的质量。

调查范围是指调查资料的收集范围，即向什么样的调查对象进行调查，是进行全面调查，还是有选择地进行调查。在实地调查中，由于调查对象过多，往往不可能也没必要进行全面调查，就需要进行抽样设计。抽样方法包括简单抽样、分层抽样、任意抽样、判断抽样等，选择时应根据调查的重要程度、调查经费预算、调查对象的数量和特性等因素综合考虑，在尽可能的情况下确保样本的代表性。抽样的具体操作办法可参看有关专业书籍，此处不再介绍。

调查方法包括调查时间、调查地点、调查次数及取得资料的具体方法。对于取得资料的具体方法，本节第四部分将做详细介绍。

调查实施计划是一份具体的工作安排和行动纲领，包括调查人员的安排、培训、管理，调查工作进度，调查工作的管理与控制，调查经费预算等。周密的实施计划可以保证调查工作正常有序地展开，避免疏漏。

3. 调查组织实施

组织实施即组织调查人员按已确定的调查计划进行具体调查，取得反映实际情况的资料，包括收集现成的第二手资料和到现场通过询问、观察、实验等方法收集原始资料。在此期间，应注意做好人员分工，掌握调查进度，以保证调查质量。

4. 处理调查结果

调查人员在获得大量资料和数据以后，需要对这些资料进行整理，以剔除不真实的资料，同时对经过分类和统计的数据进行分析，得出合乎逻辑的结论。最后，根据分析结果写出客观、扼要、简洁易懂的调查报告，作为企业决策者进行经营决策的依据。

调查报告提出后，调查者还可以追踪了解企业决策者是否接受了调查的结论和意见，采纳的程度和采纳后的实际效果，验证调查结论与市场形势是否一致，以便积累经验，改进调查方法，提高调查质量。

四、市场调查的方法

市场调查方法主要是指收集资料的方法。资料可分为现有资料和原始资料。现有资料，又称为第二手资料，是指已经存在并已经为某种目的而收集起来的信息。现有资料的来源主要有政府出版物、报纸杂志、专业书籍、各种专业机构编写的专题报告、企业年报等。现有资料收集比较容易并且成本也比较低，所以市场调查往往从收集现有资料开始，并长期积累。但现有资料往往是不够的，在很多情况下，调查人员需要进行专题性调查，即根据某种特定目的直接去收集原始资料（或称为第一手资料）。企业收集原始资料的方法主要有询问法、观察法和实验法。

1. 询 问 法

询问法，是根据已经拟订的调查项目，当面询问或以书面的方式获取有关的信息资料。依照不同的做法，具体又可分为以下 3 种。

(1)访谈调查法

访谈调查法是一种比较通用的调查方法，是调查人员通过走访被调查对象，直接要求被调查者回答有关问题并予以记录，以获取调查资料。根据被调查者的情况，可事先拟订好调查问卷要求填写，可以根据拟订的提纲询问，也可以自由交谈；可以个人面谈，也可以集体座谈。这类方法的具有灵活性强、资料比较真实、回收率高、利于了解细致问题等优点，但调查费用高，特别是人工成本高。

(2)信函调查法

信函调查法是将拟订好的调查问卷邮寄给被调查者，请其填写后寄回，从而获取调查资料。这种方法调查面广、费用省，但回收率较低时，可靠性较差。

(3)电话调查法

电话调查法适用于调查极为简单的问题，一般由调查人员按事先准备的内容，通过电话询问对方意见进行调查。这种方法方便、节省，但只能选择安装电话的人做调查对象，调查对象可能不完整。

2. 观 察 法

观察法，就是调查人员直接到现场观察被调查者的活动，了解消费者对商品的反映和购买动机，收集用户的意见与要求，分析其行为及态度。这种方法的优点是所收集的资料比较客观和真实；但调查深入不够，只知其然而不知其所以然，同时调查费用也较高。

3. 实 验 法

实验法，也称试销法，是向市场中投放一部分产品进行销售实验，在此过程中征询意见，收集反映，分析消费者的动向。实验内容有产品价格实验，产品的质量、品种、规格、外观、包装实验，市场饱和程度实验等。在实验时，可采用试销、展销、选样定产、看样定货等实验方法。尽管实验法所需的时间较长，成本较高，但由于方法科学、数据可靠，因而其应用日益受到重视。

第四节　市 场 预 测

在市场变化日新月异的年代，为了使企业的生产经营活动适应市场经济的发展和市场需求的变化，企业经营者必须在市场调查所取得的各种信息资料的基础上，对与企业经营有关的未来情况及其发展变化趋势作出估计和判断，为企业正确进行经营决策和合理编制经营计划提供科学的依据。市场预测是企业经营管理的重要组成部分。

一、市场预测的概念

预测是一门研究未来的科学。它是通过对过去和现在的研究，预计和推算未来的发展。市场预测则是在通过市场调查掌握市场信息的基础上，运用科学的预测方法，对影响市场需求变化的各种因素进行分析研究,推测未来一定时期内市场需求的情况和发展变化趋势。市场调查是市场预测的前提和基础,市场预测是市场调查的继续和发展,两个过程密切地联系在一起。

对当代商品经济高度发达条件下的市场进行科学的判断和预测,是一项极为复杂的工作。要想准确地预测市场,需要考察人口、社会、文化、政治、自然条件等因素,更需要对收入、消费、储蓄、投资、就业、价格、资本、利息等经济变量的数量关系与发展趋势进行研究。当然,对企业而言,尤其是作一般性预测时,既不可能也不必要对这些因素都进行深入研究,只需对影响企业生产经营活动和目标市场需求变化的主要因素进行重点研究即可。

二、市场预测的内容

市场预测包括需求预测、价格预测、资源预测和技术预测等,其中最重要的是对市场需求的预测。而要正确理解市场需求的概念,需要理清市场需求量、市场潜量和企业销售量的相互关系。

1. 市场需求量

市场需求量是目标市场对某种产品的总的需求量,即在一定的地理区域和一定的时期内,在一定的营销环境和一定的营销努力影响下,特定顾客群体所愿意购买该产品的总数量。要正确理解市场需求量的概念,需要把握好6个因素,即什么样的产品、目标市场的顾客是谁、地理范围多大、多长的时间、营销环境怎样、采取了怎样的营销努力。这6个因素,无论是哪个因素发生变化,都会导致市场需求发生变化。

2. 市场潜量

当产品、顾客、地理区域、时期和营销环境一定时,市场需求是与整个行业的营销努力相关的。随着行业营销努力程度提高,市场需求先是增长较快,然后增长就会逐步放慢。当营销努力达到一定水平后,即使再作营销努力,也不能促进需求的增加。因此,市场需求有一个上限,称为市场潜量。市场潜量是该产品市场的最大可能销售量。

市场潜量与现有市场需求量的差额,为潜在的市场需求量。当二者差额较大时,表明市场未得到充分开发,大有潜力可挖;而当二者差距不大时,则说明市场已接近饱和,市场已得到较充分开发。

3. 企业销售量

企业销售量是指某个特定企业在一定市场的产品销售量。一般表示为市场需求总量与企业市场占有率的乘积。一般认为,企业市场占有率大小,是由企业所作出的营销努力所决定的。企业销售潜量,是当企业相对于竞争者的营销努力增大时,企业销售量所能达到的极限。一个企业的销售潜量通常总是小于市场潜量,只有在该企业独占市场时,二者才有可能相等。

三、市场预测的程序

1. 确定预测目标

确定预测目标是市场预测的首要环节。确定预测目标,就是要用文字说明预测什么?什么时候达到什么目标?企业在进行预测前,只有从本企业的实际情况出发,选择好预测的项目,确定具体的预测目标,才可能为企业制定经营决策提供科学的依据。如果目标不明确,就达不到预期的目的。

2. 收集和分析资料

预测目标确定后，就要从各种可能的渠道收集资料，其中市场调查的资料是主要的资料来源。预测，从本质上讲，就是对各种资料的分析和处理。要注意资料的可靠性，即收集的资料要有根据、有出处，要尊重客观事实，以科学的态度对待资料，防止先入为主，防止资料中夹杂个人好恶的主观偏见。对收集的资料要进行整理、分析、筛选，从中确定定性、定量预测中的各种必要数据。

3.选择预测方法

预测的方法很多，有些方法相当简单，而有些又十分复杂、繁琐。每一种预测方法都有其优缺点和适用范围，选用的预测方法是否科学合理，对预测的准确性有很大影响。应当根据预测的精确度要求、预测的目的和内容、资料的占有情况等要求，选择合适的预测方法和预测模型。同时，由于经济现象错综复杂，企业可以采用几种不同的预测方法来进行比较、验证，从而使预测结果更符合实际。

4.分析修订预测结果

在分析判断的基础上，运用选定的预测方法来进行预测。但这并不表示预测已结束。人们在进行预测时，不可避免有一定的局限性，任何一种预测方法也都有一定的假设条件，只有通过对分析误差和未考虑因素进行分析，以适当修正预测值，才能作为合适的预测值。在预测的内容成为现实后，还要分析预测是否准确、原因何在，以便作好下一次预测。

四、市场预测的主要方法

市场预测的方法很多，从大的方面来讲，主要有定性分析法和定量分析法两种。在进行市场预测时，并不是单独采用哪种方法，而是定量分析和定性分析相结合进行，即先进行定量的数据预测，然后再根据经营环境的变化对预测值进行修正，以获得较符合实际的预测结果。

1.定性预测法

定性预测法以调查和经验判断为主，主要通过向社会作调查，取得一定的数据资料，依靠人的主观经验加以综合分析、假设和判断，来作出预测。这类方法具有时间快、费用少、简便易行、应用广泛等特点。但因缺乏一个客观标准，往往带有主观片面性，其误差大小，因人而异，难以测算确切数值。要特别注意客观实际，切忌主观武断。常用的定性预测方法有典型调查法、专家意见法、专家调查法和比较类推法等。

(1)典型调查法

典型调查法是选择一部分典型顾客进行调查，并根据这些典型顾客的需求调查结果推算出总的需求情况。这种方法比较简便，并可以从典型顾客了解到细致的需求特性，但应注意典型顾客选择的合理性，只有典型选择合适，才能真实反映总体的状况。

(2)专家意见法

专家意见法是由对预测对象有较丰富知识和经验的人员组成专家小组，征询他们的意见，集思广益，综合分析得出结论。这里的专家可以是企业内的，也可以是企业外的；可以是一些专业研究人士，但更多的是从事专业工作的人员，如有经验的销售人员、业务主管、管理部门负责人等。采用这种方法应注意专家人数不宜过多且讨论内容必须集中，同时在预测时，应尽量避免被权威人士的意见所左右而影响他人思路，真正做到博采众长、集思广益。

(3)专家调查法

专家调查法，又称为德尔菲法(Delphi)，基本程序是：①选聘熟悉预测问题的有关专家，人数以10～15人为宜；②根据所研究的问题设计调查表，并向专家们发送调查表和背景资料，请他们就所提问题发表意见，提供材料；③预测人员对回收的专家意见进行整理、综合，并将结果反馈给各位专家再次征询意见；④重复②、③步骤，直到专家们的意见趋于一致或不再改变自己的意见为止。

专家调查法实际上就是由预测人员组织专家们进行书面讨论，既发挥每个专家的个人能力，又集中专家的集体才智，且避免了受偏见、情面的干扰，得出的结果更客观、更准确。

(4)比较类推法

比较类推法是根据较早投入市场的同类商品的市场寿命周期情况来对比分析，进而对预测对象的市场需求进行预测的。如发达国家耐用消费品的发展、普及过程等，可供我们作销售预测时进行类比；换代产品也可借鉴上一代产品的变化规律来分析销售前景等。

2. 定量预测法

定量预测法，又称数理统计预测法，是利用历史资料或经济现象中相关变量之间的关系，运用数理统计公式或数学模型进行定量计算或图解，对未来的变化趋势作出预测，得出预测值；然后，再根据企业内部和外部的变化情况加以修正，从而得到最终的预测值。定量预测方法一般分为时间序列分析法和因果分析法两大类。

一般来说，市场需求与人口、收入、价格、促销等因素之间存在着一定的因果关系。因果分析法就是选用合适的数学模型加以描述，分析内在联系和相互关系来推算未来变化的方法。这类方法理论性较强，预测结果比较可靠，但需要大量的历史资料，要花大量人力、时间和费用，多用于中长期战略预测。这类方法比较复杂，本书就不再深入探讨，需要时可参看有关专业书籍。

时间序列分析法是撇开预测对象与其他因素的联系，只将预测对象看作是时间的函数，并在假定其主要性质和特征处于稳定状态的前提下，用预测对象过去的变化规律来预测未来的变化。这类方法比较简单，在短期预测中应用十分广泛。

时间序列分析法主要有：简单平均法、加权平均法、移动平均法、指数平滑法、季节指数法等。

(1)简单平均法

简单平均法，又称算术平均法，是将过去若干时期的实际数值相加，求平均数，在时间上往后移动，作为下一期的预测值。其计算公式如下：

$$F_{n+1} = \frac{D_1 + D_2 + \cdots + D_n}{n} = \frac{1}{n}\sum_{i=1}^{n} D_i$$

式中 F_{n+1}——第 $n+1$ 期的预测值；

D_i——第 i 期的实际值；

n——所选的资料期数。

简单平均法在时间序列较平稳，即随时间变化各期实际销售值增减变化不大时可采用，但它很难反映近、远期数据变化的趋势，因而一般在要求不太高的情况下适用。

(2)加权平均法

加权平均法，是对各个时期的实际值进行加权，以求得下期的预测值。一般来说，从产品的销售趋势分析，越是近期的销售量，越能表明市场需求的趋向，所加的权数也应越大；以前各期的销售量，越早者所加的权数也就越小。其计算公式如下：

$$F_{n+1} = \frac{C_1 \cdot D_1 + C_2 \cdot D_2 + \cdots + C_n \cdot D_n}{C_1 + C_2 + \cdots + C_n} = \frac{\sum_{i=1}^{n} C_i \cdot D_i}{\sum_{i=1}^{n} C_i}$$

式中　F_{n+1}——第 $n+1$ 期的预测值；

D_i——第 i 期的实际值；

C_i——第 i 期的权数；

n——所选的资料期数。

权数的选择，可以直接查阅常用权数表；也可选用当期的期数作权数，即 $C_i = i$。

加权平均法预测能反映销售量的变化趋势，但受近期销售量的影响较大，一般用于作年度或短期的预测。

(3)移动平均法

移动平均法的基本观点认为，预测期的销售量与较近期的实际销售量有关，与远期的实际销售量无关。因此，可以根据最近几期的实际销售量的平均值作为预测值。随着时间的推移，引进越来越近期的实际销售量的新数据来不断修改平均值，以消除移动期内销售量的波动。按照求平均值的方法不同，移动平均法可分为简单移动平均法和加权移动平均法等。

(4)指数平滑法

指数平滑法可以看作是加权移动平均法的一种变形，它不仅考虑了数据的序时性和近期数据的重要性，同时也减少了数据的存贮量，只要知道本期的预测值和实际销售量，就可预测下期的销售量。其计算公式如下：

$$F_{n+1} = \alpha D_n + (1-\alpha) F_n$$

式中　F_{n+1}——第 $n+1$ 期的预测值；

D_n——第 n 期的实际值；

F_n——根据前期资料计算的第 n 期的预测值；

α——平滑指数($0<\alpha<1$)。

平滑指数 α 一般是由预测人员根据经验判断选定的，通常可以按照历史的实际值与预测值相比较来确定。如时间序列的波动幅度比较大时，α 可取较大值；反之，如时间序列的波动幅度比较平稳时，α 可取较小值。

(5)季节指数法

市场上有些商品的购销往往会由于气候原因或社会风俗习惯而产生波动，这种波动多具有一定的规律性，通常呈一定形式的年度(或季节)循环。季节指数法，就是根据月份或季节编制的时间序列数据资料，用统计方法计算出季节变动规律的季节指数，并以此进行近期预测的一种方法。对于一些季节性较强的商品，这种方法比较适合。

$$\text{某季的季节指数} = \frac{\text{某季的市场平均销售量}}{\text{各季的市场平均销售量}} \times 100\%$$

思　考　题

1. 企业经营环境包括那些因素？简要分析其各自对企业的影响。

2. 结合消费者市场和生产者市场的不同消费特点，分析消费品市场和生产资料市场的不同消费特点。

3. 企业为什么要进行市场调查和预测？二者关系怎样？

4. 市场调查计划包括哪些内容？制定时应注意哪些问题？

第十九章　经营决策和经营计划

经营决策是企业经营管理的核心职能。在市场调查和预测的基础上作出的经营决策是企业开展经营活动的前提,企业中的其他活动都是经营决策的派生和延伸。经营计划是经营决策的展开和具体化,是企业实施其他管理职能的依据。经营决策和经营计划在企业生产经营活动中有着举足轻重的作用。

第一节　企业经营决策

一、经营决策的概念

对企业来说,企业经营的各个环节、各个层次,大到企业经营战略的确定,小到广告媒体的选择、物资运输方案的确定等都有决策问题。决策的目的是企业如何使未来的发展更符合决策者的意愿和要求。随着社会经济和科学技术的发展,决策理论得到了迅速发展,掌握科学的决策技术是经营管理人员必须具备的素质。

经营决策是决策在企业经营管理中的体现,是指企业为了实现一定的经营目标,在对其内部条件和外部经营环境进行综合分析的基础上,制定出多种可行的行动方案,从中选择一个最为满意的方案并加以实施的过程。也就是说,企业经营决策是一个提出问题、分析问题、解决问题的完整过程,而不只是一个瞬间的决定,它包括提出问题、确定目标、收集资料、拟订方案、分析评价、方案选优、付诸实施、追踪监控等一系列活动环节。

经营决策渗透到企业经营的各个环节,科学决策日益重要。正确的决策,能够指导人们有效地活动,取得预期的、良好的经济效果;错误的决策,会使人们徒劳无功,并带来直接的经济损失。企业重大决策失误,会给企业造成无法挽回的巨大损失,甚至直接导致企业破产倒闭,此方面的例子不胜枚举。

二、经营决策的类型

企业经营决策涉及的范围十分广泛,要解决的问题很多,且各有特点。为了进行有效决策,必须分清企业经营决策的类型,了解不同决策问题不同的性质、特点和解决方法,才能有针对性地决策。

1.按决策的重要程度分

企业经营决策可分为战略决策、战术决策和日常业务决策。

(1)战略决策

战略决策是指那些影响企业全局,左右企业长远发展方向的重大问题的决策,如企业经营方向、经营目标、投资方案、生产规模、产品开发等重大决策。战略决策与企业的生存、发展密切相关,在企业中具有极为重要的地位和作用,一旦失误会给企业带来不可估量的损失,必须慎重。

(2)战术决策

战术决策是指为实现战略目标所采取的具体经营措施方面的决策,如财务决策、定价决策、销售渠道决策等。战术决策是战略决策的具体化和实现保证。

(3)日常业务决策

日常业务决策是指企业对日常发生的经营业务活动所作出的决策,如任务分配、人力调度、库存控制、运输方案选择等。

2.按决策的重复性分

企业经营决策可分为程序化决策和非程序化决策。

(1)程序化决策

程序化决策是对企业内经常重复出现的问题所进行的常规决策,如日常订货决策、库存确定等。此类决策往往有一套现成决策程序和规则,决策相对比较简单。

(2)非程序化决策

非程序化决策是对企业内例外的、偶然发生的或新出现的事件所进行的决策。企业在处理此类问题时没有经验可循,往往要靠决策者的知识、经验、掌握的信息和对未来的判断能力去主观决策。

3.按决策的条件分

企业经营决策可分为确定型决策、风险型决策和不确定型性决策。

(1)确定型决策

确定型决策是指拟订的每个决策方案所需要的条件都是已知的、明确的,并能预先准确地估计出决策的必然后果。此类决策只要比较各个不同方案的结果,就可以选择出满意的方案。

(2)不确定型决策

不确定型决策是指每个决策方案在执行后都可能出现两种以上的不同结果,而且根据已知条件又难以判断每种决策结果的出现的概率。这种决策比较难判断,对于各方案的取舍,完全取决于决策者的学识、经验、胆略。

(3)风险型决策

风险型决策是介于确定型决策和不确定型决策之间,其每个决策方案的条件大多是已知的,其每一种方案的执行也会出现几种不同的后果,并且各种后果出现的概率也可以推知。由于小概率事件同样可能成为事实,只是概率较低而已,所以此类决策必然带有一定的风险,故称为风险型决策。

4.按决策目标的多少分

企业经营决策可分为单目标决策和多目标决策。

(1)单目标决策

单目标决策是指决策所达到的目标只有一个。此类决策问题单一,容易掌握和选择。在企业决策中,为了决策方便,人们往往会选择单一的目标作为决策依据,如利润最大化、产量最高、费用最低等。但有明显的局限性,易强调一点而以偏概全,如商品采购决策时单纯强调进货成本最低,而忽略了商品的质量、适用性等。

(2)多目标决策

多目标决策是指欲达到的目标是多元的,如设备选购中的经济上合理性、生产上适用性、技术上先进性等。由于经济情况比较复杂,除了十分简单的任务以外,决策问题往往是多目标的。多目标决策由于目标太多,不易分清主次,在决策时往往为照顾各个目标而犹豫不决,造成决策失误。

三、经营决策的内容

企业经营决策的内容十分广泛，一般可归纳为以下几个方面。

1. 企业经营战略决策

企业经营战略决策是企业最重要的决策，主要包括企业经营目标、经营方针决策，产品开发、市场开发决策，企业重大投资方案选择，企业重大组织机构调整和重要人事安排等。

2. 市场营销决策

市场营销决策包括目标市场选择、产品的市场定位决策，产品组合、产品的品牌、销售服务决策，定价决策，分销渠道、销售方式决策，促销决策等。

3. 财务决策

财务决策包括资金的筹集途径、数量决策，主要设备投资决策，财务计划、预算、收支平衡决策，利润分配和亏损弥补方案决策等。

4. 研究开发决策

研究开发决策包括新产品开发决策，新技术、新工艺、新材料开发应用决策等。

5. 生产决策

生产决策包括生产厂址选择和工厂布局安排，生产品种、数量和规模决策，生产组织、计划和控制决策，设备选择、改造与更新决策，物资采购、库存控制决策等。

6. 其他决策

其他决策包括企业员工的配备、聘任、培训、付酬，权责分工和经济责任制，劳动安全，环境保护等方面决策。

四、经营决策的原则

为了进行有效的决策，企业在进行经营决策时应当遵循一些基本原则，主要有以下几种。

1. 优化原则

经营决策中贯彻优化原则，包括两方面含义：一是各个决策方案本身要进行分析评价，只有经优化的、可行的方案才有选择价值；二是对经优化后的方案，按决策目标“最优”进行选择。只有最优方案才能充分、合理、有效地利用各种人力、财力、物力资源，做到效率高、花费少、效益大。但选优是相对的，对多目标决策来说，很难找到一个对许多目标来说都是最优的方案，甚至部分目标之间还存在矛盾，为了照顾各个方面的目标，最终选出的方案往往对各目标来说仅仅是次优的。

2. 科学性原则

经营决策是一个十分严密的过程，涉及诸多因素和许多新问题。而要解决这样复杂的问题，减少或避免由于决策失误而给企业带来的损失，就需要科学决策。科学决策意味着不能主观臆断、想当然，要用事实来说话，以周密的调查和预测为依据，按照科学的决策程序，采用科学的决策方法，调查分析与科学论证相结合，定量分析与定性分析相结合，使经营决策尽可能避免出现失误；要建立一定的监督、反馈系统，以便对决策失误和决策执行过程中的偏差进行有效控制和适当调整，保证决策的科学性。

3. 民主原则

有关业务性的决策，涉及面窄，且有惯例可循，一般是个人决策即可。但对企业的经营战略决策来说，由于涉及面广，影响因素多，对企业生存和发展至关重要，单凭领导者个人经验和思维判断能力难以取得较为理想的决策方案，这就需要广泛征求专家和群众意见，用集体智慧弥补个人决策能力的不足。应通过各种形式吸收企业员工参与决策，并充分利用各种智囊团和咨询机构，集思广益，充分论证，保证决策的正确性。同时，通过员工参与管理，也可激发企业全体员工执行决策的自觉性和责任感。

4.整体原则

企业在经营决策时应树立整体观念，把企业放在整个社会大环境中去考虑问题。企业的生存和发展与整个社会的发展息息相关，企业在作经营决策时不应只将盈利作为决策的惟一标准，必须兼顾社会整体利益，努力做到经济效益和社会效益相统一。同时，企业决策也不能只考虑企业本身的利益，必须充分了解外部经营环境的变化，尤其是国家政策的影响，充分认识并自觉地执行国家的方针政策，遵守国家的法律法规，这样的决策才能得到各方面的认同，执行起来会更顺利。

5.创新原则

决策者在决策时应当勇于创新，敢于负责。一般来说，可靠性很大、很稳妥的决策方案往往是中等方案，最好的方案常常带有一定的风险。只有敢于冒险，勇于创新，提出别人没想到或不敢想的方案，才可能取得意想不到的好的经营效果，才可能在竞争中领先。但要冒风险，就可能会有损失，就需要有人来对此承担责任，敢于承担责任并能当机立断作出决定是决策者应具备的基本素质。如果怕犯错误，遇事缩手缩脚，是不会有大的成就的。当然，敢冒险并不是乱冒险，科学决策与创新并不矛盾，应尽量减少方案的不确定因素，使决策更加可行。

五、经营决策的程序

经营决策是一个提出问题、分析问题和解决问题的复杂的活动过程，必须按照一定的程序进行。科学的决策程序，有助于正确决策的形成。根据人们进行决策时的一般逻辑顺序，可将决策程序划分为5个互相衔接的阶段。

1.确定目标

经营决策要有明确的目标，没有目标，就无从决策；目标不明确，决策也无法实现。决策目标是根据决策所要解决的问题来确定的。在确定目标时，要找出真正的问题所在，要认真分析问题，找出问题的症结和产生的原因，确定如何解决问题，应达到什么样的目的，最后确定决策目标。只有决策目标正确，才可能制定切实可行的解决问题的方案并付诸实施；如果决策目标错误，决策必然失误，最终给企业经营造成损害。

决策目标要明确具体，符合实际，并且目标也不能太多。如果目标较多，可以将各个目标进行全面分析，去掉不必要的目标，合并相似的目标；然后把目标进行排队，分清主次，并根据其重要性给予相应的权数，以加权后的总目标作为决策目标或设计一些综合目标来替代原来的多个目标。

2.收集信息

必要的信息，是决策的前提。决策目标确定后，就要根据目标的需要，进行必要的市场调查和市场预测工作。企业需要收集的信息，包括企业内部和企业外部与此项决策有关的所有信息资料，重点要放在企业外部经营环境的信息资料的收集上。在收集信息资料的基础上，研究并预测市场的变化趋势，为经营决策提供科学的依据。

3.拟订方案

依据大量可靠的资料，认真进行分析，拟订几个可行的方案供企业决策者从中择优采用。

备选方案至少在两个以上,如果只有一个方案,就没有决策的必要。方案的数量可根据掌握资料的多少和实现决策目标的可能途径来决定。备选方案越多,选择的余地就越大。

拟订方案时,可采取头脑风暴法,鼓励大家敞开思想,畅所欲言,充分发挥想像力,大胆创新,多提方案;在提出设想后要注意分析每个方案的可行性,反复推敲、挑选,精心设计,提好备选方案;各个方案应当是互有利弊的,对于明显比较差的方案应及早淘汰。

4.论证选择

对多种备选方案进行分析比较,综合评价,从中选出一个最能实现决策目标的方案作为行动方案,这是整个决策过程的核心。在这项工作中,要突出方案在技术上的先进性、实现的可能性和经济上的合理性。同时,要注意比较各种方案的直接和间接经济效益、企业整体效益和社会效益;还要考虑可能带来的不良影响和潜在问题,作出综合性评价。

5.执行反馈

决策方案选定后,必须组织执行,付诸行动,并注意监控执行情况。要根据决策方案,制定出详细的实施计划,层层分解,落实任务,以协调整个企业的行动。为了保证实现决策目标,在决策执行过程中还必须作好信息反馈,发现问题能及时纠正。如果发现是决策本身的错误,就要及时修改决策方案,使决策的执行按预定的决策目标正确前进。

以上5个阶段形成了经营决策的全过程,只有作好决策中每个程序的工作,才能作出科学的决策,实现决策目标。但在实际作决策时,并不是完全按照这个程序进行的,这就需要从实际出发制定决策程序。事实上,决策是一个动态过程,各个步骤之间存在着有机联系和反馈关系,在进入下一步后,有可能要返回上一步。每一项决策都是“决策—执行—再决策—再执行”的不断反复过程,通过这一过程,使决策方案不断完善。

六、经营决策的方法

随着决策实践和决策理论的发展,人们在决策中所采用的方法也不断得到充实和完善。目前,经常使用的企业经营决策方法,一般分为定性分析方法和定量分析方法两大类。前者注重于决策者本人的直觉,后者则注重于决策问题各因素之间客观存在的数量关系。实际使用中,二者不能截然分开,而是密切配合,相辅相成的,这已成为现代决策的发展趋势。

定性分析方法,又称主观决策法,是依靠人们的知识、经验和分析判断能力,根据已知的情况和资料,来研究事物的内在联系和运动规律,提出决策意见,并作出相应的评价和选择。运用定性分析法不单是凭借决策者的个人判断,关键是要发挥各类专家和有丰富实践经验的员工在决策中的作用,集思广益,博采众长,避免由于个人主观臆断而造成决策失误。定性决策法主要适用于社会因素影响大,因素复杂的战略性问题的决策,是企业进行决策常用的一种方法。

定量分析方法,是一类建立在数学工具基础上的决策方法。其核心是把决策的变量(影响因素)与目标,用数学关系表示出来,然后根据决策条件,通过定量计算的结果选择决策方案。这类方法使决策精确化、科学化。

不同性质的决策,采用的决策方法也有所不同,具体决策时可能要用到经济学、统计学、运筹学、财务会计以及社会学、心理学等方面的知识。现仅将定量决策方法的决策思路分类作简单介绍。

1.确定型决策方法

确定型决策的特点是决策问题所处的环境是明确的,每一个方案只有一个结果,决策者只需根据单一的决策目标，从备选方案中选择经济效果最好的方案即可。确定型决策适用于企业内部经常发生的有规律的生产经营活动，决策的过程和方法一般比较固定，直接利用一些数学方法进行定量计算，就可得到最合理方案。确定型决策一般选用一些数学模型作为判断的依据，较常用的有盈亏分析法、线性规划法等，此类数学模型的专业性较强，此处就不再介绍，具体可参看有关专业书籍。

2. 不确定型决策方法

不确定型决策的特点是有比较明确的决策目标，有多个可行的方案供选择，但每一个方案都会由于自然状态的不同而有不同的结果，且自然状态发生的概率很难估计。此类决策一般没有固定原则可以遵循，主要取决于决策者的主观分析能力和对待风险的态度。对不确定型决策问题，有以下几种决策方法。

(1)乐观决策法，又称大中取大法。这种方法的思想基础是对未来前景持乐观态度，认为会出现最好的结局，因此以最大收益作为评价方案的标准。其具体做法是：先找出各个方案的最大收益值，再从这些最大收益值中选择最大值的方案作为决策方案。

(2)悲观决策法，又称小中取大法。这种方法的思想基础是对未来前景持悲观态度，设想在最不利的情况下选择一个最合理的方案。其具体做法是：先找出各个方案的最小收益值，再从这些最小收益值中选择最大的方案作为决策方案。

(3)中庸决策法，又称乐观系数决策法。这种方法的思想基础是决策者对未来前景既不持乐观态度，又不持悲观态度，而介于二者之间。这是一种折衷的决策方法。具体做法是：先找出各个方案的最大收益值和最小收益值，对二者根据乐观程度进行折衷，取折衷后收益最大的方案作为决策方案。

(4)平均值决策法，又称等概率法。这种方法的思想基础是假定各种条件发生的可能性均等，从各种方案的平均收益值中选择最大收益值作为评价方案的标准。这也是一种折衷的、平稳的决策方法。其具体做法是：求各个方案的平均收益值，选择平均收益值最大的方案作为决策方案。

(5)后悔值决策法。这种方法的思想基础是当方案实施后，决策者会为当初未采用收益值最大的方案而感到后悔，应当选用后悔值最小的方案作为决策方案。所谓后悔值是指某一种自然状态下，最大收益值与所选方案收益值的差额。其具体做法是：先找出各种自然状态下的最大收益值，然后求出同种状态的其他方案的后悔值，再找出每一个方案的最大后悔值，最后各个方案的最大后悔值最小的那个方案即为决策方案。

以不同的评价标准进行决策，对同一问题会出现不同的结果。究竟采用哪种方法，取决于决策者对待风险和利益的态度。如果决策者比较保守，小心谨慎，怕担风险，不求大利，就可以采用悲观决策法；如果决策者态度激进，获得最大利润不惜冒险，就可以采用乐观决策法；如果决策者是介于二者之间中间型，就可以采用其他 3 种方法。总之，不确定型决策方法带有较大程度的主观随意性。

3. 风险型决策方法

风险型决策的不确定性是介于确定型决策和不确定型决策之间的。风险型决策，同不确定型决策一样，有明确的目标，有两个以上可供选择的方案，也存在两种以上的自然状态，不同方案在不同状态下的损益值可以计算出来，但与之不同的是，决策者可以估算出不同自然状态出现的概率。这个概率可以通过对客观事物进行统计分析获得，也可以凭人们经验进行主观估计，只是主观概率误差略大。决策过程中，应通过市场调查和预测，尽量减少方案的不确定性，以减少决策的风险和随意性。对于不确定型决策在有些情况下，可通过有经验的决策者主观估计各种自然状态的概率，使其转化为风险型决策。

风险型决策的的主要方法是期望值法，即分别求出每个方案根据未来情况发生的概率计算出的期望值，比较各方案期望值的大小，选择期望值最佳的方案为决策方案。要注意，这个期望值是指每个方案在不同自然状态下多次决策结果所得的平均数值，并非实际收益；实际收益到底如何，尚待未来市场的具体情况而定。

每个方案的期望值计算公式如下：

$$E_j = \sum_{j=1}^{n} S_{ij} \cdot P_j$$

式中　E_i——i 方案的期望值；

S_{ij}——i 方案在 j 状态下的损益值；

P_j——自然状态 j 发生的概率。

第二节　企业经营计划

计划是企业管理的基本职能，计划管理在企业管理中占有特殊的地位。经营计划作为企业计划管理的基本形式，是企业经营思想、经营目标、经营战略和经营决策的进一步具体化，是企业全体员工的行动纲领。经营计划的编制和执行是企业计划管理的主要内容，是企业提高经营管理水平和有效实现经营目标的重要途径。

一、企业计划管理概述

1. 计划职能的概念

计划，是管理的首要职能，是指为执行决策而对未来行动进行规划、安排和组织实施等一系列的管理活动。具体包括编制计划、执行计划、检查和分析计划的执行情况、拟订改进措施等方面内容。

编制计划，就是根据企业的外部经营环境、内部条件和总体目标来编制企业的各种计划。计划的内容包括从长远发展的规划，到细分的具体活动计划；从企业的综合计划，到各部门、各个岗位以至个人的行动计划。编制计划时，既要搞好企业内部的综合平衡，又要有适应经营环境变化的灵活性和弹性。

执行计划，就是根据已制定的计划，进行科学的组织和合理的安排，充分挖掘企业的人力、物力和财力资源的潜力，有效地使用企业的各种资源。

检查和分析计划的执行情况，就是在实施计划的过程中，根据计划的要求，检查计划的执行情况和效果，建立原始记录和统计资料，进行统计分析，找出存在问题，及时作出信息反馈。

拟订改进措施，就是根据检查和分析执行中发生的问题，及时采取措施解决，包括对计划进行必要的调整，以便使下一阶段的计划更切合实际，不断提高计划水平。

2. 计划在企业管理中的作用

计划渗透到企业生产经营活动的全过程，在管理中处于领导地位，有着重要的作用。主要表现在以下几方面。

(1)计划是执行决策的重要手段

企业的决策，主要是对重大问题所作出的定性和定量的决定，只是肯定了要做什么，大体上怎样做,但不具体,不便执行。所以,应该根据决策的要求,确定计划指标,编制具体的行动方案,搞好综合平衡,合理安排人力、物力和财力资源,并订出切实的保证措施付诸行动。实践证明,一个好的决策,如果没有好的实施计划,很难实现。

(2)计划是实施其他管理职能的依据

计划是组织、指挥、控制企业各部门、各环节生产经营活动的准则,是调动企业员工积极性和提高企业经济效益的重要手段。必须有统一、严密的计划,作为共同行动的纲领和指南,否则组织实施目标将失去了具体依据,控制也由于失去标准而变得毫无意义。同时,实施组织、指挥、控制、激励等管理活动,也必须有符合企业总体计划的具体行动计划,才能顺利展开。

3. 我国企业计划管理的变化

在传统的计划经济体制下,我国企业实行严格的计划管理。当时的计划是典型的执行性计划,其表现形式是直接根据国家计划编制的生产技术财务计划。企业计划管理的主要任务是建立企业的正常生产秩序,保证国家计划的实现。

随着我国经济体制改革的深入和社会主义市场经济体制的建立,企业的计划管理发生了重大的变化。企业管理已由生产型向生产经营型转变,企业的计划管理也由以生产技术财务计划为主过渡到以企业经营计划为主。

这种变化主要体现在以下几方面。

(1)编制计划的依据不再是国家给企业下达的指令性计划,而是企业根据市场状况,在市场调查和预测基础上进行的经营决策。企业经营计划是决策性计划,是企业经营决策的展开和具体化,是企业根据市场需求和自身条件所作出的综合性安排。

(2)计划的主要指标由产品产量、企业总产值等生产指标变为销售量、利润等效益指标。企业更关注市场需要,以需定产,以销定产,计划的弹性增强,计划的时间、内容和形式上有了更大的灵活性。

(3)计划管理的核心由生产计划变为利润计划。企业计划更直接关系到企业的生存和发展,关系到企业和员工的切身利益,体现了企业的生命力。

二、经营计划的种类和内容

经营计划是企业计划管理的基本形式,它是指导企业全部生产经营活动的综合性计划。经营计划的形式多样,范围和内容覆盖了企业生产经营活动的全过程。

企业经营计划有多种分类标准。按计划的期限划分,可分为长期计划、中期计划和短期计划;按计划的性质划分,可分为战略计划、战术计划和作业性计划;按计划的内容划分,可分为综合计划和专业计划;按计划的范围划分,可分为企业总计划、部门计划、车间计划、班组计划和职能科室计划等。

1. 中长期发展规划

企业中长期发展规划是站在战略的高度,为企业的发展方向、发展速度和发展水平确定的战略目标。它关系到企业的生存和发展,是企业全体员工的奋斗纲领,是企业具有方向性、战略性和纲领性的指导文件。

企业中长期发展规划的内容并无统一规定,一般可以包括企业产品发展方向、企业的生产发展规模、企业市场经营规划、企业主要经济指标规划、工艺技术的发展趋势和企业科研方向、员工培训规划及工资增长、福利改善、污染治理等方面内容。

由于企业中长期发展规划跨度长,不确定因素较多,一般不要订得过于详细具体,可以采取近细远粗的办法,每年对规划进行滚动修改。长期规划一经制定,就要逐年付诸实施,要保持计划的连续性和稳定性,很好地把长期规划与年度计划衔接起来。

2. 年度经营计划

年度计划是企业的主要经营计划,是企业长远规划的具体化,是企业在计划年度内生产经营活动的行动纲领。企业年度计划不但有综合性的企业总计划,还包括企业各个职能部门根据综合计划制定的专业计划和各个部门(车间、班组)根据企业总计划制定的部门计划。

企业年度经营计划主要有以下内容。

(1)利润计划:利润计划主要规定企业计划年度内的利润目标、税后利润分配和各种基金的用途等,是企业行动的目标。利润计划是企业编制年度计划的核心。

(2)销售计划:销售计划主要规定产品的销售额、销售收入、销售费用和销售渠道、销售策略等。它是根据国家指令性计划、市场预测和订货合同,同时考虑利润计划的实现情况来编制的。它是编制生产计划的重要依据。

(3)生产计划:生产计划主要规定企业生产产品的品种、数量、质量及生产进度等保证销售计划实现的各项生产任务。它是编制劳动工资、物资供应等计划的依据。

(4)劳动工资计划:劳动工资计划主要规定企业所需的各类人员的数量、计划年度内劳动生产率提高程度、员工工资总额和平均工资水平等。

(5)物资供应计划:物资供应计划主要规定着企业生产、科研、维修等所需的各种物资,包括原材料、辅助材料、燃料、工具、零配件等的数量、储备量及供应渠道、供应期限等。

(6)技术组织措施计划:技术组织措施计划主要规定计划年度内改进技术和改进组织的各项措施的项目、进度、预期的经济效果,以及实现措施所需的人力、物力、财力和负责执行的单位。它是实现各项计划的技术组织保证。

(7)生产费用预算及成本计划:生产费用预算及成本计划主要规定计划年度内各项生产费用开支预算、各种产品的生产成本构成及降低计划等。它是企业生产经营状况好坏的综合反映,也是利润计划的重要基础。

(8)财务计划:财务计划主要规定计划年度内各项财务的收入与支出、流动资产定额、固定资产折旧与更新计划等。它是企业各项计划的综合反映,也是实现财务监督,进行日常财务管理的依据。

此外,企业还可根据自身需要,编制一些其他计划,如质量计划、设备维修计划、产品开发计划、员工生活福利计划等。

企业经营计划中的各项专业计划,各自都有特定的内容和作用,它们相互联系形成一个有机整体,指导企业生产经营活动的顺利进行。

3. 季度、月度生产作业计划

季度、月度生产作业计划是企业年度经营计划的具体执行计划,是企业用于指导和组织日常生产经营活动的重要手段。它是企业各部门、各单位具体的工作安排,其指标十分具体,并应包括工作方法、进度、负责人、经费等实质内容。

三、经营计划的编制

企业需要编制的经营计划是很多的,计划类型的不同,计划编制的程序和内容也不尽相同。一般来说,中长期发展规划编制比较复杂,由于多年才编制一次且相当重要,编制时需要进行充分的调查研究,经企业上下多次讨论才能形成决议。而部门的日常作业计划影响范围小,内容相对简单,编制频繁,每月甚至每天都可能需要编制,编制时只需依照企业总计划的要求和自身实际情况,参考前期计划的内容,个别管理人员拟订,在小范围内进行简单讨论即可形成。

在企业计划管理中,年度经营计划是经常使用且比较重要的经营计划,编制比较规范。现仅对企业年度经营计划的编制进行说明。其他计划,或繁或简,其编制原理基本相同。

1.经营计划的编制要求

(1)要认真贯彻国家的有关方针政策。国家的方针政策是企业正确分析国家政治经济形势的基础,对企业经营计划的编制具有重要的指导作用。国家给国有大中型企业下达的指令性计划,是企业必须完成的任务,在计划编制时必须考虑。

(2)要以市场调查、预测和科学合理的经营决策为基础。经营计划是对经营决策的展开和具体化。在科学的市场调查和预测基础上,充分考虑企业内外部情况进行的企业经营决策是编制计划的主要依据。

(3)要落实企业中长期发展规划提出的任务。只有遵循中长期发展规划的要求,才能保持企业生产经营活动的连续性,才有可能实现企业的长远发展。当然,企业中长期发展规划并不是一成不变的,根据实际情况,每年也可进行适当的调整。

(4)要认真分析前期计划执行情况。前期计划执行情况反映了企业生产经营活动已达到的水平,是编制计划期经营计划的最现实、最直接的基础和依据,对于确定计划期经营计划指标具有重要的参考价值。

2.经营计划的编制程序

在企业实际工作中,经营计划和经营决策关系十分密切,很难作严格区分,程序上二者是交织在一起的。广义的编制计划包括了市场调查、预测和企业经营决策的内容。而狭义的编制计划仅仅是指在经营决策基础上,以企业计划部门为主,组织有关部门共同进行,上下结合、综合平衡确定计划方案的过程,具体内容如下。

(1)学习国家的有关方针、政策和上级下达的关于编制计划的指标,明确编制经营计划的指导思想、计划目标和为实现计划目标准备采取的措施。

(2)全面分析前期计划的执行情况,对计划期可能出现的各种影响因素及其变化趋势进行综合分析和预计,以便确定各种计划指标。前期计划的执行措施落实情况、执行过程中的经验和教训也对计划编制具有参考价值。

(3)统筹安排,提出企业开展生产经营活动的总体设想,并编制计划草案。

(4)将编制的计划草案下达到各部门、各环节,发动员工进行讨论,自下而上地提出修改意见以及各部门的计划指标和保证措施。

(5)综合平衡,确定正式计划方案。综合平衡主要是安排好各个计划指标之间以及各种计划之间的比例关系,如市场需求与企业生产能力之间的平衡,生产任务与能源、物资供应的平衡,财务收支平衡等。经营计划确定后,需要根据企业管理体制要求,报请厂长(或经理、董事会、职代会等)批准后方可执行。

四、经营计划的执行、控制和调整

1.经营计划的执行

经营计划的编制,只是计划工作的开始,大量的工作在于组织计划的执行。企业经营计划一旦确定下来,就应动员企业各种资源,想方设法组织实施。贯彻执行计划时,既要全面完成计划的各种指标,又要均衡地执行计划。

经营计划的贯彻执行过程,实际上也是计划指标的分解和落实过程。要通过各级作业计划的编制,把计划指标逐级分解,下达到企业的每个单位和个人,使每个单位和个人都有具体的奋斗目标。这些具体的指标要既能保证企业经营目标的实现,又能反映各项生产经营活动的具体效果。

为了保证计划的贯彻执行,还必须抓好各项准备工作(如技术准备、物资准备、员工教育培训等),落实各项技术组织措施,做好生产调度工作,加强对生产经营活动的控制等。

2.经营计划的控制

要保证计划的实施,必须在计划执行过程中加强控制,也就是按预定的目标、标准来控制和检查计划的执行情况,及时发现偏差,迅速予以解决。为此,要制定科学的各种标准(如定额、限额、技术标准、计划指标等),并健全企业的信息反馈系统,及时准确地反应。

3.经营计划的调整

企业经营计划在执行过程中还会发生变化,计划变动是一种正常现象。因为在编制计划时,不确定因素较多,往往存在着考虑不周的地方,加上企业外部环境变化多端,所以及时调整计划是十分必要的。

计划调整有主动和被动之分。被动调整损失大,有时甚至形成事后追认,使计划失去指导作用。主动调整不仅可以减少和避免损失,而且还可能获得更好的收益。所以企业应当主动调整,而且是有计划的主动调整计划。

计划的调整内容可以是个别措施、策略、项目、进度和目标的调整,也可以是整个计划的调整,有大有小。调整内容越大,工作量也越大,损失也就越大。企业应尽量避免过大的计划调整。

思　考　题

1.企业为什么要加强决策管理?哪些决策对企业的影响大?

2.如何理解决策的不确定型?如何降低决策的不确定性,防止盲目决策?

3.市场经济条件下,企业为什么还要加强计划管理?它与计划经济条件下的计划管理有何不同?

第二十章　企业经营战略

企业经营战略是企业管理的重要组成部分,它是为实现企业经营目标,对外部环境和内部条件进行分析和估量,从企业发展全局出发而作出较长时期的总体性谋划和活动纲领。它涉及企业发展中全局性、长期性和根本性的问题,是企业经营思想、经营方针的集中体现,是确定战略规划的基础。本章分析了企业经营战略的特点和基本类型,并着重研究企业产品发展战略和市场发展战略的内容。

第一节　经营战略及其类型

一、经营战略的概念和特点

1. 经营战略的含义和作用

战略一词,原是军事学上的一个术语,其本意是对战争全局的筹划和指挥。后来演变成为泛指重大的、带全局性的或决定全局的谋划。20 世纪 40 年代以后,在经济活动中出现了"经济发展战略"的概念,战略才与企业经营广泛地联系在一起。

企业经营战略,是企业为求得生存和长远发展而设计的行动纲领,是对涉及企业全局性、长期性、根本性问题的总体谋划。企业经营战略的规划,实际上就是根据经营环境的变化和企业自身的条件,对企业发展目标及达成目标的途径、手段进行总体谋划,实现企业目标、自身能力和经营环境之间的动态平衡,以取得满意经营效果的过程。

在市场经济体制下,经营战略日益引起企业的重视。企业经营战略已成为引导企业迎接挑战、抓住机遇、发挥优势、发展自己的保证。企业能否以远大的战略眼光去观察千变万化的经营环境,及时、果断、正确地制定企业发展战略,已成为企业经营成功的关键。

2. 企业经营战略的特点

(1)全 局 性

经营战略是企业关于总体发展规模、方向、阶段、措施以及组织结构优化、资源合理配置等重大问题的决策,是指导企业一切活动的总谋划。企业在制定经营战略时,应通盘考虑,努力实现企业目标、内部条件和外部环境的有机统一,才能实现最优。

(2)长 期 性

经营战略是基于对未来较长时期企业经营环境和内部条件的分析,目的是使企业长期稳定发展。企业不应只顾当前,更应重视长远和未来。企业高层领导者必须能摆脱日常琐碎事务,集中全力解决企业经营的战略问题。

(3)系 统 性

企业经营战略是一个起着统帅全局作用的战略体系,是由相互联系、相互作用的各类战略组成的有机整体。局部战略必须服从企业总战略,只有以全局去指导局部,协调局部之间的关系,才能实现全局目标最优化。

(4)风 险 性

企业经营战略侧重于预测和把握市场机会,经营环境变化极端复杂,市场机会也转瞬即逝,机会和威胁往往经常处于相互转化之中,因此,经营决策必然存在一定的经营风险。企业经营者应尽可能掌握足够的信息,提高经营预测的准确性,并不断提高自身素质,避免经营失误。

(5)相对稳定性

企业经营战略涉及面广,制定时需要投入较多的人力、物力、财力和时间,作用持续性强,不得随意更改。特别是当经营战略已深入人心,得以贯彻执行后,更不得随意调整,否则可能引起企业经营管理的混乱和资源严重浪费。当然,企业经营实践是一个动态过程,当经营环境发生变化时,企业应不失时机地作出灵活反应,提出相应对策,以掌握生存和发展的主动权。

二、企业经营战略的类型

企业经营战略,从大的方面来说,可以分为全局性的总体经营战略和局部性的经营战略两大类。在每一大类中,根据战略性质和功能的不同,又可各自细分为若干不同的战略类型。

1. 企业全局性的总体经营战略

企业总体经营战略是为实现企业总体目标,对企业未来发展方向所作出的长期性和总体性的战略。企业总体经营战略是统筹企业各项分战略的全局性指导纲领。

企业总体经营战略根据其性质又可具体细分为以下 3 种类型。

(1)发展型战略

发展型战略,又称进攻型战略,是指企业依靠现有实力或与其他企业进行联合,以促进企业经营不断发展的一种战略。其特点是积极捕捉机会,扩大生产规模或开展多样化经营,在市场竞争中争取主动,以促进企业的进一步发展,通过技术开发、产品创新、市场拓展、联合和兼并其他企业等来实现其战略目标。一般适用于已在经营领域处于优势地位的企业。

(2)维持型战略

维持型战略,又称防守型战略,是指以安全经营为宗旨,不冒风险,在一定时期内对产品、技术、市场等方面采取以守为攻,待机而动的一种战略。通常通过购买专利、产品仿制、巩固市场、降低成本方法等来维持经营。一般适用于那些在经营领域中没有突出优势,也没有严重劣势,或在资金、技术、销售渠道等方面尚未具备发展条件的企业。

(3)紧缩型战略

紧缩型战略,又称撤退型战略,是指企业在经营领域已处于严重不利地位而又无法改变,如老产品面临淘汰,而又无能力开发新产品,在这种不景气情况下不得不采取的一种战略撤退,化被动为主动,在一定时期内缩小生产经营规模,压缩生产,甚至取消某些产品的生产和经营,通过逐渐收缩甚至退出原有的经营领域的方法来收回资金,另找出路。

上述 3 种类型的战略,企业可根据实际情况,针对不同产品采取其中的 1 种,也可以组合采用 2 种或 3 种,做到有进有退、有发展有紧缩、有增长有稳定,从全局出发统筹规划企业的总体经营战略。

2. 企业局部性的经营战略

为了保证总体战略目标的实现,企业还必须进一步具体制定各项局部性的经营战略。由于不同企业的经营领域、经营范围和经营总战略各不相同,因而企业局部性的经营战略也因企业而异,没有统一的模式。一般可以包括以下几方面内容。

(1)产品战略

产品战略是企业经营战略的首要内容,是企业根据市场需求变化和企业实力,对其不同产品的发展方向所作出的总体安排，包括老产品的整顿和新产品开发两个方面。其目的在于明确产品经营方向和生产重点，制定相应的产品发展计划，以充分利用企业资源，把握市场机会，谋求企业的生存和发展。

(2)市场战略

企业一些生产经营活动都是围绕市场而展开，企业的产品只有通过在市场上销售，才能实现其价值。市场战略是企业经营战略的核心，是企业制定市场营销策略的基本依据。企业能否制定切实可行的市场战略，直接关系到企业能否长期、顺利地发展。市场战略是企业对市场发展方向、开发重点和发展途径所作出的总体谋划，主要包括目标市场选择，市场进入、发展、巩固的战略，市场竞争战略等内容。

(3)科研开发战略

科学技术是第一生产力，它不仅是企业发展的重要支柱，也是企业获得竞争优势的主要手段。企业应顺应科技发展潮流，及时研制、开发与仿制新技术、新工艺、新产品，把科学技术迅速转化为生产力，促使企业发展并形成科技优势，在竞争中处于有利地位。科研开发战略包括企业科学研究和技术开发的方向、重点和实施手段等内容。

(4)资源战略

资源投入是企业生产经营活动的起点，是任何战略规划的实施保障。资源战略又包括人力资源战略、物力资源战略和财力资源战略三方面。具体内容有企业需要怎样的人才结构，如何吸收、培训、选拔、使用人才；企业需要的资金总量和资金结构，资金的筹集途径，资金的使用安排；设备、原材料的取得和使用等。

(5)投资战略

企业投资是企业发展的保证，是实现企业总体经营战略的重要手段。企业为获得良好的投资效果，必须精心选择、慎重投资。投资战略包括企业重大投资的规模、方向和资金来源等内容。

此外，企业还可以制定联合与兼并、组织结构、企业文化等方面的经营战略。各经营分战略相互联系、相互支持，构成完整的经营战略体系，保证企业总体经营战略目标实现。

第二节　企业产品发展战略

产品发展战略是企业经营战略的首要内容，其运用效果直接决定着企业经营活动的成败。产品发展战略，实际上就是运用产品寿命周期理论，根据市场需求状况和发展趋势，适时地对老产品进行整顿和组织开发新产品，以促使产品结构优化和更新换代。

一、产品寿命周期理论

产品寿命周期是指产品从试制成功投入市场开始，直到最后被淘汰退出市场为止所经历的全部时间。产品寿命周期理论认为，产品在投入市场到最后退出市场的过程中，一般要经历 4 个阶段，即投入期、成长期、成熟期和衰退期。它的基本模式见图 20-1。

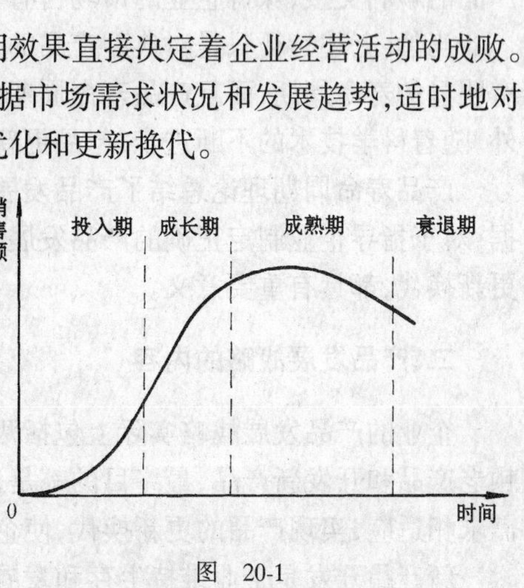

图　20-1

在产品寿命周期的不同阶段，产品的销售有着不同的变化趋势,针对这些变化特点,企业可以制定相应的经营策略。

1. 投 入 期

投入期是指产品投入市场之初,销售增长缓慢的阶段。由于产品刚刚投入市场,顾客对其缺乏了解,一般不愿盲目接受;由于销售增长缓慢且不稳定,造成企业生产批量小,成本高;为了打开销路,又需要多作广告,加强促销。由于投入多而收益少,企业处于微利或亏损状态。

这个阶段,企业的经营策略是设法缩短投入期,尽快进入成长期,以减少损失,提高效益。

2. 成 长 期

成长期是产品在市场上为顾客所接受,销售迅速增长的阶段。随着顾客对产品逐渐接受,开始大量购买,销售的迅速增长使生产成本不断降低,企业利润迅速增长,并逐步达到最高。同时,丰厚的获利机会会吸引大量竞争者进入,从而使市场竞争加剧。

这个阶段是产品的黄金时代,企业经营策略是努力提高产品质量,强化产品特色,提高产品的竞争力,争创名牌,并通过促销活动树立良好的品牌形象;并通过丰富产品的花色品种,增加产品的功能和用途,积极开拓新市场和新的销售渠道,使产品销售面更为广泛;也可在规模生产的基础上,适时降低售价,以争取更多顾客。

3. 成 熟 期

成熟期是市场渐趋饱和,产品销售增长趋缓,并最终下降的阶段。这个阶段持续时间最长,市场竞争也最激烈。由于销售增长率下降,导致全行业产品供过于求,从而引起激烈竞争。为了争夺市场份额,企业常常采用低价格高促销费用的方式进行竞争,造成盈利水平下降,一些弱小的竞争者可能被淘汰。

在这个阶段中,企业的经营策略是巩固原有市场,维持已有的市场份额,并通过努力改进产品的外观、质量和服务水平,增加产品功能,改善营销组合,尽可能延长产品的成熟期,以获得更多利润。

4. 衰 退 期

衰退期是产品销售迅速下降,最后退出市场的阶段。性能更好的替代产品出现,使原产品销售迅速下降;竞争者相继退出市场,企业为了处理存货,常竞相降价,导致产品利润不断减少,甚至亏损。

这个阶段企业经营策略是及时对老产品进行整顿,有计划地减产、转产或淘汰,做好新老产品的顺利交接,保持企业的市场占有率。

当然,上述特征只是对典型产品的寿命周期而言的。需要指出的是,并不是所有的产品都有明显的寿命周期,而且产品寿命周期由于影响因素的不同,可能会发生某种形式的变异。另外,随着科学技术的不断进步,产品更新换代加快,产品的寿命周期有越来越短的趋势。

产品寿命周期理论总结了产品发展的一般规律,为企业预测产品发展变化提供了理论依据,对于指导企业制定正确的产品发展战略,及时整顿老产品,开发新产品,有计划地进行产品更新换代,都具有重要意义。

二、产品发展战略的内容

企业的产品发展战略实际上包括两方面的内容,即对老产品整顿和组织新产品开发。整顿老产品和开发新产品,最终目的都是使企业生产的产品与技术经济的发展相适应,与社会的需求相适应,实现产品的更新换代,使企业得以生存和发展。

新产品开发是企业维持生存和发展的前提,是企业在市场竞争中取胜的重要手段。由产品寿命周期理论可知,任何产品都不可能永久畅销,他们最终都会被市场所淘汰。而且随着科学技术飞速发展和消费需求不断变化,产品寿命周期还有日益缩短的趋势。这就要求企业必须把新产品开发作为关系企业生死存亡的经营战略重点来抓,不断地开发出满足顾客需要的新产品。

企业不断推出新产品,可以使企业在市场竞争中始终处于领先地位,并且树立市场领先者和创新者的形象。但相对来讲,企业开发新产品投资大、周期长、成功率较低,这对许多企业是很难承受的。而对老产品进行适当地调整,可以使企业收到投资小、周期短、收效大的效果,对企业来说不失为一条提高经济效益的捷径。

老产品整顿的目的在于延长产品寿命周期,以创造新的销售高潮。老产品整顿的途径很多,只要坚持从顾客需求出发,根据产品的技术特点,从各个不同的方面加以整顿,不断在老产品上应用先进技术,使它具有新的功能和开辟新的用途,就可能使老产品保持旺盛的生命力,促进企业的生存和发展。另外,适时地将老产品转移到尚待开发的经济相对落后地区,开拓新市场;或通过转移生产场所降低产品生产成本,提高产品竞争能力,也能起到延长产品寿命周期的效果。

必须从实际出发,特别是从产品的技术调查和市场调查入手,根据产品的技术发展趋势和市场特征,采取相应对策。对于生产时间虽较长,但性能特点经过了长时间的使用检验,结构成熟,质量稳定,仍为市场所需要的产品,应继续生产,不宜调整;对于市场有需求,但存在某些缺陷,如经济技术指标落后、设计有缺陷、结构或工艺不过关等,影响了产品的市场需求,但经过改进或调整即能够满足用户需求的产品,宜作为整顿的对象;对于结构陈旧、效率低、能耗高、运行使用不可靠、不受用户欢迎的产品,应坚决停产,并着手开发新产品。

第三节　企业市场发展战略

市场是企业一切生产经营活动的出发点和归宿,企业要取得经营的成功,并不断壮大,就要制定正确的市场发展战略。市场发展战略是企业经营战略的核心,主要包括目标市场的选择、市场进入、市场发展、市场竞争等内容。

一、目标市场选择

市场总是由众多需求各异的顾客所组成,绝大多数产品的市场需求都存在着显著的差异。随着社会生产力水平的提高和人们生活的不断改善,消费者需求多样化日趋明显。在这种情况下,任何一家企业,即使规模很大的企业,也不可能向市场提供能满足所有顾客需要的产品。企业必须面对所提供产品有限,而顾客需求几乎无限多样化的矛盾,解决这一问题的办法就是对市场进行细分。

市场细分,就是根据顾客之间需求的差异性,把一个产品市场整体划分为若干个顾客群体,每一个由需求特点相似的顾客组成的群体构成一个细分市场。

市场细分是通过对顾客需求分类来进行的。影响顾客需求的各种因素,如消费者年龄、性别、职业、收入、个性、生活方式及所处地区的地理特征等,都可以作为市场细分的标准。市场细分后要求达到:不同细分市场的顾客,对同一产品有着不同的需求;而同一细分市场内的顾客,对同一产品却有着相似的需求。

市场细分是企业选择目标市场的理论基础。对于一个整体市场,采取不同的方法和标准将得到不同的细分市场。由于企业能力所限,企业往往只能选择其中的一个或几个细分市场作为企业的服务对象,即企业的目标市场。

企业应该选择怎样的目标市场,取决于企业自身能力和产品、市场需求特点等因素。有以下3种战略可供选择。

1. 无差异性市场战略

无差异性市场战略是指企业把整体市场作为一个单一的市场,忽略市场需求存在的差异,因而只向市场推出单一的标准化产品,并以统一的营销方式销售。通过大批量生产和运输、储存产品,发挥规模经济的优势,有利于降低产品成本,取得市场上的低成本优势,来满足大多数顾客的需求。

这种战略适用于需求广泛,能够大规模生产、销售的产品,并且要求企业资源充足,实力雄厚。如:美国可口可乐公司在20世纪60年代以前曾长期奉行这一战略,生产单一口味、单一包装的产品和进行统一的广告宣传,在世界软饮料市场长期占据统治地位。但这种战略应变能力差,带有很大的风险,当多家企业在同一市场都采用这一战略时,往往会形成市场竞争虽然激烈但仍有部分顾客群的需求得不到满足的局面,这种情况对企业和消费者都是不利的。

2. 差异性市场战略

差异性市场战略是指企业采用一定的标准把整个市场进行细分,针对多个细分市场的需求特点,设计和生产不同的产品,最大限度地满足不同层次顾客的需求。如我国五粮液集团根据消费者需求档次的不同,推出了"五粮液"、"五粮春"、"五粮醇"和"火爆"等一系列高、中、低档酒;可口可乐公司也有了"可乐"、"雪碧"、"醒目"等多种口味的饮料。

这种战略满足了不同层面顾客的需求,从而极大地提高了企业的经营能力,也降低了经营风险。近年来,这种战略在大企业中得到广泛采用,并取得显著的成效。但企业提供的产品种类越多,营销计划越复杂,生产成本和营销费用就越高。因此,当企业采取这一战略时,市场不宜划分得过细,企业也不宜卷入过多的细分市场。

3. 密集性市场战略

密集性市场战略是指企业把全部资源和精力集中在一个或少数几个细分市场上,实行高度专业化的生产和销售。由于企业集中生产一种或几种产品,把资源集中在少数细分市场上,有利于把握顾客的需求,有针对性地开展营销活动,在小范围内将劣势变为优势,可能会取得经营上的成功。如我国昌河、宇通等汽车制造厂虽实力有限,但分别在微型面包车和小型客车市场中占有率较高,取得较好的经营效果。

这种战略特别适用于小企业。因为小企业资源能力有限,与大企业去争夺整体市场是不明智的,而集中力量在大企业不感兴趣的少数细分市场上建立优势,往往容易成功。但由于对较为窄小的细分市场依赖程度过高,使得经营风险较大,市场一旦突然发生变化,企业经营易陷入严重困境。因此,采用这一战略的企业必须密切关注目标市场的动向,作好充分的应变准备。

在目标市场确定后,企业应进一步考虑产品在市场中的定位问题。市场定位的根本目的,就是在目标市场上建立本产品的竞争优势,并使目标顾客能了解和认识自己的这种优势。企业在进行市场定位时,可以选择产品的特定属性、特殊用途等作为定位依据,也可以选择企业品牌形象、服务优势等作为定位依据。总体的要求是必须突出自己的竞争优势,在目标市场中塑造企业鲜明的个性。

二、市场发展方向战略

企业除了做好现有业务的规划和组织外,还应不断开拓新的市场,开发新的业务领域,对未来发展进行战略规划,即确定企业的市场发展方向。市场发展方向战略有以下3种类型。

1. 密集性发展战略

密集性发展战略,又称集约化发展战略,是指企业在现有业务领域寻求未来发展的机会,扩大企业生产、销售规模。具体形式有以下3种。

(1)市场渗透

市场渗透是通过积极采取各种营销措施,设法在现有市场上扩大销售,提高市场占有率。主要采取争夺市场的方法,如促进现有顾客增加使用量,鼓励其重复购买;吸引竞争对手的顾客,扩大市场份额等。

(2)市场开发

市场开发是通过开辟新的销售渠道,进入新的目标市场,以增加销售。如从地区市场扩展到全国市场,从国内市场扩展到国外市场等。

(3)产品开发

产品开发是通过对企业现有产品加以改进,如增加花色、品种和档次,改进包装和服务等,更好地满足顾客需求,从而扩大销售。

2. 一体化发展战略

一体化发展战略是把现有业务范围作后向、前向或横向延伸和扩展,以提高效率、降低成本、增加利润。具体形式有以下3种。

(1)后向一体化发展

后向一体化发展是指企业通过收购、兼并、自办等形式,进入原材料的生产和供应领域,使现有业务作纵向延伸。如汽车总装厂收购汽车零部件生产厂,组成企业集团;商业企业自主开发生产产品,实现产销一体化。

(2)前向一体化发展

前向一体化发展是指企业通过一定形式,向产品深加工或销售方向发展。如面粉厂发展到生产食品;原油开采企业兼并炼油厂,家电生产企业建立全国性销售网络等。

(3)横向一体化发展

横向一体化发展是企业兼并或联合竞争者,扩大经营规模,增强企业竞争力。如美国微软公司频频收购其他软件生产企业,我国邯郸钢铁公司兼并舞阳钢铁公司,多家商业企业联合组建大型连锁超市等。

3. 多元化发展战略

多元化发展战略,又称多样化、多角化发展战略,是指打破行业界限,进入新的经营领域,实现跨行业经营。我国许多企业搞的多种经营多属于此类。具体形式有以下3种。

(1)同心多元化发展

同心多元化发展是以企业现有的生产技术条件和特长的优势为核心,围绕这个优势逐步发展与原产品相似的产品。如TCL公司由生产电视机扩展到VCD机、电脑、电话机等,济南轻骑集团由生产摩托车发展到生产助力车等。

(2)横向多元化发展

横向多元化发展是指企业立足现有市场,为现有顾客提供与现有产品在技术上没有直接联系的新的产品。如春兰集团原来主要生产空调,利用已有的市场声誉,生产摩托车也取得较好效果;火车站开办旅馆、商店、饭店等为旅客提供全方位服务等。

(3)综合多元化发展

综合多元化发展是指企业进入与现有业务、技术、市场完全无关的新领域,开拓新业务。采用这种战略风险较大。如一家加工企业涉足金融、房地产、旅游等新业务。

一般来说,企业在选择上述3类发展战略时,应先从密集性发展战略入手,再尝试一体化发展战略,最后才是选择多元化发展战略。

三、市场竞争战略

企业在市场中不可避免地要面对众多的竞争对手。如何使企业及其产品相对于竞争对手形成尽可能大的优势,并保持和发展这种优势,是市场竞争战略应该回答的问题。企业的竞争,主要是围绕着品种、质量、价格、服务、信誉等要素而展开,具体表现有以下几种。

1. 低成本竞争战略

低成本竞争战略,又称价格竞争战略,其重点在于要求企业采取各种措施,千方百计降低成本,争取使本企业产品的生产成本达到同行业的最低水平,进而在市场上采取比竞争对手更低的价格销售,扩大和提高市场占有率,使企业处于有利地位。

采取这一战略可以充分地开发市场,尽可能扩大市场总需求量;同时,也可以在市场上筑起较高的进入壁垒,可减少新进入者的威胁。如我国彩电行业多次爆发价格大战,使市场得到充分开发,一次又一次地掀起销售高潮。但是,如果行业内多家企业都采取这一战略,则易造成竞争过度,使竞争者两败俱伤,甚至为了降低成本采取降低产品质量的方式,失去原有的市场竞争能力。

2. 差异化竞争战略

差异化竞争战略,又称异质竞争战略,即要求企业在产品的品种、质量、形象、信誉、服务及销售方式等多方面与竞争者的产品有明显的差异性,使顾客对本产品更感兴趣,产生信赖,消除价格的可比性,从而形成较强的竞争力。

采取这种战略,回避了价格战的残酷,使企业可以获得相对稳定、丰厚的利润回报。但质量、服务水平、企业信誉、品牌形象的提高不是一朝一夕的事情,需要企业付出不懈的努力,而某一方面策略的失误,都可能给企业带来不可挽回的损失。随着人们消费水平的提高,消费需求的差异化日趋明显,企业应当重视培养自己的信誉,使企业在市场竞争中立于不败之地。

3. 集中竞争战略

集中竞争战略是指企业集中力量服务于一个或几个细分市场,使企业在一个较为狭窄的目标市场上赢得低成本优势或差异化优势,从而使企业在该目标市场上处于较为有利的市场地位。一般中小企业或新兴企业经常采用这一战略,进而取得经营上的成功。

思　考　题

1. 结合实例说明产品寿命周期的不同阶段的营销特点。
2. 举例说明如何进行市场细分和选择目标市场。

第二十一章　市场营销组合策略

影响企业经营的因素可分为两大类:一类是企业外部的不可控制的因素,也就是经营环境因素,它们给企业提供机会或构成威胁;另一类是企业内部可以控制的营销因素,主要包括产品、价格、销售渠道、促销方式4个方面。市场营销组合策略是实现企业市场战略的主要手段。在充分分析经营环境的基础上,正确地确定每个营销因素,并将它们加以合理地组合,可以达到整体效果最优化。要做好市场营销组合,就需要分别对这4方面进行研究。

第一节　产　品　策　略

产品策略是市场营销组合策略的核心。企业的主要任务是根据市场需求生产出物美价廉、适销对路的产品。产品是企业生存和发展的基础,是企业从事市场营销工作的物质基础。市场营销的各项工作都是围绕产品而展开的,脱离了产品,定价、分销、促销等就失去了意义。

一、产品整体概念

企业应当为市场提供什么样的产品,产品应当包括哪些内容,是企业面对的首要问题。市场营销观念认为,顾客购买一种产品,关键不是要得到产品的本身,而是要从该产品得到某种利益和欲望的满足。作为一个整体,产品可以分为3个层次:核心部分、形式部分和附加部分。

1. 核心部分

产品的核心部分是指产品提供给顾客的基本效用或功能。如衣服用以遮体,食物用来充饥等。它是产品的实质性内容,是顾客对产品最基本的要求,体现了顾客对产品共性的需求。

2. 形式部分

产品的形式部分是产品在市场上所表现的物质形态,主要是指产品的式样、质量、结构、商标、包装等。它是产品核心部分的表现形式和物质承担者。企业应当精心设计制造完美、雅致的产品形式,恰当地体现产品的功用,以提高产品的竞争力。

3. 附加部分

产品的附加部分是企业为了充分发挥产品的效用,提供给顾客的一系列附加利益。它一般表现为各种形式的销售服务形式,如咨询、送货、安装、维修、融资及质量保证等。随着消费需求日益多样化,消费水平的不断提高,提供满意、充分的服务已成为企业竞争的重要手段。

随着市场化程度的提高,产品的市场竞争越来越表现为产品整体的竞争。产品整体概念要求,企业向市场提供产品,不仅要注意产品的基本功能,更要考虑产品的多方面因素,以满足顾客对产品的多样化需求。

二、产品品牌策略

1. 品牌的含义

品牌,就是企业或产品的牌子,是代表企业或产品形象的一系列标志的总称。通常由文字、标记、符号、图案、特殊色彩及特有的包装装潢等要素组合而成。品牌属于产品形式部分的重要内容,是产品异质化的主要体现。

2. 品牌决策

企业面临的有关品牌的主要决策有以下几方面。

(1)有无品牌决策

有无品牌决策包括企业是否要用品牌,以及是否创立名牌的决策。随着市场经济的日益发展,商品的品牌化趋势相当迅猛,品牌竞争已成为市场竞争的重要手段。因此,企业一般应拥有品牌,并应努力争创名牌。但良好的品牌形象的建立,需要付出极大的努力并支付很多的费用,有一定的经营风险。对于某些产品,如果使用品牌对识别商品、促进销售的积极意义很小,也可不使用品牌。这些商品一般包括:生产简单、选择性不大的产品;一次性或临时生产的产品;消费者认识较多,质量差异不明显,不必认牌选购的产品等。

(2)品牌归属决策

品牌归属是指产品使用谁的品牌的问题。从传统看,制造商品牌在市场上居主导地位,绝大多数制造商使用自己的品牌。但随着现代商业的发展,一些实力雄厚、信誉度高的中间商为了取得更大的利润,也纷纷建立自己的品牌。如果制造商实力有限或对市场缺乏了解,也可考虑使用中间商品牌,以尽快进入市场,并减少促销投入。

3. 品牌策略

企业建立自己的品牌,可以采取多种方式。

(1)统一品牌策略

统一品牌策略是指企业所有产品都使用同一品牌。这样,可以利用已经成功的品牌来推出新产品,容易取得消费者信任,同时也可以壮大企业的声势,提升企业的市场形象,并可以节省为建立新品牌所付出的大量费用;但要求企业的各种产品具有同等的质量水平,否则如果新产品推出不利,可能会损害已有的品牌声誉。

(2)差异品牌策略

差异品牌策略是指企业不同档次、不同类别的商品使用不同的品牌。采取这一策略可以方便消费者选购,便于进入多个细分市场;但也会因此增加树立品牌的费用和产品促销费用。这种策略主要适于企业产品种类多、档次全的情况。

(3)多品牌策略

多品牌策略是指企业对同等质量的同一种产品使用两个以上的不同品牌。尽管各品牌会自相竞争,但可能会吸引更多的消费者;且多种品牌的商品在零售商店中可以占据更多的陈列空间,易引起消费者注意。因此,多品牌产品的总销售量往往会超过单一品牌的销售量。如美国宝洁公司在中国市场推出“飘柔”、“潘婷”、“海飞丝”等多品牌的洗发用品,增强了该公司在这一市场的竞争力。

三、产品组合策略

在市场形式多变、市场竞争激烈的情况下,企业为了经营成功,往往生产经营多种产品。企业各种产品之间应保持一定合理的结构,才能使企业取得满意的经营效果。也就是说应重视产品的组合问题。

1. 产品组合的概念

产品组合是指一个企业所经营的全部产品的结构或构成。产品组合一般可分为产品线和产品项目两个层次。产品线,又称产品系列,是指一组密切相关产品的组合。一条产品线就是指一大类产品。每条产品线中所包括的具体的不同规格、型号、款式的产品,就是产品项目。

2. 产品组合的决策

企业产品组合的决策,就是对产品组合的广度、深度和相关度的选择。

产品组合的广度,是指产品组合所包含的产品线的多少,它反映了企业市场服务面的宽窄程度。拓宽产品组合的广度,有利于扩展企业的经营范围,发挥企业的潜在优势,但也会分散企业的资源,降低竞争能力。

产品组合的深度,是指每条产品线包含的产品项目的多少,它反映了企业对市场的细分程度和满足情况。加深产品组合的深度,可以占领同类产品的更多细分市场;但也会增加工作量,提高产品成本。

产品组合的相关度,是指企业的各类产品线在最终用途、生产条件、销售渠道等方面的相互关联程度。加强产品组合的相关度,有利于发挥企业在相关领域的经营优势,发挥连带效应,提高企业的声誉。

3. 产品组合的调整和优化

一个企业的产品组合,应当根据市场竞争状况和销售、利润的变动进行适时调整,从而使产品组合保持动态优化。在对现有产品组合的未来发展趋势进行深入细致的分析和评价基础上,通过改变企业资金的投向,开发新产品,保护主力产品,淘汰衰退产品等策略来调整、优化企业的产品组合,使之达到产品的最佳组合。

第二节　价格策略

对于产品价格,有多种不同的理解。经济学认为,价格是价值的货币表现,价格的形成和变动是与成本、利润、货币紧密联系在一起的,定价是一门科学。而市场营销学则认为,价格对市场变化能作出灵敏反应,价格的制定与企业生产的质量、消费者的接受程度和市场竞争有着重要关系,定价是一门艺术。价格是市场营销组合中最活跃的因素,企业营销活动能否成功,在一定程度上取决于定价的合理性。

企业制定价格是一项很复杂的工作,必须全面考虑各个方面的因素,采取一系列步骤和措施。一般包括:①确定定价目标;②测定产品的需求价格弹性;③核算成本;④分析竞争对手的产品与价格;⑤选择适当的定价方法;⑥选定最后价格。下面分别进行介绍。

一、影响定价的因素

市场营销理论认为,产品的最高价格取决于产品的市场供求状况,最低价格取决于该产品的成本费用。在最高价格和最低价格的幅度内,企业能把价格定多高,则取决于竞争者同种产品的价格水平。综合分析这些影响因素是科学合理定价的基础。

1. 产品成本

企业要维持再生产的正常进行,产品价格必须能补偿成本,同时还要形成一定的利润。产品成本是影响产品价格的基本因素,在正常情况下,产品价格不应低于产品成本。一般来说,产品成本越低,产品价格越低;产品成本越高,产品价格也越高。

2. 市场状况

市场因素是影响产品价格的最难捉摸的因素,是变化最频繁的因素。它主要包括市场供求状况、市场竞争状态和产品的需求弹性等。

(1)市场供求状况

价值规律是市场经济的基本规律。由于价值规律的自发作用,当产品供不应求时,价格就会上涨;当产品供过于求时,价格就会下跌。价格与供求关系的相互变动是市场机制的外在表现。

(2)市场竞争状态

市场的竞争状态决定了企业定价自主权的大小。根据市场领先者对市场的控制程度划分,市场可分为完全竞争状态、垄断竞争状态、寡头垄断状态和完全垄断状态四种。在完全竞争状态下,由于竞争者众多,个别企业的行为对市场价格不会造成影响,各企业一般随行就市定价;而在完全垄断状态下,垄断者则是根据利润最大化自主定价。

(3)产品的需求价格弹性

需求价格弹性是指需求对价格变动的敏感程度,其大小以 $E_p=\dfrac{\text{需求量变动率}}{\text{价格变动率}}$表示(取绝对值)。如果某产品的需求价格弹性大于1,说明需求弹性大,价格的升降会引起需求量较大幅度的变化,因此,企业定价宜采取薄利多销策略,若提价则要谨防销量锐减。反之,如果某产品的需求价格弹性小于1,说明该产品缺乏需求弹性,价格变动对需求量影响不大,定价时可适当采取高价策略以增加盈利。

(4)竞争者的行为

企业定价本身就是一种竞争行为。企业的定价策略会受到竞争者的关注,并可能导致竞争者作出反应;同时,竞争者的定价行为也影响本企业产品的定价,迫使企业作出相应的反应。一般来说,在价格竞争中,竞争力强的企业有较大的定价自由,而竞争力弱的企业定价则更多受到竞争对手的制约。

3. 产品特性

产品本身的各种特性,诸如产品的质量、声誉、流行性、所处的寿命周期阶段等,都会影响产品定价。如质量优、声誉好的名牌商品,价格一般较高,顾客照样接受;而质量没有保证的产品,即使价格低也不一定有人购买。

4. 宏观环境因素

国家的价格管理制度、政府的有关法律法规、经济发展状况、货币币值变动、国际市场价格变动等因素都可能在一定程度上会影响企业产品定价,在某些情况下甚至还可能起到决定性作用。

二、定价方法

不同企业、不同产品、不同时期,产品定价考虑的因素有所不同,因而采用的定价方法也各不相同。根据企业定价时考虑侧重点的不同,定价方法分为成本导向、需求导向、竞争导向三大类。

1. 成本导向定价法

成本导向定价法是以产品成本作为价格基础的定价方法,在企业中应用广泛。主要有以下3种方法。

(1)成本加成定价法

成本加成定价法的具体做法是在单位产品成本上,加上一定比例的预期利润形成产品售

价。预期利润反映了企业预期投资收益,可采用不同比率计算,其表现为加成率的形式。计算公式如下:

$$单位产品价格 = 单位产品成本 \times (1 + 加成率)$$

此种方法简单易行,又可保证企业获得预期利润,尤其在商品流通企业应用广泛。但由于没有考虑市场和竞争状况,且加成率确定缺乏科学性,有较大局限性。

(2)目标利润定价法

目标利润定价法,是先预估可能达到的销售量,再根据目标利润水平来计算价格。计算公式如下:

$$单位产品价格 = \frac{产品总成本 + 目标利润}{预计销售量}$$

此种方法也易计算,并可较好地实现预期投资收益。但要求企业计划能力较强,对销售情况能较好掌握。

(3)变动成本定价法

变动成本定价法,又称边际贡献定价法,是指企业定价时,以单位变动成本为价格低限,价格高于单位变动成本即可。至于高多少,取决于竞争状况和企业能力。超过变动成本的部分称为产品的边际贡献。随着销售量的增大,总边际贡献补偿固定成本后的余额作为企业的利润。当边际贡献不足以补偿固定成本时,企业将处于亏损状态。这种方法较灵活,富有竞争性,给企业降价提供依据。当市场竞争激烈、企业生存困难时,也可采取此方法定价,以赢得生存机会。

2. 需求导向定价法

需求导向定价法是以消费者对产品的认识和需求程度为定价依据的,是随着经营观念更新而产生的新型定价方法。具体做法有以下几种。

(1)理解价值定价法

理解价值定价法是以消费者对商品价值的感受和接受程度来确定产品价格的。运用这种方法应注意:一方面,要认真地进行营销调研,全面了解消费者对产品价值的认识和评价,以使定价能为消费者所接受;另一方面,要做好产品定位工作,注意突出本企业产品的特色,并综合运用各种营销手段,加深消费者对本企业产品的印象,从而提高他们对产品的认知水平和可接受的价格水平。

(2)需求差异定价法

需求差异定价法以销售对象、销售地点、销售时间等条件变化所产生的需求差异,尤其是需求强度差异作为定价的基本依据。如供水、供电部门对工业、农业、居民实行不同的水价、电价;长途电话费白天和夜间、工作日和节假日有不同的收费标准;体育场馆的不同位置有不同的票价。在上述情况下,产品成本并没有明显差别,但差别定价可以达到区别需求、调节需求的目的。

3. 竞争导向定价法

竞争导向定价法是以竞争对手的价格作为定价的主要依据,根据自己产品的特点选择有利于实行企业目标的价格的定价方法。具体方法有3种。

(1)随行就市定价法

随行就市定价法是指本企业产品的价格与现行市场价格水平保持一致的定价方法。这是一种最简单、最常见的方法。采取此方法定价,使企业产品易为消费者接受,又能与竞争者"和平共处”,并取得合理、适度的利润。这种方法主要适用于与竞争产品差异较小的产品。如果产品在功能、质量、品牌等方面具有明显优势,可以将产品价格定得高于竞争产品的价格,以树立企业良好形象。

(2)竞争定价法

与上述“随大流”相反,竞争定价法是一种主动竞争的定价方法,即企业产品的价格低于竞争产品价格,以期扩大市场占有率。

(3)竞标定价法

竞标定价法是指在招标、拍卖等活动中,由顾客主动竞争报价,以获得卖方认为最有利价格的一种方法。具体有密封暗标报价和公开明标报价等形式。

三、定价策略

在运用适当的定价方法确定了基本价格以后,针对不同的消费心理、销售条件,采用灵活的定价技巧对基本价格进行修改,是保证价格策略取得成功的重要手段。灵活的定价策略是在具体场合将定价的科学性和艺术性相结合的体现。

1. 新产品定价策略

新产品定价关系到新产品能否顺利进入市场、占领市场,是企业价格决策中至关重要的问题。新产品定价一般有以下3种策略。

(1)取脂定价策略

取脂定价策略,是在新产品投放市场之际,针对部分消费者追求时髦、猎奇的求新心理,把价格定得较高,以尽快取得最大利润。这是以短期利润最大化为目标的一种定价方法。在新产品具有独到特点,竞争者不易仿制,且需求弹性较小的情况下,企业往往采用此策略。采取这种策略可尽快收回投资,取得较大利润;但价高利厚,会引来竞争者加入,也可能影响打开销路,不利于开拓市场。

(2)渗透定价策略

渗透定价策略与取脂定价策略相反,是将新产品价格定得较低,以利于为市场接受,迅速打开销路和占领市场,等到占领市场以后,再逐步提高价格,它谋求的是长期稳定的利益。这种策略一般适用于易仿制、市场容量大、需求弹性大的产品。采取这种策略,可以尽快开拓市场,并能有效地阻止竞争者进入;但投资回收期长,见效慢。

(3)温和定价策略

温和定价策略介于上述两种策略之间,即确定一个适中的价格,使消费者比较满意,生产者也能获得适当的利润。

2. 心理定价策略

心理定价策略是利用消费者对价格的不同心理感受来对价格进行微调,以利于扩大销售的策略。心理定价策略主要包括以下几种。

(1)整数定价和尾数定价策略

整数和尾数定价策略是利用消费者对不同数字的某些心理感受,而对价格分别采取取整或保留尾数的定价策略。一般来说,商品价格保留一定尾数,会给消费者以真实、可信、便宜的感觉,从而易接受;而对价格取整,不保留尾数,则可能会给消费者以价高质优的影响,同时,还可方便交易,避免找零。具体采取哪种策略,应视产品档次、交易频率和消费者对价格的了解程度灵活掌握。

(2)声望定价策略

声望定价策略是指给一些名牌商品定较高价格,以迎合消费者的求名心理。这种策略特别适合质量不易鉴别的高档商品。这时,消费者为求稳妥,宁愿出高价,也会选择名牌商品。

(3)招徕定价策略

招徕定价策略是利用消费者求廉的心理,将少数几种商品大减价,招徕顾客光顾,连带扩大其他商品的销售。节日大酬宾多属此类。

3. 折扣折让策略

折扣、折让、馈赠商品、有奖销售等都是降价的特殊方式,灵活运用有利于吸引顾客、扩大销售。折扣折让的具体方式有数量折扣、现金折扣、季节折扣、以旧换新折让、成套购买折让、运费折让、附送赠品、抽奖、有奖集卡等,企业应灵活运用,并不断创新。

第三节　销售渠道策略

在现代经济生活中,绝大多数产品都不是从生产者的库房直接出售给最终用户,而是借助于一系列中间商的参与来实现的。这种由各种中间商连接而成的、将产品从生产者转移到最终用户手中的通道,就是销售渠道,也称为分销渠道。销售渠道策略就是解决企业应选择怎样的销售渠道,并如何运用好这些渠道的问题。

一、中间商的类型和作用

所谓中间商是指处于生产者和顾客之间,参与产品流通业务,促进交易行为发生和实现的经济组织或个人。中间商的类型可以从两个角度来划分,即:按在商品流通过程中所起到的作用不同,可划分为批发商和零售商;按是否拥有产品的所有权,可划分为经销商和代理商。

中间商是商品流通过程中必不可少的环节,对于克服产品生产和消费在时间、空间、数量、品种和所有权等方面的矛盾,发挥着重要作用。主要表现在:一方面,中间商能更好地行使产品的集中、平衡和分散职能。生产、消费的分散性,使生产者没有能力也没有必要去从事大量的销售工作。借助于中间商可以简化交易关系,从而降低交易成本。另一方面,中间商能够分担生产者的全部市场营销职能,如收集市场信息、促进销售、从事实体分配、为顾客提供产品支持服务等。由于专业分工不同,中间商比生产者更熟悉目标市场,在市场营销方面有更多的专门知识和技术,从而能更有效地推动产品销售。

二、销售渠道决策

销售渠道的决策,就是决定要不要使用中间商以及使用多少中间商的问题,可以包括对于渠道长度和宽度的决策。

1. 渠道长度决策

销售渠道的长度,就是产品在流通过程中所经过的流通环节的多少,即经过了多少个中间商才到达最终用户。经过的买卖环节多,销售渠道就长;反之,买卖环节少,销售渠道就短。最短的销售渠道是不经过中间商,由生产者直接面向顾客销售的直接渠道。

2. 渠道宽度决策

销售渠道的宽度,就是在同一层次上需要多少中间商。多者为宽渠道,意味着销售窗口多,市场覆盖面大;少则为窄渠道,市场覆盖面也就相应较小。销售渠道的宽度是与生产者所采取的分销策略相联系的。主要有以下 3 种策略可供选择。

(1)广泛分销策略

广泛分销策略是指利用尽可能多的中间商为其销售产品。这样,既有利于生产者扩大市场覆盖面或迅速进入新市场,又能方便消费者随时随地买到产品。它主要适用于日用消费品和标准化、通用程度高的产品。

(2)独家分销策略

独家分销策略是指企业只选择有限的几家中间商在各自区域内为其销售产品,同时规定这个中间商不得再经营竞争产品。采用这种策略,有利于生产者实现对中间商在售价、促销和供货等方面的控制,同时也有利于鼓励中间商积极地销售产品。它主要适用于高档消费品、专业技术性强或需要较多销售服务的产品。

(3)选择分销策略

选择分销策略是介于广泛分销和独家分销之间的,即在同一区域内选用的中间商既不是一个,也不是允许所有愿意经营企业产品的中间商都来介入。采取这种策略,一方面可以获得足够的市场覆盖面;另一方面比广泛分销节省费用,便于生产者对分销渠道的管理和控制,并有助于生产者和中间商之间建立良好合作关系。它适用于所有产品的销售,但用于选购品或特殊品效果更好。

第四节　促 销 策 略

企业经营活动的成功,不仅要求企业开发和生产适销对路的产品,制定合理的价格和选择适当的销售渠道,而且还要求企业开展有效的促销活动。特别是当企业的产品在质量和价格以及销售渠道方面与竞争对手差别不大时,积极的促销活动往往能激发购买的欲望和需求,从而扩大产品的销售。

一、促销的含义与作用

促销,是促进销售的简称,是指企业采用各种手段和方式向目标顾客传递有关企业及其产品的信息,使目标顾客对企业及其产品产生兴趣、好感和信任,从而促成目标顾客购买本企业产品的活动。促销活动的实质是在企业和目标顾客之间进行沟通。通过信息的沟通,使目标顾客对产品产生正面的反应,从而扩大产品的销售,提高企业的市场地位和竞争力。

促销是企业市场营销活动的重要组成部分,其作用主要体现在以下方面。

1. 提供产品信息,引导顾客购买

企业把进入市场或即将进入市场的产品的有关信息、情报传递到目标市场的消费者、用户以及中间商,以期引起他们的注意。中间商则既需要生产者提供信息,同时也要向消费者及时提供信息。

2. 激发购买欲望,扩大产品需求

有效的促销活动通过介绍产品的性能、用途及特征,能够诱导和激发需求,在一定条件下还可以创造需求。当企业产品处于低需求时,可以扩大需求;当需求处于潜伏状态时,可以显化需求;当需求波动时,可以平衡需求;当需求衰退时,可以在一定程度保持销售势头。

3. 突出产品特点,加强竞争地位

促销应当突出本企业产品不同于竞争者产品的特点,以及本企业产品给顾客带来的特殊利益,这有助于加深顾客和公众对本企业产品的了解,建立起本企业产品的形象,从而强化企业在市场中的竞争地位。

4. 维持市场份额,巩固市场地位

当由于各种原因而导致产品销售下降时,企业强有力地开展有针对性的促销活动,可以使销售重新回升,使企业的市场份额得以维持甚至扩大。即使在产品畅销时,企业仍要重视促销活动,目的在于稳定销售,未雨绸缪,防止市场发生波动。

二、促销方式

企业进行促销活动的基本方式有4种:广告、人员推销、营业推广和公共关系。

1. 广　告

广告是广告主通过各种付费的大众传播媒体向目标市场和社会公众传递产品信息的活动。广告最大的优点是广而告之,能在同一时间内向众多的目标顾客传递信息。因而,作为一种强有力的促销手段,广告为众多企业所广泛使用。此外,广告在信息的公开性、较强的表现力等方面,也具有其他促销方式难以比拟的优势。

企业的广告决策包含着一系列复杂的工作:确定广告目标、编制广告预算、选择广告媒体、设计广告信息、进行广告效果评价等。

广告的具体目标有3类:①以告知信息为目标,即只向目标顾客说明产品,使顾客对产品产生初步的认识和了解。这种广告常用于产品的投入期。②以诱导购买为目标,即突出宣传本企业产品的特色和优点,以说服目标顾客购买本企业产品。这种广告主要用于产品的成长期,目的在于刺激选择性需求,促使顾客形成对本企业产品的偏好。③以提醒使用为目标,这有两种情况:一是在成熟期对已经畅销的产品做广告,以加深消费者的印象,提醒其购买;二是对季节性商品在应季或落令时做广告可以起到提示作用。

现代社会,广告媒体日趋多样化,大致可分为以下几类:①印刷广告:报刊、杂志和各种散发印刷品等;②视听广告:广播、电视、因特网等;③户外广告:招贴、广告牌、霓虹灯、交通广告等;④邮寄广告:商品目录、产品说明书等;⑤销售现场广告:商品陈列、橱窗陈列、产品包装、店堂招贴广告等。

企业应根据具体的促销目标、产品及目标市场特点、广告预算等选择适当的广告媒体,进行精心的广告设计,及时进行广告跟踪,以取得满意的广告效果。

2. 人员推销

人员推销是指企业派出推销人员直接访问潜在顾客,通过面谈说服顾客购买产品,是最古老、最直接和比较有效的促销方式。

人员推销是双向信息沟通,通过与顾客的直接沟通,可以全面了解顾客的具体需求特征,及时解决顾客疑问,并可以通过推销人员的努力与顾客建立彼此信任、友好合作的关系,从而保持长期联系。但人员推销也存在覆盖顾客面较小,相对成本较高的不足。因此,这种方法一般在组织市场上采用较多,消费者市场只在某些顾客比较集中的产品上使用。

运用人员推销进行促销,做好对推销人员的管理是关键。一是要重视推销人员的招聘工作,以取得符合企业推销需要的高素质的推销员,这是取得推销成功的基础;二是要加强对推销人员的培训,使其熟悉企业及产品的情况,知道必要的商务知识和法律知识,了解目标顾客的需求特点和竞争对手的情况,熟练掌握推销的程序和技巧;三是要做好对推销人员的合理的组织、控制,对其推销成效作出及时准确的评价,以此作为报酬、晋升及去留的依据,真正调动推销人员工作的积极性、主动性和创造性。

3. 营业推广

营业推广就是采取各种短期内即可见效的促销方式，刺激顾客立即采取购买行动。营业推广是强刺激、短时间的促销手段，往往能引起消费者强烈、快速的反应，从而推动销售迅速上升，但它一般只能取得短期的效果，难以促进顾客形成长期的品牌偏好。因此，营业推广一般不宜单独运用和长期运用。

营业推广的方式多种多样，而且新的方式层出不穷。企业在选择营业推广的方式时，应综合考虑当时当地的市场特点、营销环境、竞争状况等因素，并根据营业推广的对象和目标而定。

(1)对消费者的营业推广

对消费者进行营业推广的目标主要是鼓励现有顾客重复购买、吸引新顾客试用、引导顾客改变购买习惯或购买品牌等。常用的方式有样品试用、赠优惠券、附送赠品、特价包装、有奖销售、降价销售、售点陈列和表演、赊销或分期付款等。

(2)对中间商的营业推广

对中间商进行营业推广的目标主要有促进中间商经销本企业产品并鼓励其大量购买、促使中间商积极参与促销活动、帮助中间商改善营销工作等。常用的方式有展览、展销和定货会议，价格折扣，推广、广告或陈列津贴，推销奖金，技术或资金支持，销售竞赛等。

(3)对销售人员的营业推广

对销售人员进行营业推广的目标主要是鼓励他们努力推销产品、积极开拓新市场、扩大产品销售量等。常用的方式有奖金、提成，销售竞赛，赠送礼品等。

4. 公共关系

公共关系是企业运用沟通手段使自己和社会公众相互了解和相互适应，以争取公众的理解和支持，从而给企业创造一种良好的舆论环境和社会环境。其目的是扩大企业知名度，树立良好的企业形象，从而最终促进产品的销售。

公共关系的主要方式有：发现和创造新闻，争取对企业有利的新闻报道；积极参与各种社会公益活动，赢得公众的好感和信任；主动建立与顾客联系，及时处理顾客的意见等。

公共关系具有可信度高、易消除顾客戒心、易引人注目的特点，与其他促销方式结合运用，可以收到事半功倍的效果。

广告、人员推销、营业推广、公共关系这 4 种促销方式，各具特色。企业需要根据促销目标、促销的产品特性和市场的特点，将多种促销方式有机结合，综合运用，以收到更好的促销效果。

思考题

1. 举例说明品牌策略的具体应用。

2. 企业的定价目标主要有哪些？在每种目标下，企业应选择怎样的定价方法和定价策略？

3. 如何理解中间商的作用？完全取消中间商是否可以降低商品的价格？为什么？

4. 促销方式主要有哪些？试分析其特点和适用范围。

第二十二章 企业经营效果评价

企业的经营效果,既表现为为社会提供了多少有用的产品,又表现为为国家提供了多少积累,还表现为为企业取得了多少利润,提高了多少经济效益。对企业经营效果的评价与分析,不仅能正确认识企业经营活动的科学性,有利于提高企业经营管理水平和经济效益,而且是总结经验,肯定成绩,查找差距,制定措施,组织良性经营循环的重要手段。

第一节 企业经营效果评价的目的和原则

一、企业经营效果评价的概念与目的

企业经营效果评价,是由企业内部和外部的有关人员,以企业财务报表为主要依据,在通过对报表数据资料的整理、比较和分析的基础上,采用科学的方法,对企业经营状况的好坏作出客观、公正的评价,以满足企业内外各个方面和不同人员的不同需要。

企业的经营状况,历来是企业所有者(投资人)、债权人、政府管理部门、企业经营管理人员以及企业员工所关注的焦点。但是不同利害关系的主体,对企业经营状况关注的目的是各不相同的。企业所有者必然高度关心其资本的保值和增值状况,对企业的投资回报极为关注;企业的债权人则更关心其债权能否安全收回;对于企业内部的经营管理人员来说,对企业经营效果评价的目的是为了改善经营管理,实现经营良性循环,以便进一步更合理地制定企业的经营目标、方针和进行经营决策提供资料。

虽然上述不同利害关系的主体,对企业经营活动进行评价的目的各不相同,但是就其本质而言,关心企业的偿债能力和盈利能力则是他们主要的共同目的。很显然,不能及时偿还债务的企业将会在筹集资金中遇到困难,从而影响企业的盈利和发展;收益率低的企业也会在争取信贷和投资方面处于不利地位。搞好企业经营效果评价,科学地认识企业经营过程,实现企业经营活动的良性循环,对企业内外各个方面都具有十分重要的作用。

二、企业经营效果评价的原则

在评价企业经营效果时,应遵循以下基本原则。

1. 企业经济效益评价和社会效益评价相结合

企业作为独立的生产经营者,为了求得生存和发展,必然谋求自身经济效益最大化;但同时,企业的生存和发展又同整个社会的发展紧密地联系在一起,必须将企业经济效益和社会效益有机结合起来评价。企业经营效益和社会效益的统一,是企业经营效果评价的重点。

2. 单项评价和综合评价相结合

企业虽然必须对利润、资金、成本等指标进行深入评价,但经营效果的单项评价仅仅反映了企业某一方面的经营状况,很难对企业的经营状况作出全面总体的概括,往往以偏盖全。综合评价则不仅考虑经营效果指标,而且要对企业的流动性、生产性、成长性指标等进行分析比较,从而反映企业的总体经营状况,有利于企业经营过程的不断改善,实现良性循环。

3. 纵向比较和横向比较相结合

企业常用比较法进行经营效果的评价。在进行比较时,不仅要从纵向比较,而且还要进行横向比较。纵向比较是把企业的当前实际经营评价指标同前期实际水平比,与本企业历史最好水平比;横向比较是把企业经营评价指标与同行业先进水平比。只有通过纵向和横向两个方面进行比较,才能看出本企业在社会经济发展中所处的地位,促进企业不断改善经营管理。

4. 定性分析和定量分析相结合

企业进行经营效果评价,要尽可能运用各种数学方法进行定量计算,使评价更准确、可信和合理。但是由于企业经营活动的复杂性,如企业的经营思想、企业形象、用户满意度等重要因素很难进行定量描述,对这些重要的非计量因素需要进行定性分析评价。

此外,在经营效果评价过程中,还应十分注意贯彻整体性和可行性原则、长远目标和现实基础相统一原则等。

第二节　企业经营效果评价的内容与评价指标

一、企业经营效果评价的内容

企业经营效果评价一般包括以下内容。

1. 经营目标的评价

评价企业的经营目标,是把企业的各项经营活动的实际成果与企业经营决策和经营计划中确定的目标和指标相比较,衡量企业经营目标和计划指标的完成程度。主要是通过分析企业计划中的产量、质量、品种、成本、利润等指标完成情况,并将其质量、价格、成本、服务、交货期等指标与竞争对手相比较,以评价企业经营目标的实现程度和企业的竞争能力。

2. 产品的评价

通过对产品的获利能力、竞争能力、市场占有率以及产品所处的寿命周期等方面的分析,评价产品对企业的贡献和产品的前途,并以此来进一步评价企业竞争能力,以便对产品组合作出合理的调整,增强企业的整体实力。

3. 财务的评价

通过对企业财务报表等资料进行分析,可以了解企业的偿债能力、营运能力和盈利能力,以正确评价企业的财务状况和经营成果,便于进一步改进企业经营管理工作和作出合理的经营决策。

4. 对社会贡献的评价

企业应努力实现自身经济效益和整个社会效益的统一。企业对社会的贡献主要有上缴利税、解决就业等方面。一般来说,企业经济效益越好,由此带来的社会效益就越大。但如果企业只从企业角度出发,生产对环境、对人类身体健康有严重损害的产品,虽然有利可图,甚至利润丰厚,但其社会效益很差,是不足取的。

二、企业经营效果评价的指标体系

为了对上述内容进行全面、系统地评价,必须有一套完整的、能正确反映企业生产经营活动经营成果的指标体系,以对企业实际绩效进行全面、综合地分析与评价。反映企业生产经营活动经营效果的指标主要包括以下几种。

1. 数量指标

数量指标，又称绝对指标，通常可以用绝对数来表示，它反映企业经营活动的规模。企业经营效果评价常用的数量指标有：产品的产量、产值、销量及企业的总产值、总销售额等。

2. 质量指标

质量指标，又称相对指标，通常用相对数（比例、比值、百分率等）来表示，它反映生产经营活动的效率、效益和增长潜力。企业经营效果评价的常用质量指标有：优质品率、废品率、合格率、返修率、新产品投产率及产值增长率、实现利润增长率等。

3. 劳动消耗指标

劳动消耗指标分为反映人力消耗和物力消耗的指标，反映了企业员工的生产能力、创利水平和企业生产技术水平。反映人力消耗的指标有：全员劳动生产率、生产工人劳动生产率、人均利润率、工时利用率等。反映物力消耗的指标有：单位产品原材料、燃料、动力消耗量，万元产值物资消耗量，材料利用率等。

4. 资金占用指标

资金占用指标反映了企业资金的占用和运用能力，主要表现为厂房、设备、工具、原材料、燃料等方面。资金占用指标主要有：固定资产利用率、流动资产利用率、流动资产周转率、百元产值占用固定资产价值、百元产值占用流动资金等。

5. 成本、利润指标

成本、利润指标反映了企业的偿债能力和获利能力。其主要指标有：产品单位成本、利润总额、销售利润率、资产负债率、资本收益率等。

6. 市场指标

市场指标反映了企业的竞争能力，集中体现为企业所占有的市场份额，即市场占有率。市场占有率高，说明企业在市场上占有优势，具有较强的竞争能力。

此外，还有投资效益率、投资回收期、合同兑现率等指标。

由于上述每一项指标都只能从一个侧面反映企业生产经营活动的状况，有一定的局限性。因此，企业往往采用多种指标来构成企业的经营效果评价指标体系，全面、系统地反映和指导企业的生产经营活动。1995 年 11 月，国家经贸委和国家统计局推出一套新的工业企业综合评价指标体系，包括市场占有率、利税占有率、全员劳动生产率、成本费用利润率、流动资产周转率、产品销售率、总资产报酬率、净资产收益率、资产负债率、营运资金比率、资本保值增值率、资产增加值率等 12 项指标。这套指标涵盖企业总体素质的诸多方面，使企业能得到全面客观地评价，企业制定经营效果评价指标体系时可作参考。

思　考　题

1. 企业经营管理人员、企业所有者、债权人、潜在投资者分别最关心企业的哪些指标？
2. 企业经营效果评价的目的和依据是什么？

第四篇　矛盾与发展过程管理

第二十三章　矛盾与发展过程管理概述

任何企业的生存发展过程，都自始至终伴随着矛盾冲突，矛盾或不平衡是管理面临的一般情况，既给企业的发展带来困扰，又为企业的发展提供机会。在复杂多变的市场经济条件下，矛盾与发展过程管理的重要性将会越来越引起人们的重视。

第一节　企业发展中的矛盾冲突与惯性

一、企业发展中的矛盾冲突

企业发展过程中充满了矛盾和冲突，矛盾和冲突是企业发展的常态。究其原因，主要有以下几个方面。

(一)企业组织本身包含了各种矛盾成分在内

企业组织本身存在以下各种矛盾。

(1)参加企业组织协作的个体之间存在差异，企业的不同集团之间存在利益差异，企业要协调好这种种差异，并非易事。

(2)企业组织之间的共同目标是根据环境提供的可能、企业生存发展的需要和自身的能力确定的，不以个人的目标为转移；而当个人的目标追求和组织目标发生差异、冲突，得不到满足时，个体的积极性会受到影响，甚至退出企业组织。如何在组织目标和个人目标之间取得平衡，也是一个难题。

(3)企业要获得经济利益并生存发展，要尽可能采用科学技术手段和方法，严格各项操作规程和管理制度，按科学规律办事，依靠理性提高效率；而人是社会的、情感的，不是一部理性的机器，如何解决科学、理性与人性之间的矛盾，是企业时时面临的问题。

类似的矛盾和差异不一而足。

(二)环境因素变化带来了矛盾冲突

(1)企业通过适当的目标和战略实现企业与环境之间的均衡，然而环境是时刻处在变动中的，环境因素的变化会打破企业形成的均衡状态。例如，消费时尚的变化会改变需求市场；因特网、电子商务的出现会导致销售方式的改变；竞争对手营销策略的有效实施会威胁企业原有的市场份额等。

(2)从变动着的市场环境对企业的要求来衡量，革新、竞争、多样化、灵活是对企业最基本的要求。然而，从企业组织内部作为一个长期的协作团体的性质分析，又要求安全、稳定、连续、协调。企业如何在革新与稳定之间、变化与连续之间、竞争与安全之间、多样化与协调之间的矛盾中取得平衡，确实是一个难题。

(三)企业的发展带来了矛盾冲突

企业的发展是带来矛盾冲突的重要原因,主要表现在以下方面。

(1)企业发展带来企业与环境均衡的破坏。例如,原有市场领域由于企业的成功经营而趋于饱和;过去只有部分人才能消费得起的产品,由于企业大幅度降低成本而成为一般消费品。这些情况都使得企业原来制定的战略不再有意义。类似这样的问题就是由发展带来的新的不平衡。

(2)企业发展带来企业内部均衡的破坏。由于企业的成功和发展,规模扩大或者分支机构增加,原来适宜、稳定的管理体系和操作变得不适应,需要作出调整和修正。例如,随着分支机构的增加,组织结构需由职能制转变为事业部制;由于企业吸收新增资金或股份,需要调整上层决策机构等情况,都属于这一范畴。

(3)企业发展过程中滋生的弊病阻碍企业的发展。在企业发展过程中会滋生一些与成功和发展相伴随的弊病,如机构官僚化、办事拖拉、自满、大意等。这些弊病会降低企业的效率,使企业失去原有的生机和活力,失去在环境和变化方面迅速作出反应的能力,阻碍企业的进一步发展。

所有这些都是企业在发展过程中不可避免的。

二、企业发展中的惯性

不论是为了适应环境,还是为了解决发展带来的问题,企业都需要在新情况下谋求新的平衡。因此,企业需要有新的思维方式、新的技术、新的战略、新的市场、新的人事制度等,开创性地解决新的问题。而这期间又会遇到来自惯性的阻碍。人们往往习惯于采用熟悉的或已习惯了的方式和方法,排斥生疏的、不熟悉的东西。因此,企业发展过程还必须解决发展与惯性之间的矛盾。企业发展过程本身也是一种打破常规与各种保守力量的斗争,也即克服惯性的过程。

企业发展当中的惯性,可分为体系惯性和个人惯性。

(一)体系惯性

体系惯性是企业在运行过程当中整体意义上形成的固定、僵化的体系和程序。主要表现在以下方面。

1.业务活动中的惯性

企业在以往的探索、尝试过程中,形成了一种相对固定、成熟的业务体系和规范,各部分、各环节之间有密切协调的配合关系,对原有条件而言,这是最有效的办法。但同时有不易变革的弊病,改变其中的一部分、一个环节同改变整个过程一样,都是比较困难的。

2.管理体系中的惯性

如组织结构体系、计划与控制体系、制度体系等,一旦建立起来并经过一段时间稳定下来以后,都有不易改变、维持原习惯做法的倾向,因而都有在面临新情况时不易调整的一面。

(二)个人惯性

个人惯性是指个人在长期组织生活中形成的固定的观念、准则和思维方法、工作习惯等。个人惯性也有两个方面内容。

1.思维方面的惯性

个人思维方式越是固定、成熟,对变化的反应越是迟滞、麻木,趋于僵化,不易发现和接受新事物,对变革持消极抵抗的态度。

2. 情感方面的惯性

它主要体现在人际关系方面，一部分人长期在一个团体中工作，会在相互之间的感情、作风、习惯等方面形成一定的一致性和适应性，这种状态包含许多非理性的成分在内。当新事物与这部分人的情感方面的习惯不吻合时，就会遇到强有力的抵抗。

当然，惯性也是有利有弊的。其有利的一面是在一定的程度内，惯性可提高效率，消除或缓解矛盾，降低内耗，使企业处于比较稳定的状态；其弊端是，超过必要限度的惯性会使企业缺少发展所需的创造性，缺少比较、竞争，缺少应有的活力，不利于甚至阻碍企业的发展。

必须认识到，无论是“矛盾”、“惯性”，还是“发展”，都有利有弊。企业只有努力利用和促进其积极的一面，尽量克服其消极的一面，随情况的不同采用不同的管理手段和方法，在动态中协调企业，利用矛盾和不平衡提供的发展机会，开创性地建立新的平衡，才是企业生存发展之道。

第二节　模式转换与革新

企业发展过程中的模式化问题困扰着企业的发展，模式转换及与此相关的成熟化与革新问题，在企业的发展过程中是具有一般性的。

一、模式化的含义

模式化也称为范式、范型，它是在某种环境条件下，企业发展过程中形成的从企业战略到经营策略、资源配置、内部管理，从工作程序到行为方式、管理方式，从思维习惯到价值观念都成为某种内在一致的特定类型的状态。

特定的模式是企业内部各方面经过反复探索、学习、调整和适应才形成的，是企业文化的重要组成部分。对某种特定的环境条件而言，它可以简化管理程序，密切相互协调，鼓舞和激励工作热情，提高效率，减少内耗，意味着企业对某种环境的适应达到了较高的层次，企业管理达到了较理想的状态。但同时，它也意味着企业发展达到了某种稳定的状态，失去了革新和变革的活力。从企业进一步发展的要求来衡量，这不是一种理想的状态。特别是当环境条件发生较大的变化时，要求企业管理模式与之相应调整。但是，一种模式一旦形成，就会有惯性，就有了保守、排斥其他类型的特点，在原有模式内部仅依靠其自身是很难实现转变和调整的。

二、模式转换

模式转换意味着组织整体性的变革，涉及到战略、价值观念、思维方式、学习过程和管理方式等多方面，是一项复杂的系统工程。

由于人们往往受旧有模式惯性力量支配行事，而企业主要领导人作为原有模式的创造者，也不肯放弃且难以摆脱旧有模式的束缚；同时，环境因素变化带来的新时机在刚开始时也往往不能为大部分人所认识、理解和接受，因而使得模式的转换或组织的革新困难重重。固守旧有的模式，就意味着企业与环境变化之间的差异使矛盾逐渐增大，就意味着发展机会与企业擦肩而过。依靠企业内部自然演变的方式是无法解决矛盾的，要使企业进一步发展，必须创造条件，转换经营管理模式。

成功的模式转换过程往往是企业中一部分率先变革，随后引起一系列连锁反应，最后导致整个模式的转换。其一般程序可概括为以下 4 个步骤。

1. 提出问题

这一阶段不是简单地提出问题,而是有意识地使矛盾、不平衡或挑战明朗化、尖锐化,为变革创造条件。

模式转换不是个别领导人的事情,牵涉到企业内部各方面,是整体性质的变化,这种重大的、根本性的变化必须依靠企业内部各方面的力量,调动各方面的积极性。因此,提出问题,就是使各层次明确企业面临的处境,突出矛盾和危机,使企业上上下下都意识到问题的深刻性和严重性,为转换和变革创造条件。这一阶段的关键,是主要管理者的作用。主要领导人的预见能力、胆略和气魄,在这一阶段起决定性的作用。提出问题的过程,在现实生活中往往伴随对未来的预见和展望。如:"未来的竞争主要是人才的竞争"、"抓住市场机会,转换经营机制"、"积极地理解和贯彻中央政策"等提法,既明确了现存的主要问题,同时也指出了变革的目标和方向。

2. 探索变革

在第一阶段充分的舆论准备的前提下,转换或变革的实际过程从部分探索、试验开始,没有不经过探索和试验而能实现变革的。在这一阶段,充当探索和变革主体的,往往是企业当中某个部门或更小规模的单位。这种部门或单位,往往是处在环境变化的前沿地带,与环境变化关联性较强的单位。这种探索和试验或者是经营方面的,或者是新技术、新产品、新型服务方面的,不管哪一方面都预示着企业管理基本方面的转换。

这些部门和单位在环境变化面前所作的探索性改革和试验形成的新型模式,预示着企业组织整体的转换方向。在这一阶段,主要管理者所能做和应该做的,就是为探索和试验创造条件,从人、财、物等方面给予最大的支持。

3. 全面展开

第三阶段是在企业全面推广经试验已实现变革的部门或单位的成功经验。这是由点到面推开的阶段,或者说是由一个局部变化引起其他方面连锁反应的阶段。如某一环节技术革新导致整个生产过程发生革命性变革;某一店铺采用新型的销售和服务方式导致整个企业经营方式发生变革,都属于这种情况。在这一阶段,主要管理者的职能是积极地提倡变革,引导变革的方向,为变革创造条件。其中一个重要的手段是人事调整,即从已获得成功的部门调遣干部派往尚未发生变化或变化缓慢的部门,促进这些部门的变革。另一个手段,是设法改变这些变革缓慢部门的外部条件,迫使它们采取变革措施。对那些处在变革过程末尾的部门采用某些强制手段也是必要的。

4. 模式重塑

模式转换的最后一个阶段是重塑新模式的阶段。这一阶段,可以说相当一部分是与第三阶段同时进行的。所谓模式重塑,是在企业整体意义上,根据变革所展现出的新的发展机会和方向以及成功的模式,重新确定企业的发展方向和经营观念、战略目标和经营战略,并据此确定相应的管理体系和管理方法,形成新的发展模式。

案例:邯郸钢铁集团的经验

邯钢建厂于1958年,也像其他国有企业一样,背着沉重的企业包袱,随着国家经济体制的改革,面对国内外严峻的竞争形势,原计划经济体制下的经营模式已不能适应市场经济的发展。邯钢积极转变观念,通过宣传、讨论,使企业上下得到共识:只有正视竞争,主动迎战,转变经营模式,才能使企业摆脱困境。企业主动走向市场,把原计划经济体制下的成本核算的"正推法"改革为"倒推法":从市场价格开始,由后往前逐个工序核算成本,一直核算到原料采购为止,并将核定的目标成本作为承包指标层层分解并落实。实行全员式成本管理,按月考核,对于完不成目标者停发全部奖金,逐渐建立健全了“模拟市场核算,实行成本否决”的新的经营机制,在员工的心中树立起了牢固的市场原则。设备和人员都没变,仅仅因为模式的转换、经营机制的革新,就敲开了效益之门。1996 年,国务院发文号召学习邯钢经验并在邯钢召开现场会。面对成功,邯钢并没有止步不前。1998 年,邯钢又开展了“全国学邯钢,我们怎么办”的大讨论,提出“邯钢学全国,指标上台阶,创一流”的目标,转变员工观念,并通过岗位成本约束机制的加强,现有设备的改造,减员增效式改革,企业股份制改造及低成本兼并舞阳钢铁公司与衡水钢管厂的扩展策略等实现了新的腾飞。与 1990 年相比,销售收入增加了近 7 倍,利税增加了 4 倍多,总资产增加了 7 倍多,开拓出一条国有企业改革之路。1998 年底,朱镕基总理提出要进一步学习与推广邯钢经验。直至今天,邯钢经验仍证明是经得起检验的。

三、成熟与革新

(一)成熟的含义

成熟,也可称为饱和,即企业在目标市场领域内达到了较高的市场占有率,主营项目失去发展潜力,需要考虑重新调整主营方向或经营战略的状况。重新调整的过程,就是革新的过程。由成熟到革新,是企业发展的基本形态。

(二)革新的方向

由成熟到革新,一般有两个方向。一个方向是开发新领域、新行业,转换主营结构;另一个方向是通过产品的更新换代在原市场范围内开拓发展道路。这两个方向之间并不相互排斥,企业可选择其一,也可双管齐下,全面开拓。

无论选择什么方向,革新都要经历模式转换过程。即对立足于原领域,原主营产品形成的经营体制、管理体系和思维方式、观念、视野,根据新选择的发展战略所进行的一个变革和转换的过程。没有模式转换过程,革新是不可能实现的。

(三)革新的滞后性

就大多数企业而言,往往做不到随经营成熟化而及时革新,革新往往具有滞后性。例如经济体制改革以来,我国国有企业在市场环境变化面前屡屡坐失良机,被动亏损,陷入困境。革新的滞后性除政策环境不利等因素外,以下几个方面也是主要的影响因素。

(1)囿于认识的局限性。当成熟化的征兆出现时,企业往往视而不见,忽略那些预示发展趋势的市场信息。

(2)对模式转换的必要性认识不足。以为只要对旧有模式在策略上作些调整就可以适应变化了的情况,以至错失变革良机。

(3)由于原经营领域已处于稳定的收益阶段,而革新需重“打天下”,实施新的战略需要大量创业资金并冒一定的风险,往往使主要领导者难下决心。

(4)由于本业意识的障碍。有些企业长期从事某一行业中某种产品的经营,本业意识很强,不肯或不敢在新领域尝试和探索。偶尔探索也达不到一定规模和程度,难见起色,反而更强化了其本业意识。这也是革新的一大障碍。

(四)革新的过程

革新不是一项决策或一种措施所能实现的,它要花费一定的时间,经历一个过程,包括从观念到行为的一系列变化,是一项涉及到企业经营管理各方面的系统工程。从一般意义上概括,这一过程包括 4 个阶段。

1. 认识阶段

认识阶段是有关企业经营已趋成熟和饱和的认识过程。认识是革新的前提。这个阶段，市场机会最好，革新的时机最好，但最早认识到企业成熟化的问题，往往是企业外部的人，企业内部反而不易及时发现。从企业内部有关成熟化的认识过程分析，首先认识到这一问题的是企业的主要管理人员和受市场环境变化冲击最大的部门管理人员，而且越是对现实有一定超越性看法的人越容易首先注意到。对于变革来说，仅有部分管理人员认识到是远远不够的，还需要经历提示、宣传、扩散的过程，使这一认识和危机感深入人心，为革新创造条件。

由于大部分人尚未认识到企业产品成熟化，宣传说服工作有很大的难度，因此，这一阶段主要管理者的预见性、与常人不同的思维方式和高超的说服、动员能力就显得格外重要。

2. 战略探索阶段

战略探索阶段是一个稍显漫长的包含了多次探索、试验、失败，终于找到有发展潜力方向的过程。由于存在盲目性，这一阶段可能要走一些弯路，耗费一定的人、财、物资源，但这是转换过程必经的一个阶段，而且是有意义的一种过程。它使企业获得大量有用的资料和实践性很强的知识，并锻炼和培养了人才。通过战略探索，企业未来发展的方向和途径逐步明朗化后，革新过程就进入了决策阶段。

3. 战略决策阶段

这一阶段是企业作出重大转折决策、确定新战略的阶段。这一阶段必须解决以下几个问题。

(1)分析新的方向和途径预示的发展道路是否可行。未来收益虽然难以预计，但必须是有发展前途的。

(2)确定这样一种发展道路的核心的、关键的环节或要素是什么，企业在技术、成本、需求、竞争等各方面是否有优势，是什么使新战略有较大成功的把握。

(3)明确企业本身的资源、能力和特长何在，它与战略目标是否相适应。一方面是企业自身能否实现新战略的问题，另一方面是新战略能否发挥企业优势的问题。

如果上述 3 点都有肯定的回答，战略决策就是轻而易举的事情了。但在实际发展过程中，情况很难这般理想。所以，战略决策过程中要做的事情，就是分析、研究如何确定具体的战略策略，创造一些条件，有差别地使用力量，有意识地回避弱项，加强强项，满足上述条件。如技术方面的措施、营销方面的措施、投资与人才培养方面的措施、发展阶段的安排等。

这一过程，是以战略目标为核心把企业各方面组织成为一个有特定结构、目标和功能的系统过程，也即新的发展模式形成的过程。这一过程的实施、贯彻落实，已进入革新的第四阶段。

4. 稳定经营阶段

这一阶段是根据新确定的经营战略协调和组织企业各方面资源和力量，展开战略，稳定经营的过程。

上述 4 个阶段，因情况条件不同可能花费的时间各不相同，而且相互之间会有交叉和重复的部分。

案例：美国电视机制造厂商的失策

盒式电视录像装置，是彩电的重要部件，家庭可用来收录电视节目，原来是由一家美国公司于 1956 年发明的，但美国只用它来生产一种非常昂贵的电台用设备，此外无所作为。日本索尼公司等外国厂商利用这一技术来研制、生产大众消费电子产品。结果到 20 世纪 70 年代，盒式电视录像装置的市场份额，被日本占去 90%，美国用户，还得购买日本公司的产品。

美国电视机制造厂商的失策，在于经营思想上求稳。他们只是致力于市场推销、降低成本，满足于每年稳定的利润，不敢承担由于进行重大技术创新而必然要冒的风险。日本电视机制造厂商则不然，他们利用美国同行的这一弱点，把经营的战略重点放到了产品的技术更新上，不惜重资，敢冒风险，夺取了技术领先的地位，在市场上不断推出竞争力极强的新产品，迫使美国电视机厂商处于劣势。它先以小型黑白电视机、继以彩色电视机、后以其他电子产品，强行打入、占领美国市场。经过激烈竞争，到20世纪70年代末，美国电视机制造厂商垮了6家，仅剩下通用电器公司、美国无线电公司和齐尼恩公司三大家，前两家还有消费电子产品以外的强大产品可以依靠，而齐尼恩公司则陷于勉强维持的境地。

思 考 题

1. 企业的发展过程中为何充满了矛盾冲突？如何正确看待矛盾与发展的关系？
2. 企业发展过程中的惯性有何利弊？企业如何克服惯性求得发展？
3. 为什么现实生活中企业常会受模式化、成熟化问题的困扰？企业怎样才能克服重重困难进行模式转换和革新而求得发展呢？

第二十四章 发展过程管理

第一节 发展过程的特点

企业发展过程中,除了前面讨论过的矛盾、差异、不平衡、惯性、成熟化这样一些必然的现象外,还伴随着一些其他的特点。

一、发展的道路迂回曲折

企业发展过程不是笔直的。造成其发展轨迹迂回曲折的原因主要有以下几个方面。

1. 环境易变性

市场经济条件下,企业所处环境无时无刻不在发生变化,并且对企业来说,这种变化的可预见性和可把握性很低,因此企业往往难以及时发现或把握这种变化中所蕴藏的市场机会。这是导致企业不能适时作出正确决策的一个原因。

2. 企业经营资源和经营能力的不确定性

企业本身的经营资源,如土地、设施、人员等有形资源,技术、流通网络、商标等无形资源和企业经营能力是个可变因素。即使是不变的经营资源和经营能力,在不同环境条件下其相对价值或意义也不同。另外,管理者对企业经营资源和经营能力认识上的不足也增加了该因素的不确定性。企业发展的关键是利用现有环境条件或市场机会,充分发挥企业经营资源、经营能力方面的优势,适时地作出战略决策。而面对易变的环境和不确定的经营资源和经营能力,企业要作出正确的选择真是困难重重。

3. 企业发展本身的过程性

企业发展是一个过程。在这个过程中,许多认识、问题、选择等,都要经过必要的实践、摸索阶段。走弯路,耗费人、财、物是必然的,也是必要的,而且它将对企业以后的发展有积极的意义。

4. 企业发展的创造性、探索性

在一定的环境条件和经营资源、经营能力基础上,企业可选择的战略并非只有一种。对企业的发展而言,不存在一种惟一的绝对正确的选择。这就需要企业通过具有创造性、探索性的自主选择来实现其发展,也决定了其发展道路不可能是笔直的。

二、发展过程存在摇摆现象

企业发展的非直线性在现实生活中最一般的表现就是摇摆现象。企业发展的道路就像正在晃动的钟摆一样在两个极端之间摇摆前进,也就是说企业的发展过程是一种围绕理想状态忽左忽右摇摆前进的过程。

企业发展过程中充满了各种差异、矛盾和不平衡。企业管理的目标并非消除差异、调和矛盾,追求死水一潭式的平衡状态,而是要利用这些差异、矛盾和不平衡谋求发展。这种摇摆现象正是企业利用差异、矛盾和不平衡谋求发展的表现。另外,从发展过程高度衡量,管理的方式方法也不可能始终侧重一个方面,摇摆现象是一般情况。例如,美国通用汽车公司曾是事业部制的创立者,而现在则采用团队结构制作为主要的工作方式。事业部制的组织结构形式是按产品、地区和顾客等标志将企业划分为若干相对独立的经营单位,分别组成事业部,实行分权管理,使统一管理、多种经营与专业分工能更好地结合起来,有利于调动事业部管理者的积极性,但易造成组织机构重叠、管理人员膨胀、总公司被架空、各事业部间协调较为困难等现象。团队结构制则打破了部门的界限,把决策权下放到由具有技术、决策和人际技能的成员组成的工作团队,以完善的评估系统和奖酬体系来约束,使成员高度信任,为高绩效而努力工作。与事业部制相比,团队结构制不但精简了管理机构和人员,而且通过团队成员的积极协同作用,易获得更高的绩效和利润。例如,我国彩电企业一个时期强调价格自律,依靠技术革新、产品更新拓宽市场,而另一个时期又以降低价格的手段抢占市场份额。这些都是企业摇摆发展的典型例证。

摇摆现象对企业的发展是必要和有意义的,主要原因有以下几点。

1. 摇摆是企业取得长期平衡的手段

发展过程中充满了矛盾和冲突,恰如其分地兼顾矛盾的两方面实际上是做不到的。从形成力量、统一步调、提高效率、实现目标的角度衡量,以单一目标为中心,比同时兼顾两个目标有更大的可行性和现实性。企业发展过程中的平衡就是通过一个时期以一方面的目标为核心,另一个时期以另一方面的目标为核心的方法实现的。例如企业一个阶段投资扩建零售商店,加强传统的营销方式;另一个阶段又转向电子商务,开辟网上购物的虚拟市场。正是在这种摇摆中,企业实现着效益与发展的兼顾、传统与革新的平衡。

2. 摇摆给企业带来挑战和活力

摇摆式的发展过程中存在矛盾和不平衡,包含着变化和革新,它所带来的各种挑战、压力、矛盾和不平衡,对企业组织及个人有巨大的推动作用,能促进它们求变、求新,使企业充满活力、竞争力,增强企业适应市场的能力,从而维持企业发展所需的资源和力量。

三、发展过程中的失败和教训是常见现象

发展过程中不可避免地要走些弯路,耗费一些资源。因此,失败和教训是常见的现象。一些企业往往害怕失败,为避免失败的结果而放弃探索和试验,因此失去了发展的机会。其实,这是对失败和教训对企业发展的意义缺乏足够认识的缘故。

1. 试验和探索过程为企业进一步发展创造条件

失败的结果对企业发展并没有意义,但试验和探索过程中积累的资料、信息、经验等无疑都会为企业的进一步发展创造条件。

2. 失败调动心理能量、促进学习探索的功效

不论是对个人还是对企业组织而言,经营过程中的失败、挫折和教训,一定程度上具有激发个人或组织心理能量、促进学习探索的作用。这一方面有助于全体员工团结一心、拧成一股绳努力奋斗;另一方面,失败或危机状态中,许多问题会暴露得更充分,更容易看清各方面的牵制关系中,哪些问题是最核心的,哪些是无关紧要的,从而有利于企业重整力量,调整部署,不断走向成功。

如果因害怕失败而放弃试验和探索,实际上是回避了小风险而积累了大风险,避免了有限

的损失而放弃了发展的大好机会。因为探索和试验是发展的必要过程，许多问题、机会和可能只有在探索和实验过程中才会暴露或表现出来。

四、发展过程中崛起的多为边缘企业

边缘企业是指其产品在某行业中处于次要和补充地位，市场占有率较低的企业。在行业中占主要地位的企业，我们称之为核心企业。

企业的发展，有的是由于行业的发展带动导致的被动型发展，有的是依靠自身的开拓和创造带来的能动型发展。能动型的发展通常伴随着新战略、新思维和新型发展模式，各行业中首先崛起的，具有能动型发展特征的，往往是那些边缘企业而非核心企业。例如，在经济体制改革过程中，搞得最活、发展最快的大多是私营企业、集体企业和无历史基础的新建企业，而不是那些实力雄厚、基础稳固的国有企业。

核心企业往往由于资源、实力的优越条件和以往成功的经验而带有保守性，阻碍其变革和发展。而边缘企业生存和发展的基础薄弱，对环境变化的反应非常敏感，容易发现市场机会；另外，边缘企业资源不足，负担轻，容易产生新观念、新想法，在市场条件促进下敢于拼搏，开拓创新，所以，边缘企业往往容易脱颖而出，走上健康发展的道路。

第二节　发展过程管理

一、发展过程管理的基本原则——动态平衡和权变观念

（一）动态平衡

企业发展没有惟一正确的途径和标准，企业需要在矛盾或对立的两方面之间把握平衡，而企业的外部环境、内部的经营资源、经营能力、发展的机会和条件等都处在变化中，这就需要企业把握动态平衡的原则。发展过程管理的要旨就是能动地利用矛盾和冲突，调动两方面的力量，在更高水平上实现协调，寻求矛盾中的平衡和动态中的平衡，来促进企业的发展。

这一原则立足于变化这一基本的事实，强调发展变化过程中的适应和应变。任何企业不可能信守一套永远不变的战略、结构和模式；当内外部条件变化时，企业的战略、结构和模式也必须随之调整变化，以适应变化了的环境。另外这一原则强调从总体上、从发展的整个过程来衡量平衡，而不是局部的、机械的平衡。动态总体平衡不排斥局部的和一时的不平衡，因为后者是实现动态总体平衡的环节。

（二）权变观点

权变即随机应变。管理上的权变观点认为，不存在一套任何时候、任何条件下都适用的管理体系和管理方法，管理过程中一切都处于变化中。环境、竞争对手、技术、企业内部各种因素和力量都处于变动之中，不可能找到一剂解决一切问题的“灵丹妙药”。权变观点强调的是在变动的情况下寻求合理的方法，它强调以下两个基本点。

1．对变化的适应性

一切从变化了的情况出发，用发展变化的眼光看待和把握问题，根据变化了的条件相应调整管理的体系和方法。发展变化的观点是权变观点的基本要素。

2．管理体系和方法的灵活应用性

任何事物都有两个方面，要全面和一分为二地看问题，既要看到它积极有利的一面，也要看到它消极不利的一面；既要注重问题的本身，也要对问题形成的条件和后果予以充分重视。

这就要求企业根据现实具体情况和条件，灵活、创造性地采取和运用管理的一般原理、方式和方法，切忌生搬硬套，这样才能形成适用于特定情况的、行之有效的管理体系和模式。原则性和灵活性的有机结合，是权变观念的又一要旨。

二、发展过程管理中的革新性战略决策

革新性战略决策必须既具备合理性和逻辑性，又具备创造性和革新性。只有把这两方面很好地结合在一起，才能形成脚踏实地而且又有革新成分在内的战略选择。

(一)合理性和逻辑性

合理性和逻辑性是指客观地观察、分析、把握现实情况，基于实际情况作彻底的、理性的逻辑分析，抓住问题的本质。将战略转化为计划的过程，同样要求具有合理性和逻辑性。

(二)创造性和革新性

如果战略决策仅仅是立足于眼前的利益和逻辑性就会显得非常保守，容易失去环境所提供的机会，不利于企业的长期发展。所以，企业在考虑合理性和逻辑性的同时，还必须放开眼光，制定具有创造性和革新性的战略决策。以下几点需要特别注意。

1. 有所取舍

战略选择意味着要抛弃一些东西，企业在制定战略决策的时候要敢于放弃那些固有、成熟但是过时的东西，这样才能放下包袱，轻装前进，获得更好的机会，取得更大的发展。

2. 改变传统的思维方式

企业如果永远采用一种思维方式，随着时间的推移以及市场的变化，必然导致企业发展的停滞，甚至被淘汰。只有具备新型的、先进的思维方式，才有洞察事物的眼光，才能够在他人未见征兆之处看出特点和征兆来，才能适应发展过程中出现的各种情况。只有适应环境的变化，企业才具有更强的生命力。

3. 敢冒风险

战略选择追求的不是静止的合理性，而是包含了风险和创新的合理性，只有真正认识到风险的价值，敢于面对风险，承担风险，才能制定出具有革新性的战略决策。

三、企业发展过程管理的基本方法

(一)把握摇摆中的平衡

企业发展的过程虽说是一种两极之间摇摆前进的过程，但这个过程并不是完全自然随意的，其中有两个条件必须满足，一个条件是摇摆要围绕中心线，否则不可能实现动态平衡；另一个条件是摇摆的范围要有一定界限，这个界限，一是时机或时限，二是程度上的界限。条件不成熟时调整不可能实现，错过了调整则无意义，这是时限方面；程度上不宜走极端，调整过头，过分强调某一面会破坏企业组织的完整性，使企业脱离发展的轨道。

若要满足这两个条件，管理者调整的时机和程度把握是基本条件。这一点，实际操作难度很大，想要做得恰到好处几乎是不可能的。不过有几点建议可以考虑。

(1)要注意对发展过程特点的认识，避免指导思想和思维方式上的直线化倾向，一定程度的偏离平衡、偏离中心应视为正常状态。

(2)要注意观察了解行业和竞争对手的变化趋势，注意各种有利和不利条件的变化，注意力量对比的变化，学会利用环境变化的趋势和力量对比提供的机缘。

(3)要掌握集中力量，一个时期以一个单纯目标为核心的发展方式。

(4)要认清单一发展模式的弊病,明确变化的积极意义,有意识地调整发展模式和战略,避免发展过程中的成熟化和模式化的不利影响。

所有这些,都要求管理者具备企业家素质,具备开拓和创新精神,具备把握全局和趋势的战略眼光,具备影响、统帅企业全体员工的能力,具备掌舵人的素质。

(二)抓住偶然事件提供的机遇

通过对企业发展过程基本特征的有关分析我们知道,在发展过程中,特别是探索和试验中,经常会遇到与预想不一致的情况。在很多情况下,现实世界中导致企业发展的是偶然事件,而不是预先估计的因素。偶然事件,特别是那些对发展有意义的偶然事件,都不是等来的,而是与企业的探索、革新行为密不可分的。那些积极探索、试验、开拓的企业碰到偶然事件的概率大,有意义的偶然事件出现多。

要抓住偶然事件提供的机会,至少要做好下述几项工作。

1. 明确未来发展的方向和蓝图

这里的方向和蓝图,不是明确具体的东西,而是一种方向性的基本判断。这一点很关键,因只有在这种方向和蓝图指导下试验和探索才有方向性和针对性,才可能有所突破;只有有了基本的发展方向和蓝图,才能发现和注意偶然事件中有意义的因素,否则,即使探索和试验过程中表现出了发展的前景,企业也不可能注意到。

2. 要采取积极开拓、大胆试验的姿态

畏惧失败、单纯追求稳定的方针不会使企业发生积极的变化,没有探索和试验的过程不可能碰到有关发展的偶然情况。

3. 对偶然事件的出现要明确其所以然

发展机会往往出现在分析偶然事件出现的原因的过程中。

4. 提高企业的战略调整能力和战略适应能力

这不仅是抓住偶然事件提供的机遇的必然条件,而且是企业发展必备的一种素质。成熟化、模式化、几十年一贯制、官僚机构化的企业,即使遇到市场发展机会,也会由于缺少调整战略、适应变化的能力而丧失机会。

(三)积极利用矛盾和不平衡的力量

企业内外存在的各种差异、矛盾和冲突,是与企业生存发展伴随始终的现象,不可能彻底消除,这是它的一个特点。而且对企业发展来讲,没有差异、矛盾和不平衡的状态并不是理想的状态。企业生存发展过程中存在的各种差异、矛盾和不平衡的另一个特点,是在矛盾的两个方面中,不存在非此即彼的处理标准,往往需要同时兼顾两个方面的要求。面对这样的矛盾,管理上只能根据一定时期的情况,取得某种暂时的平衡,或者说通过摇摆的方式,此时满足此方面的要求,彼时满足彼方面的要求。

在此,我们强调的是管理过程中需要有意识地积极利用差异、矛盾和不平衡的刺激、促进作用,激发、诱导企业组织和员工的活力和能量,转化为企业发展的资源和力量。为此,需要注意以下两点。

1. 要对企业发展过程中的各种差异、矛盾和不平衡有深刻、透彻的了解

这是运用和协调矛盾的先决条件。如整体目标与个人目标两者之间的平衡,企业管理者既要保证组织目标的实现,又要兼顾个人目标的实现。要想做到利用个人实现自身目标的愿望实现组织目标,通过达成组织目标实现个体的追求,把握两者的平衡,没有对两方面目标及其相关性的透彻了解是不可能做到的。

2. 要有运用矛盾和不平衡的艺术

洞悉矛盾发展变化的规律,适时、适度地驾驭矛盾发展变化的时机和转折点,是利用矛盾和不平衡力量的关键。这种运用矛盾和不平衡的艺术,常常可以在杰出历史人物和成功的企业家身上看到。

第三节 不确定环境下企业的对策

不确定环境是企业可预知性和可把握性较低的一种环境状态。对企业发展影响深远的不确定性有两种,一种是体制不确定性,一种是行业不确定性,他们对企业发展的影响程度和范围各有不同的特点。在不确定环境条件下,企业正常的发展战略制定和探索过程均不适用,需要专门针对不确定环境因素制定相应的发展对策。

一、体制不确定性条件下企业的对策

(一)体制不确定性及其影响

体制的不确定性是从企业所处体制环境角度衡量的不确定性,它是企业对政府的管理体制、规范、市场规则、经济发展方向和未来经济政策预知程度和把握程度较低的一种状态。

体制不确定性多发生在体制转换过程中。在体制转换过程中,原有的规范和准则逐渐失去约束力,新体制下的约束和规范机制很难及时建立起来并发挥作用,由此在转换过程中形成一个市场规则不健全、市场秩序混乱、新旧混杂、矛盾重叠、竞争不公平、机制不确定性较强的环境。我国经济体制改革过程中一个相当长的时期内,就不同程度地具有上述特点。在其他情况下,如政权更迭、政局动荡等,也可能导致环境不确定性情况的发生。不确定性体制给企业带来全面的深刻的影响,主要表现在以下几个方面。

1. 不确定性体制要求企业变革经营机制并与之相适应

经济体制转换过程在性质上类似于前面所述模式转换过程,是经济运行方式和制约机制的革命性变革。对企业而言,需要建立一套与新的体制环境相适应的经营机制以适应变化了的情况。

2. 不确定性体制易造成企业行为的短期化

从长远、全面地看,体制变革方向是明确的,但具体变革过程本身还有探索性,对企业来说,其变化的方向、程度和范围是难以预计和把握的,这会令企业无法作出长远的打算,易出现只顾眼前利益,或者徘徊不前的情况。

3. 不确定性体制导致企业的行为非正常化

体制转换过程中,市场规则不健全、竞争条件不平等、约束控制机制的不完善,使不正当经营有机可乘。而不正当的经营破坏了正常的市场秩序和信用关系,引起市场信号失真,导致资源不合理流动和利益的不合理分配,使得正当的经营者无法正常开展业务经营活动,最终导致企业行为非正常化。

4. 不确定性体制为企业发展创造条件

体制转换时期,各行业都处于变动过程中,没有稳定的、均衡的市场和行业分工,在"乱"的同时,发展的机会和环境相对宽松,企业调整经营领域和战略目标所面对的阻力比一般时期要小得多,有利于企业的革新和发展。

(二)体制不确定性条件下企业的对策

1. 克服惯性,适应变化

企业要适应体制转换的变革,必须改变传统的思想观念、价值结构、思维习惯等,通过学习、探索,适应变化了的体制环境。

2. 转换经营机制

这是任何类型的企业都不同程度地遇到的问题。经营机制不完善,企业内部各方面关系尚未理顺的企业,应更多地着眼于此。受旧体制影响深的企业,机制转换较为困难,因此要把转换经营机制作为主要的战略目标,否则不可能适应环境的变化。

3. 壮大企业实力

经营机制完善,各方面关系比较协调,素质较高的企业,可选择以收益为主要目标,利用体制不确定时期相对宽松的环境,壮大企业的力量,趁机占领市场,巩固市场地位。

4. 强化基础管理

基础管理的好坏、管理水平的高低是竞争中决定企业胜负的一个基本方面。在体制转化过程中,这一点的重要性往往容易被假象所掩盖,但随着转换接近完成,其重要性会日益明显。强化基础管理、提高企业管理水平的工作不是短期所能奏效的,必须及早着手。

二、行业不确定性条件下企业的对策

(一)行业不确定性及其影响

行业不确定性是有关企业所处行业中一些基本因素可预见性和可把握性较低的状况。如某一行业未来技术变革、竞争状态、利率波动、资源和材料变化等方面的不确定性。宏观经济条件和政府政策等非体制性外部因素,不是独立地而是通过行业的变化来影响企业的,行业的变化是影响企业未来发展的最基本、最直接的因素。

行业不确定性使企业处于对未来无法把握、无法作出长远战略规划,影响企业长期、稳定的发展和收益,使企业面临衰退和失败的危机,是企业发展过程管理必须设法解决和应付的。

(二)行业不确定性条件下企业的对策

一种比较实用的方法或工具,是针对行业未来的不确定因素进行探索性研究,据以确定方针。这种行业探索性研究,是一种有关未来行业结构的内在联系的探索性分析,它以一组有关未来行业发展中的不确定因素的合理假设为基础,是对未来行业发展可能性的预计而不是预测。这项工作主要包括以下几个步骤。

1. 识别未来可能影响行业结构的不确定性因素

所有影响行业结构的因素都要考虑,特别是那些可能性很小但却对行业结构有重大影响的因素,并对各种不同性质、不同影响程度的因素进行分类、分析、排队,确定它们在探索研究中的位置。

2. 探索不确定性因素背后的本质原因,推导行业发展演变的轮廓

除了对不确定性因素进行进一步的综合动态分析外,还要结合可预知的和不变的因素作全面的分析,才能勾画出未来行业演变的大致轮廓。由于不确定因素及其变化和影响的可能性往往不是单一的,所以不能只提出一种可能方案,而要列出几种可能性较大的方案供进一步分析。

3. 对方案作进一步的分析研究

第一步,根据实际情况对每一个方案的变量变化范围和程度作出合理的假设,并对其可能

导致的结构性变化作出恰当的评价。

第二步，对各方案进行比较分析，以明确方案的实行将会给企业带来的问题。比较分析的主要内容包括未来行业结构、未来行业发展的关键因素、方案所揭示的竞争优势等。

第三步，在上一步比较分析的基础上，再加上竞争者因素和概率因素加以分析。在不同的可能性出现时，竞争者会有不同的反应，因此要逐个方案地加入竞争者因素进行分析；考虑概率因素是对几种方案出现的可能性作出估计，在给各种方案确定概率时，要注意防止偏见和经验主义，尽可能客观、合理地考虑。

4. 确定企业的战略对策

这是最后一步工作。有5种选择可供采纳，这些选择可依次进行，也可结合使用。

(1)选择可能性最大的方案为战略依据。采取这种对策获胜的可能性大，承担的风险也大。选择这种方案时，要考虑其他方案出现可能导致的结果和企业资源、能力的适应程度以及调整的难度。

(2)选择最“好”的方案，即从企业的资源、能力条件、竞争优势、原市场地位等方面衡量最适合企业长期发展的方案作为战略依据。这种方案不是出现概率最大的，但却是最适合企业条件的。

(3)综合考虑各种方案，确定一种在所有方案出现时都能产生满意结果的战略。这种选择方式实际上自觉放弃了虽然有最大机会，但风险也较大的可能性，是一种风险最小的选择。但是，这种选择要求企业有多面性，有较强的适应性。

(4)保持可选择性，暂时不做选择。即在各种方案出现的可能性尚不明朗的阶段，暂不做决策，待到环境明朗化时再做选择。这种选择较稳妥，但潜伏着丧失机会的危险。

(5)积极消除不确定性，即利用企业的资源力量，创造出一种促使某种方案出现的局面。这种选择不失为一种积极有效的方法，但只有具备一定力量和市场地位的企业才有资格使用，居次要地位的企业没有利用的条件。

思考题

1. 针对企业发展过程的特点分析企业在发展过程管理中如何把握动态平衡和权变观念。
2. 结合实际阐述不确定环境因素对企业的影响及企业的对策。

第二十五章　风 险 管 理

第一节　风险管理概述

一、风　　险

风险是指未来可能发生的危险。如果这种危险是完全可预测的,即只有一种可能的结果,则风险为零,如果预测有多种可能的结果,企业经营活动就会有风险存在。

企业经营活动具有很大的不确定性和变动性,因而风险是普遍的。如开发新产品可能带来新的市场和利润,也可能血本无归,大伤元气;固守老产品,利润相对稳定,却可能面临产品成熟化、饱和化的危机。选择在某一领域内单一经营的企业盈利可能性最大,却潜伏着经营风险,该领域发生危机或亏损时,往往卷入危机难以自救;选择多元化经营的企业虽然易分散经营风险,却因资源分散使财务风险大幅度上升。

风险分为完全风险和投机风险。只有损失机会而没有收益机会的风险就是完全风险,如发生火灾、财产失盗、税率上调等。这类事件一旦发生,企业就不可避免地会受到经济损失。

既有损失可能又有收益机会的风险,称为投机风险,如商品或证券买卖、汇率波动、新产品开发、房地产投资等,这些活动总是风险与机会并存。

二、风险管理

(一)风险管理的概念和特点

风险管理是指对风险的识别、适应和处置。就其地位和涉及范围来说,具有以下特点。

(1)风险管理是经营战略的重要补充和延伸。风险管理直接决定着经营战略的可行性及其弹性大小,因而可视为经营管理的一项基本职能。

(2)风险管理涉及到企业的各个层次和所有部门。管理层次越高,风险管理职能就越重要、越复杂。企业各部门都分担着企业风险管理的部分职能。例如,会计和财务部门经常面临财务行骗、计算机系统感染病毒、财产担保等方面的风险;销售部门可能因商品质量缺陷、广告宣传不慎等而面临经济索赔和法律诉讼等风险;人事管理部门则会面临劳动纠纷、工伤事故等风险。

(二)风险管理的目标

风险管理的目标是避免风险或使损失减少至最小,具体目标如下。

(1)维持企业的生存和发展,避免经营中大起大落或遭遇重大不测事件而发生严重损失,甚至破产。

(2)增加企业利润。

(3)降低风险管理成本。

(4)树立安全、稳定的企业形象。

(5)履行企业的社会责任和义务。

企业在不同的时期可侧重不同的目标或研究上述目标的最佳组合。

(三)风险管理程序

一般由以下 5 个步骤构成。

(1)风险识别与预警。

(2)建立预防体系。

(3)制定对策。

(4)建立风险管理组织。

(5)消除危机。

三、风险管理组织

风险一旦由可能转变为现实,组织问题就会变得空前突出。企业组织机构和人员一般是围绕着日常业务而建立、配置的,这种形态的组织机构在处理常规事物方面具有很大的优越性,但不适宜于对风险等非常规事件的处理。因此,当企业处于危机状态时,必须适时组建风险管理班子,并通过这一特殊组织形态解决非常规性问题。

(一)风险管理班子

1. 组建的时机

组建风险管理班子的难点在于组建时机难把握。一般只有到了现有组织无力处理风险问题时,才是组建风险管理班子的最佳时机。

2. 组建的规模

从有效管理幅度、协调和灵活性等多种因素考虑,一个风险管理班子以不超过 7 人为宜。

为了强化现场管理,可为风险管理班子配备若干下属组织,即现场特别小组,由他们负责传递现场信息,接受风险管理班子的有关指示,并根据指示,结合现场情况制定具体措施。

3. 人员要求

(1)风险管理班子的负责人。这是一个非常重要的角色,应选择地位高、影响力大、观察分析能力强、意志坚定、处事果断、责任心强并能有效地协调风险管理班子的各种活动的人来担任。大多数企业是由总经理来担当此重任的。

(2)风险管理班子的成员。风险管理班子需要的是解决特定问题的专家,所以其成员选择应抛开现有职位、资历和处理日常业务能力等一般标准,而是着眼于其是否具有处理专门问题的能力。可依据风险的性质及其范围选择相关人员入围,如专业技术主管、公关部主任、财务主管等,必要时还可吸收顾问、律师、银行负责人等外部人员参加。

(3)现场特别小组组长。要求选用具有专业技术能力、受人信赖、影响力大的人担任。

(4)现场特别小组成员。特别小组成员应具备良好的专业能力和人际关系能力,以便能独当一面,并且成员间默契配合。

(二)风险管理中心

风险管理中心也称临时指挥中心,因为它不同于企业办公室,具有临时性质,风险管理班子一旦解散,它也就自行撤消。

1. 风险管理中心必要的配备

(1)办公设备。如电话联系网络、计算机、电视、复印机等。

(2)最新的人际联络信息。包括有关负责人的姓名、住址、电话号码,能提供有益信息资源的各有关组织和个人的姓名和联络方式,如律师事务所、医院、银行、公安局等。

(3)其他。包括地图、计划表、组织图、设备图、产品和工程图纸、利害关联图、风险处理手册、紧急事态程序图等基本资料。

2. 风险管理中心的职责

其基本职责是为风险管理班子创造和提供良好的工作条件。具体工作有以下几项：①收集信息；②分析问题现状；③确认利害关系；④制定解决方案；⑤选择解决方案；⑥指示通告；⑦监视等。

四、风险的紧急处置对策

风险处置工作既受制于时间和资源条件，也受解决者工作负荷过重的影响，因此风险处置中要注意解决以下问题。

(1)尽量将某些风险问题的处理时间提前，以减轻风险现实发生后的工作量。

(2)应向风险管理组织大胆授权，赋予风险管理班子对企业各种资源的支配使用权和其他重要的决策权限，授予现场特别小组战术决策权，以便于他们开展工作，并密切沟通与协作。

(3)在风险管理组织成员之间分配工作时要注意缩小工作负担较重者的责任范围，适当增加其他人员的工作量。此外，也可借助顾问的力量，从成员之外寻求支援。

(4)要注意管理组织内部信息的有效沟通，以提高工作效率，减轻成员工作负担。

(5)处理由资金引发的风险时，可由风险管理班子直接管理现金资产，以争取宝贵的时间。

第二节　风险的识别与预防

一、风险识别

风险识别是指在损失风险刚出现或出现之前，就予以识别，以准确把握各种风险信号及其产生的原因。企业经营者如不能正确、全面地认识企业可能面临的所有潜在损失，就不可能及时发现风险和预防风险，从而难以选择最佳处理方法。因此，风险管理的第一步就是要正确、全面地认识可能面临的各种潜在损失，以利未雨绸缪。

产生风险损失的原因来自经营管理活动的方方面面，如产品质量缺陷、生产设施不完备、计算机事故、产品假冒、行贿和受贿、不正当竞争、经济诈骗、信息失误、自然灾害等等。虽然并非每天都能遇上此类问题，但毕竟存在发生的可能性甚至必然性，必须予以准确识别。一般每个类型企业风险的发生都是相对集中的，与企业特点密切相关，如食品生产企业强调材料来源、质量和食品卫生，而旅游企业则特别关注威胁旅客安全的各种因素。风险原因可以区分为自然的、经济的、社会的和人为的等多种类型，而每一类型风险的处理方法则相对类似，这对提高风险管理效率是非常有利的，因为企业可以将注意力集中于那些发生概率高、影响重大的风险事件上。

风险识别主要有以下具体方法。

(1)现场观察法。即通过直接观察企业的各种生产经营设施和具体业务活动，具体了解和掌握企业面临的各种风险。

(2)财务报表法。即通过分析资产负债表和经营报表中的每一个会计科目，确定企业在何种情况下会有什么样的潜在损失及其成因。由于每一个企业的经营活动最终都要涉及商品和资金，所以这种方法比较直观、客观和准确。

(3)业务流程法。即以业务流程图的方式，将企业从原材料采购直至送到顾客手中的全部业务经营过程划分为若干环节，每一个环节再配备以更为详尽的作业流程图，据此确定每一环节进行重点预防和处置的问题。

(4)内部交流法。即通过与企业各部门有关人员的广泛接触和信息交流,全面了解各部门风险情况,以发现被遗漏或被忽视的风险,提高各部门在风险管理中的协同能力。

(5)案例分析法。即在预测未来可能出现的风险的基础上,从过去的风险管理实践中寻求相似的案例和经验,吸取有关教训,并以此作为制定对策的主要依据。

(6)咨询法。即以一定的代价委托咨询公司或保险代理人进行风险调查和识别,并提出风险管理方案,供经营者决策参考。经营者如能将自己的调查分析与之对照,则效果更佳。

上述方法各有优点,经营者必须依据企业业务特点、环境变化和经营需要,对其作出适当的选择和组合。

二、风险预警

风险预警是在风险实际发生之前,捕捉和监视各种细微的迹象变动,以利预防或为采取适当对策争取时间。风险预警对于预防或识别重大风险事件显得尤为重要。现实中,许多企业在风险分类的基础上,从每一类中选出一个进行重点监视,取得了事半功倍的效果。

风险预警的任务有两项:捕捉迹象和传递信息。在早期阶段,风险信号大都非常微弱,极易被人们忽视,最终酿成大祸。所以,企业在早期就应严格监视风险,以免坐失良机。受传统思维方式的影响,人们不仅对微弱的风险信号不予注意,而且还可能对现实的风险熟视无睹,因此,企业应建立完善的信息管理系统,一旦发现风险信号,就能准确、及时地传至主管人员,以防事态的逐步扩大。

三、风险的预防体系

风险预防体系的关键是要解决好两个问题,一是选择那些发生概率大,后果严重的事件,作为重点预防对象,二是要构筑完善的预防体系。一个完善的预防体系一般有以下4个部分组成。

(1)经济和技术措施。如完善监督、检查等制度,采取环境监视、减少库存、加强质量管理等措施。

(2)与外部保持良好的沟通。如建立早期预警体系,协调与政府的关系,防止因政府突然出台法令和行政命令而引发的风险;协调与银行的关系,防止某些财务风险的发生等。协调与政府、银行等关系时,应严格防止陷入经济事件,否则很可能给企业带来更大的风险。

(3)改进内部工作。如改进安全卫生管理工作、改进工作场所设计、改进产品包装、完善指挥系统等。

(4)培育内部的心理防范机制。如内部通报、员工教育等。

四、预防对策

为防范风险,企业必须从最坏处着眼,制定一系列相应的处理程序和规范,并编制成小册子,以利在风险事件发生时争取时间。制定处置规范和程序时应注意合理性和可操作性,以便风险发生时,所有相关人员能迅速、准确地投入处置活动。例如规定发现火灾,首先要报警,其后才是参加救火。违反这一程序,就有可能耽误时机,使火灾蔓延。

但某些风险根本无法事先制定处置程序,即便制定了,也无法控制事态的扩大。若再遇上当事者情绪激烈波动(如惊愕、恐惧)、处置不当、决策迟缓,局势很可能变得不可收拾。因此,必须采取风险控制策略,以求改变风险或降低损失。

风险控制策略主要包括以下几种。

1. 回避策略

回避策略是通过放弃某种利益达到回避风险的目的。其实质在于回避风险源。如某企业计划开发一种新产品,但又发现自己缺乏安全生产和环境保护能力,可能导致产品责任和环保责任索赔,于是决定放弃该项目;商店拒绝经营质量不稳定商品、卫生不达标商品等,均属风险回避策略之列。

回避的作用总是有限的和相对的,因为任何经营活动都将不可避免地伴有程度不同的风险,除非企业终止一切生产经营活动。有时候,回避还意味着放弃机会,如放弃股票或房地产投资,自然可以回避市场投机风险,但也不会得到投机收益。

2. 减弱策略

减弱策略是通过减少风险发生的机会或削弱损失的严重性,以控制风险损失。企业总是在追求预期利益的同时,尽量将损失减至最低程度。减弱策略的运用可扩大到企业的各个风险领域,其具体方法可谓层出不穷。如为防止商场火灾,可引入一系列措施,如采用防火阻燃材料、安装自动预警系统、配备灭火设备、采用安全疏散通道设计等。

实施减弱策略,不仅要有技术力量、人员和法律方面的保障,而且要求在经济上也是可行的,即预期收益大于或等于预期成本,否则,就不宜用此策略。例如,为避免铁路运输造成的耽误交货时间和被盗、破损严重的情况,改用飞机运输,尽管单位运价上升,但综合损失可能会更低。

3. 分离策略

分离策略是对企业可能面临的损失的风险对象进行空间分离,以免受同样的损失。如将易燃易爆品与一般商品分开单独存放保管,以减少一次事故的最大预期损失。

4. 分散策略

分散策略是通过增加企业控制下的风险单位的数量,以分散风险,增强企业抗风险能力。如扩大企业生产经营规模、投资领域分散化、多种经营、产品差别化、国际化经营等。

5. 转移策略

转移策略是通过将风险损失转移给他人的做法控制风险损失。转移的途径有以下几种。

(1)将带有风险的财产或生产经营活动转移给他人。如在证券交易所抛出股票;建筑承包商实施项目分包;出售二手设备等。这种转移可以消除企业的潜在损失,因为它将风险同时转嫁给了对方。

(2)风险财务转移。风险财务转移主要是通过签定合同和提供保证书来实现的。如零售商在购货合同中规定因产品质量问题引发的一切责任和赔偿,均由供应商承担,或在代理代销合同中规定由生产厂家提供售后服务保障,未销售部分由厂家收回;以第三者出具保证书形式,要求对方在限定时间内清偿债务、按质按量交付商品、完成承包工程等。需要注意的是,尽管风险财务转移方式得到了普遍应用,但仍有很大的局限性,因为对合同条款及其文字的法律解释和理解往往存在很大的差异,对方的执行和法院的裁决常会出乎意料之外,造成极大的被动。因此,合同条款的法律解释应引起有关人员的高度重视,以免种下祸根。

(3)参加保险。保险是由保险公司对企业经济损失提供的赔偿。对企业而言,保险是一种极其重要的风险转移机制和方法,通过参加保险,实现完全风险的转移(投机风险不能转移)。投保对企业风险控制的作用是多方面的,如补偿因不测事件造成的意外损失,提高企业和社会资源的利用率;改善中小型企业尤其是小型企业的竞争环境;使风险变得更容易预测和对付等。

上述风险控制策略各具特点和运用条件,相互之间可以结合运用和互补。

案例:包玉刚的经营哲学

香港船王包玉刚拥有两百多艘商船,大约拥有前苏联的所有商船的总数,在拥有的船只和排水量方面是名副其实的世界船王。包玉刚的座右铭是“宁可少赚,也要尽可能少冒风险”。在这一方针的指导下,包玉刚的船队不断壮大,业务不断增长。1995 年包玉刚买进一艘3 300 吨的货船,当时正值苏伊士运河关闭,引起运费大涨的时候,有一个香港的商人主动提出以高出正常价格一倍的租赁费租借这只货船。当包玉刚了解到该商人嗜酒如命,偏好投机经营,断然拒绝了他,而将商船租借给出价很低,但享有较好声誉的日本商人。包玉刚的经营哲学使他在海运业建立了良好的声望和人缘,不仅扩大了业务,而且银行因包玉刚具有稳定的收入而乐意为其提供长期的低息贷款。

思　考　题

1. 机会往往与风险并存,企业在发展过程中应如何对待这个问题?
2. 风险管理对企业有何意义?企业在风险管理中应注意做好哪些工作?

第五篇　案　　例

【案例一】　中国001集团是如何发展壮大的

【公司简介】

1984年春,曾担任乡政府农机专管员的项青松带着他的全部资金374元,在一片“下海”热潮中,选定龙游县城,作为自己创业的起点,开办了宏声电讯电器修理部,并于1988年8月,首创了国内第一台带有放大器的室外有源电视天线,即“有源多方向全频道电视接收天线”。

新产品的顺利推广,使项青松在商海迈出了成功的第一步。1988年,项青松投资兴建了龙游县宏声电讯电器厂。1992年底,又改组更名为浙江省龙游001电子有限公司。这家名不见经传的私营企业从此进入了高速扩张的原始积累阶段。公司自行研制开发的新产品不断走向市场,并被用户所接受。001的商标被评为第二届浙江省著名商标。1995年被评为全国500家最大私营企业第107位。时隔1年,经浙江省人民政府批准,浙江001电子集团有限公司成立,1998年以3.08亿元的产值跻身于全国电子企业500强第201位。

【案例分析】

15年内,能够从300多元起步发展到今天拥有3亿元资产的大企业集团,001集团的成功绝不是偶然的,下面我们就分析一下001集团是如何发展壮大起来的。

一、创造自己的品牌

随着市场经济的发展,我国的市场已开始由幼稚走向成熟、由卖方市场走向买方市场,尤其20世纪90年代以后,进入名牌强意识期,消费者无论购买大件耐用消费品还是日用小商品,都趋向于购买有知名度的商品,名牌已经成为一种强势的消费需求,企业间的竞争也由过去以质量、价格竞争为主转变为质量、品种、信誉、企业形象和服务水平等综合素质的竞争,进而发展为品牌之间的竞争。能够主动适应市场这种发展变化的企业,在推出自己的产品时都非常重视品牌建设,而且大都取得了良好效益。001集团就是这方面的一个成功典型。

1990年,时任宏声电讯电器厂厂长的项青松,全力推销刚投入市场的天线产品,那年4月16日,上海一家公司的李经理找上门来洽谈专利技术联营生产事宜。项青松激动万分,在厂里敲锣打鼓迎接远道而来的客人。刚坐下来,对方发话:一年包销10万套有源天线,每套他们可获纯利5元。但有一个条件,天线要挂上海的牌子,这才有“名牌效应”。对一般刚创办不久的企业来说,这无疑是天赐良机!但项青松一口予以回绝。“上海能打品牌,龙游也能打,我要创造自己的品牌”。

项青松靠小发明起家,靠专利产品敲开市场大门之后,企业面临的问题是如何让好产品扬名,取得市场效应。深思熟虑后,项青松盯住了品牌。有一天,他想到了“太阳、地球和生命”。由太阳、地球和月亮组合所产生无数神奇的生命,哪一个不是从“0”、“1”开始成长壮大的?要走出龙游、迈出国门,就要创造自己的品牌。他的脑海里跳出了“001”三个数字,一个品牌诞生了。

一个产品要形成品牌效应,就要舍得投入。这其中,既包含了技术质量保证方面的硬件投入,也包含了管理服务、无形资产增值等软件方面的投入。在市场竞争激烈的条件下,“好酒也得勤吆喝”。001 集团每年用于广告的投入资金呈递增趋势。从专利技术的开发到品牌经营,001 集团走出了一条成功之路。但作为一个企业来说,这又是一条无止境的道路。001 集团设定了自己的目标,到 2010 年“构筑百亿工程,成为中国松下”。

二、开拓市场,扩大市场份额

企业只有好产品,而无法打开市场,就可能会遭到被市场淘汰的命运。这是市场竞争的必然结果。001 电了集团在发展之初,就遇到这个难题,但是 001 集团却破解得非常成功。像当年许多刚起家的民营企业一样,项青松推销自己的产品是从摆地摊开始的。1989 年 11 月,有源多方向全频道电视接收天线获得国家专利。1990 年,项青松抓住全省专利技术博览会在杭州召开的机会,带着 50 副天线在武林广场摆起了地摊,进行现试现装,推销天线。

要把天线推向市场,必须拥有一张覆盖全国的销售网络。1991 年初,项青松看到安徽省怀远县一家农场的技术干部陈东林在报纸上发表一篇文章称,目前市场上出售的天线名不副实。项青松带着 001 天线,千辛万苦地找到了陈东林,对他说:“你试试我的天线!”经过安装、调试,开机一看,图像清晰、声音纯正,而且还新增了 4 个频道的节目。陈东林信服了。他当即向所在的农场推荐,一次订购了 50 套天线,这是项青松拿到第一份邮购订单。此现象引起了项青松的联想,如果在各地发展几十个、上百个甚至更多像陈东林这样的热心推销员,何愁市场打不开呢?于是,他便及时组织力量南征北战。很快,在各地形成了近 1 000 人的邮销大军,从 1988 年建厂至 1995 年底,001 公司的邮购销售额平均每年以 200% 的惊人速度递增,仅 1995 年就实现邮销额 1 600 多万元,被新闻界誉为中国的“邮销大王”。

市场永远存在机遇,就看你没有没敏锐的眼光发现它。项青松并没有被胜利冲昏头脑,紧接着又利用散布在各地的电器修理部培养销售代理商,建立了 5 000 多个销售点,着实让 001 天线在市场上火了一把。但公司与代理商之间的松散型关系,不可避免地会存在非常多的不稳定因素。这使项青松下定决心,要掌握市场销售的主动权,必须形成自己可以操纵的市场营销体系。1994 年,001 公司就开始有计划地在北京、山东、沈阳筹建自己的营销公司,创建、失败、再建,历时 3 年的摸爬滚打,27 家营销分公司,每家平均投资 30 万元,终于在各地扎下了根。有了自己的营销点,001 集团并未全盘放弃代理商。相反,项青松想方设法促进代理商的销售积极性,共同开拓 001 天线的市场,从而实现代理商和直销点的两轮驱动。

营销体系也要随着市场的变化而不断创新。001 集团在市场调查的基础上,1998 年又实施“开发五大板块,扩大营销网”的市场战略。第一板块:名品进名店。利用公众对城市大商场的认可度,开发 001“极品天线”进驻名店专柜,如今仅北京一地就有 150 多个商场经销 001 产品;第二板块:与全国各县城的家电经营商场配套销售,形成“买名牌家电,配 001 天线”的联动效应;第三板块:与全国小城镇的家电修理部、广播服务中心联网,触角延伸到农村市场;第四板块:实施大市场总代理,扩大 001 产品的市场覆盖率和影响力;第五板块:进军国际市场。他们引入股份制形式,2000 年 3 月,在中越边界的东兴创办了营销股份公司,由集团控股,把 001

产品打入越南市场。营销策略的不断创新,使 001 销售市场之树常青。

三、技术创新决胜未来

为什么 001 集团的产品能够 10 多年在市场上保持畅销不衰?为什么能够一直占据市场前沿并主导市场?其秘诀就是 4 个字:技术创新。001 集团的高超之处就在于能不断地发现产品中存在的缺陷,通过革新、改造,使性能更加完善,同时运用专利技术不断开发系列产品,满足市场需求。并吸收一切可以吸收的技术资源,从主业升级向多元化发展。

被冠以"专利厂长"的项青松在 1988 年 8 月,就首创了国内第一套带有放大器的室外电视天线。这种有源多方向天线能全方位接收电视讯号,弥补了原天线产品功能不足的问题,并且该产品获得了国家专利,一举打开市场。

如果那时的项青松抱住一个产品不放,就不会有现在的 001 集团。在已有的成功面前,他保持了冷静的头脑。1995 年底,项青松到深圳考察,发现经济发达地区的 VHF 频道几乎不采用。这又触动了他的灵感,用 1 个多月的构思和钻研,他发明了一种 UHF 全方位高抗干扰、高增益、消除重影功能更强的"六星级天线",产品马上获得了国家专利。细数起来,这已是项青松所获得的第 26 项专利。

项青松形象地把企业管理和技术进步比喻为一辆车上的两个轮子。即使企业管理抓得好,如果没有技术的不断进步,企业也会迅速走向衰亡。技术创新要找准结合点,1995 年 10 月,001 成立电子研究所,专门从事工艺、产品的创新。这意味着 001 公司的技术开发走向又一个成熟的起点,开始更深刻的"自我革命"。

一个企业技术创新能力无论有多大,仅依靠自身的力量总是有限的,必须借智创新、借梯登高。为使企业技术竞争力始终处于市场前沿,近年,001 集团眼光向外,迈出了产品多元化发展的步伐。项青松把眼睛瞄向北京、深圳,甚至国外;瞄向高新企业、瞄向大专院校。1997 年他们从日本引进了高密度磁性书写板生产技术,当年投资,当年投产,诞生出新一代 001 画写板系列产品。1999 年又与北京德生科技集团联合开发跨世纪的楼宇自控产品。

面对众多的科技成果难以转化为生产力的现实,他们又意识到这是低成本引进新技术的好时机,于是向市场大声吆喝:"谁有专利,我愿合作开发。"据统计,1993 年至 1998 年,001 集团所开发的 49 个新产品中,引进项目就达 31 个。

很多例子证明,产品多元化经营往往是企业发展中的一个陷阱。但 001 集团走得很慎重。为规避风险,他们以市场为中心、以民用为重点、以电子技术为支撑、以现有销售网络为基础,坚持主业与新业拓展相结合,逐步向高新技术领域迈进。如今,001 集团已形成了电子产品和文化用品两大支柱,向电子通讯、医疗器械、家用电器等延伸的多元化产品开发格局。到 1999 年,累计产品品种已达 37 个。

四、重视人才

企业最大的财富是人才,001 集团技术创新成功的一大奥秘在于营造了吸纳科技人才的良好机制。在国内众多的企业中,它率先建立了人才资源制度,把人才作为资源来开发,真正做到"量才适用、人尽其能"。同时采用内部培养与外部引进相结合的人力资源开发机制,为激励员工技术创新,001 公司出台了 7 项技术开发奖励措施,上至部门经理、科技人员的发明创造,下到普通员工的小改小革,每项创新改进都给予奖励,企业充满了创新活力。001 公司还准备出台一个计划:建立占地6.67 万 m^2 的 001 科技工业园区,引进高新技术,进行风险投资。

目前已有 36 个专利项目在洽谈筛选中。001 要以技术创新决胜未来！

五、重视现代企业制度的建设

001 集团已开始进行产权制度改革，将 001 集团从私有制向股份制转变，夯实资本经营的基础，走向国际市场。近一两年，001 集团新发展的企业全按股份制运作。2000 年初以投资的形式与北京德生科技集团联合，创办了一家控股公司；2000 年以品牌参股的形式在江苏丹阳、广西东兴等地创办了多家股份制企业。最近又在构思引入风险投资机制，引进技术、资金、项目，在龙游创办股份制企业。

六、学习型企业

在快速变化的世界中，人类进入了知识经济时代，个人和组织的学习速度和能力已成为可持续竞争优势的源泉。企业应成为学习型组织，他们永不满足现状，不断汲取人类知识宝库中的精华充实自身，并超越自我。

项青松的成功，与他永不自满的学习精神是分不开的。前几年，项青松在企业内部创设了“晨课”制度，每周他都要给员工讲课，这样就逼着自己学习，从而增长了知识，练就了口才，增加了经营管理的才干。他善于向书本学，每天都要抽两三个小时学习；他善于向专家学，1997 年以来多次到北京等地参加高级管理研讨班，听专家讲课，他所结识的二三十位高层次的学者，已经成为 001 集团的经营管理咨询决策智囊团，专家决策弥补了他个人决策的局限；他善于向同行学，1999 年吸取“海尔”的科学管理经验，在 001 集团内部推行“日清、日核、日析、日报、日高”的管理办法，提升企业管理水平。可以说，一个企业的学习能力决定了它的发展潜力。

“001 既是企业，也是学校”，“企业经营者既是企业家，也是教育家”，“企业出产品，也要出人才”。集团总裁项青松抱着强烈的学习意识，也不断地向员工灌输这样一种观念：把 001 塑造成一个学习型企业。

民营企业的发展模式大多从家庭式的原始积累起步，随着企业的发展壮大必然要走向现代企业的管理。要完成这一转换，企业必然要有内功基础，其中关键的一环，员工的素质要“合拍“。在教育形式上，001 集团倡导“走出去、请进来、借脑袋、自己办”的 12 字教育方针，经常委派中高层管理人员赴北京等地参加各种形式的研讨会、讲习班，邀请众多经济学家和知名人士担任企业管理顾问，为干部员工们进行现场讲学，借鉴和吸收 MBA、卡耐基、洛泰斯、A 管理模式等一切国内外先进的教育课程和教育方法，强调“拿来主义”。

项青松说，企业要在 21 世纪赢得战略的主动权，在很大程度上取决于是否有一批年富力强的技术人才、职业经理和高素质的员工队伍。而这些都必须通过素质教育和岗位培训来实现，靠单纯的人才引进是难以达到快速发展要求的。基于此，001 集团推出了“五天工作一天学习”的制度，规定每周六为组织专门培训的日子。而且在培训的方式上也进行不断地改革，从整体性培训逐渐转向系统和专业性培训。

从产品的开发、市场销售网的建立到品牌的创立、保护、扩张；从作坊式家庭经营逐渐迈向现代企业经营；从产品自主开发到专利引进，向大专院校、高新技术企业借脑引智；从混沌式管理走向专业精细化管理；在蜕变中新生，在创新中发展。001 集团跨越一道道“坎”，在向现代企业迈进。

【案例二】 从海尔集团的发展看企业兼并

【公司资料】

海尔集团是中国家电行业中的龙头企业,“海尔”的品牌价值达118亿元,居全国十大驰名商标第三位,1997年,海尔的市场占有率独居全国之首。去年我国家电企业普遍出现经营不景气,包括一些大型家电企业,但海尔集团却在这样的市场背景下,创造了20%的增长速度。1998年1月14日,排名全球500强第237位的伊莱克斯公司在海口召开的中国地区新产品演示会上,面对来自全国的600多名中国经销商郑重宣布:从现在起,我们开始向中国的家电名品“海尔”学习。

【案例分析】

海尔集团多年在经营管理体制、营销网络和售后服务系统等经营手段上不断创新造就了海尔的成功,尤其是海尔集团从1988年起成功实施的兼并战略,使企业走上了一条高速发展的道路。

随着我国社会主义市场经济的逐步成熟和发展,企业要不断从经营企业转变到经营资产,从经营资产转变到经营资本上来,要以资本为纽带,通过市场创造大型企业集团,以此来更快地提高企业的竞争力。兼并就是一种非常有效的经营资本形式。诺贝尔经济学奖获得者丁·斯蒂格勒发现了一个简单的真理:“没有一个美国大公司不是通过某种程度某种方式的兼并而成长起来的。”兼并是一个企业在短期内迅速增强竞争实力的最重要途径。一方面,它能将现在资本和技术在最短时间内迅速集中,增强自己的资本、实力和技术优势,以对付竞争对手的激烈竞争;另一方面,兼并不仅获得了新的有形资产,它还使经营能力和销售渠道等非生产资本和无形资本得以集中,这两点使企业既扩大了自己的优势,又削弱了竞争对手的优势。

在市场经济条件下,企业兼并是风险很大的资本动作。我国有不少企业在兼并中不仅没能增强自己竞争能力,反而削弱了自身原有的优势,有的甚至从此一蹶不振。但海尔集团却走得非常踏实,并由此获得巨大发展。让我们先看一下海尔集团在兼并中的骄人业绩:1988年至1997年的9年内,海尔集团兼并了青岛电镀厂、空调器厂、冷柜厂、红星电器厂、武汉希岛公司等15家企业。1997年是海尔在国内的兼并年,一年内,先后兼并了广东、贵州、安徽等省的6家企业。通过一系列兼并和收购,海尔盘活了近20亿元的存量资产,初步完成了集团的产业布局和区域布局,取得了明显的经济效益。近5年,海尔集团的工业销售额以年平均69.1%的速度递增,1997年突破108亿元,为21世纪初进入世界500强的目标打下了良好的基础。

下面我们就分析一下海尔集团在兼并中的成功之处。

一、兼并中关键是输入管理模式

海尔选择的兼并目标很有特点:主要选择技术、设备、人才素质均优良,只是管理不善,处于休克亏损状态的企业,主要是基于以下两个考虑:首先,效益好的企业没有被兼并的动力,真正以资本为纽带的强强联合,在国内条件尚不成熟;其次,资金匮乏,使优势企业无力兼并那些需要巨大投资的亏损企业。在我国,企业出现亏损的原因多种多样,但企业经营机制不健全,管理不善是普遍的原因。对被兼并的企业,注入资金、技术固然重要,但这只是外部条件的优化,可治标,却不能治本。因此,关键在于解决企业发展动力和经营机制问题,变输血为造血。海尔选择那些硬件不错,只是管理不善的企业,通过输入海尔的管理和文化模式,可以很快使它起死回生,从休克状态苏醒,变得很有活力,从而扭亏为盈。

顺德海尔电器有限公司是海尔 1997 年实施低成本扩张的成功之作,被购并的顺德爱德洗衣机厂符合海尔的兼并策略。该公司硬件设施良好,因管理不善造成企业停产一年多。兼并后,海尔集团洗衣机本部仅派去了 3 名管理干部,但带去的却是海尔倾心培育多年的管理模式、企业文化及雄厚的科研开发能力。6 周后,新公司第一台洗衣机诞生,随后大批高质量的洗衣机走下生产线,曾目睹"深圳速度"的顺德人不得不惊叹海尔集团的"海尔速度"。

二、实施品牌扩张,实现低成本快速发展

1997 年,"海尔"的品牌价值达 118 亿元,居全国十大驰名商标第三位,是"中国最有价值的家电名牌"。"海尔"旗下,已形成了冰箱、空调、冷柜、洗衣机等系列产业,"海尔"系数的增值作用愈来愈明显。海尔决策者们认识到,此时,依托"海尔"品牌,实行资本运营,发挥"海尔"系数的增值作用,正是大好时机。经过认真的市场调研,海尔利用品牌入股等方式,先后低成本收购了红星电器厂、武汉希岛公司。1997 年一系列的兼并,更是毫无例外地借助品牌运作,在硬件上没花一分钱,对被兼并的企业进行控股。其中,对合肥黄山电视机厂,实现零成本收购,百分之百控股如海尔控股的杭州海尔电器有限公司生产的海尔彩电,面市仅 3 个月便跻身电视机类"98 购物首选品牌"前三强行列。贵州海尔电器有限公司从 1997 年 9 月初开始试运行 3 个月,就实现两个突破:首批产品即出口美国;专门为适应西南地区多雨潮湿气候设计的"小王子 178"冰箱一上市便受到消费者欢迎,上市仅 3 天即预约 100 多台。

充分利用"海尔"品牌优势,不仅有利于扩大海尔产品的市场份额,而且大大降低了海尔资本扩张的成本。"海尔"是海尔集团一笔无形的巨大财富,然而这不是从天上掉下来的,是海尔人多年抓质量、创名牌的结果。现在,海尔人真正体会到集团总裁张瑞敏所讲"谁砸了产品的牌子,我就砸了谁的饭碗"这话的含金量。海尔是中国惟一的一家四类主导产品(电冰箱、空调、冷柜、洗衣机)全部通过了 ISO 9001 认证的集团。目前,海尔已在 128 个国家和地区注册了 516 个商标,"海尔"正向世界知名品牌迈进。

三、混合兼并,完善集团产业布局

混合兼并是指在性质上即非横向、又非纵向的企业之间的兼并,通常的多角化经营即属此类。一般来说,在一国或地区经济发展前期,企业横向兼并是主要形式,待发展到一定程度后,混合兼并将成为主要形式。从海尔兼并的性质看,一开始走的就是混合兼并的道路,如 1988 年兼并青岛电镀厂,改造为微波电器厂;1991 年兼并青岛空调器厂、青岛冷柜厂;1992 年兼并青岛冷凝器厂,改造为冷冻设备公司;1995 年兼并青岛红星电器厂,生产洗衣机。混合兼并的

策略,使海尔迅速走上了集团化、多角化经营的道路。借助管理、品牌、质量的优势,海尔旗下各主要产品均已形成经济规模。1997 年,海尔电冰箱、冷柜、空调器、洗衣机市场占有率分别达 36.9%、57.5%、29.6%、27.1%。

为冲击世界 500 强,海尔在巩固其大家电市场份额的基础上,正大力向新行业和新领域发展。其一,信息产业:海尔通过跨行业购并的方式,先后兼并成立了杭州海尔电器有限公司和合肥黄山电视机厂,进入黑色家电领域,推出数字彩电,加上其在微电脑和企业信息化方面的研究,海尔开始进入信息产业;其二,生物工程领域:1997 年,海尔控股兼并了青岛第三制药厂,开始生物医药方面研究,进入生物工程领域;其三,小家电行业:1997 年海尔借助品牌动作,兼并成立了莱阳海尔电器有限公司,研制生产洗碗机、消毒柜等,进入小家电行业。专家们预计,小家电行业将成为海尔集团下一个新的利润增长点。

四、跨地区兼并,优化集团区域布局

在海尔创业初期,兼并活动主要在青岛地区。随着"海尔"系列产品的市场空间不断扩展,海尔决策者把眼光投向了国内其他地区的企业,寻求兼并机会,以扩大生产规模,贴近市场。以 1995 年购并武汉希岛公司为开端,海尔先后在湖北、广东、贵州、浙江、安徽等地建立起了海尔控股公司,实现了生产当地化、拓展产品市场空间的目的,初步形成了集团的区域布局。其中,购并武汉希岛股份有限公司是海尔逐鹿中原,挺进江南的重要举措。武汉希岛股份有限公司曾经辉煌过,在全国最早开发出"蓝波—希岛"节能型空调,生产的希岛牌冷柜在全国销售势头良好。但希岛的辉煌是短暂的,在残酷的市场竞争下,希岛公司节节败退,仅靠冷柜苦撑日子。此时,海尔为了更大地覆盖市场,正开展市场调研,寻求合作厂家,经过多种方案的比较和多方协商后,海尔以 2 400 万元收购希岛 60%股权,实现了控股兼并。控股武汉希岛公司,是海尔聪明之举,它实现了以最小的投入拓展自己产业空间的目的。短短数月,海尔就完成了对中原重镇武汉的部署,借武汉"九省通衢"的区域优势,提高了产品的市场覆盖面,优化了集团的区域布局。

五、走出国门,向世界展示英姿

海尔正在实施国际化战略,要求海尔必须走出国门,到国际市场施展身手。1997 年 6 月和 8 月,海尔—LKG 电器有限公司和海尔工业(亚细安)有限公司分别在菲律宾和马来西亚成立,标志着海尔开始在国外抢摊设点,从国内生产出口逐步转向向外国直接投资,与外商合资在当地生产,占领国际市场。海尔走出国门有着良好的基础,不仅其产品质量,管理水平达国际先进水平,而且多年来,海尔一直与国际上保持着多渠道、多种形式的合作。其中与美国合作研制"超级节能无氟冰箱"的成功,便是突出一例。目前,海尔在技术先进、信息充分的发达国家设立了 8 个信息站,5 个设计中心,为海尔走出国门,到国际市场尽展英姿奠定了基础。

海尔兼并发展的成功,有其独到之处,也具有一般指导意义。在兼并过程中,企业集团只有结合自身优势,扬长避短,抓管理、重质量、树立品牌意识,以市场为导向,正确选择集团产业结构和区域布局,才能真正收到"1+1>2"的绩效。

【案例三】 一家小油漆厂的营销策略

【背景资料】

小企业一般资源能力有限,在整体市场或较大的细分市场上缺乏竞争力。但是如果小企业善于发现一部分消费者未满足的需求,细分出一个小市场,推出相应的产品,往往能够取得极大的经济效益。英国一家生产室内装饰用漆的小油漆厂的营销战略就是一个比较成功的决策。

【案例分析】

这家小油漆厂在投产之前,对室内装饰用漆市场进行了调查研究。工厂销售经理访问了许多潜在的消费者,调查分析他们对产品的需求和一些可得到的人口统计资料的综合研究。他们得出如下市场细分:英国油漆市场的60%是一个大的普及型产品市场,这个市场对各种油漆产品都有潜在的需求,很多企业已经占领了这个市场,而这家油漆厂无力参与这个市场的竞争,因此不予考虑。另外还有4个细分市场:一是没有劳动力的家庭主妇市场。这个市场消费者的特点是不懂得室内装饰需要什么油漆,而且要求提供设计和建议。二是油漆工助手市场。这个市场的主顾对油漆和粉刷工艺了解很多,他们需要购买质量好的油漆,替住户进行室内装饰,他们过去一向从老式金属器具店或木材厂购买油漆。三是老油漆技工市场。这些主顾客和油漆工助手市场需求相似,但他们一向不购买已调好的油漆,而是购买油料和颜料自己调配油漆。四是对价格敏感的青年夫妇市场。这一市场的消费者的特点是收入较低,租赁公寓居住。在英国,租赁公寓住户在一定时间内必须粉刷住房,以保护房屋。因此,这些住户购买油漆,不求质量的好坏,只要比白粉刷浆稍好一点就行,但要求价格便宜。

该厂经过研究,根据自己的人力、物力资源条件,决定选择公寓青年夫妇这一细分市场作为目标市场,并制定了一整套营销策略。

产品——经营少数不同颜色和大小不同包装的油漆(根据顾客喜爱,随时增加、改变或取消颜色品种和装罐大小)。

分销——分销到目标消费者住宅附近的每一个零售店(该市场地区如果出现新的零售店,立即招徕零售商订购本厂产品)。

价格——保持单一的有吸引力的低廉价格,没有任何特价(不跟随其他市场的油漆厂家调整价格)。

促销——宣传内容以"低价、满意的质量"为号召,以适应目标消费者群的需求(定期变换商店布置和广告稿本,创造新颖形象,并变换使用广告媒体)。

这家油漆厂由于选择了适当的细分市场,制定了适当的营销策略,尽管出售的是低档产品,但是适应了消费者需要,取得了很大的成功。

参 考 文 献

1 穆庆贵,陈文安主编．新编企业管理．上海:立信会计出版社,2000

2 郭显光主编．现代企业管理．北京:中国商业出版社,1996

3 向祖庚主编．现代企业管理概论．北京:中国商业出版社,1994

4 朱天锐主编．企业管理概论．北京:高等教育出版社,1998

5 徐金石,陶田主编．企业管理与技术经济．北京:机械工业出版社,2000

6 郭相忱主编．工业企业管理．武汉:华中理工大学出版社,1996

7 鲍学曾主编．工业企业管理．大连:东北财经大学出版社,1989

8 袁守启,李彬主编．工业企业管理基础．北京:高等教育出版社,1993

9 高业朝主编．工业企业管理．北京:中国物资出版社,1996

10 马国柱,马坚进主编．现代企业经营管理学．上海:立信会计出版,1998

11 高振生主编．现代市场营销学．北京:中国物资出版,1999

12 金占明等编著．企业管理学．北京:清华大学出版社,1999

13 梁栋瑚主编．商品流通企业经营．北京:中国商业出版社,1996

14 蔡敬田主编．企业管理基础．成都:西南交通大学出版社,1999

15 人事考试中心组织编写．经济基础理论与相关知识．北京:中国发展出版社,1999

16 王利平主编．管理学原理．北京:中国人民大学出版社,2000

17 滕铸,季敏波,程华主编．现代企业管理学．上海:上海财经大学出版社,1997